《尚書》學文獻集成·朝鮮卷

錢宗武 主編

34

鳳凰出版社

国家出版基金项目
NATIONAL PUBLICATION FOUNDATION

二〇一二年度國家社科基金重大招標項目
二〇一九年度國家出版基金資助項目
二〇一五年度江蘇省文化産業引導資金文化藝術精品補助項目

圖書在版編目（CIP）數據

皇極衍義 ; 洪範五傳 : 外二十六種 / 錢宗武主編
. -- 南京 : 鳳凰出版社, 2024.6
（《尚書》學文獻集成. 朝鮮卷）
ISBN 978-7-5506-4144-0

Ⅰ. ①皇… Ⅱ. ①錢… Ⅲ. ①《尚書》—研究 Ⅳ.
①K221.04

中國國家版本館CIP數據核字(2024)第042453號

書　　名	皇極衍義　洪範五傳（外二十六種）
主　　編	錢宗武
整 理 者	陳春保　單殿元　郭愛濤　吴曉峰　張其昀 朱宏勝　陸振慧　陳　樹　陳國華　陳良中
責任編輯	郭馨馨　陳曉清　王淳航　汪允普　李　霏
裝幀設計	姜　嵩
責任監製	程明嬌
出版發行	鳳凰出版社(原江蘇古籍出版社) 發行部電話025-83223462
出版社地址	江蘇省南京市中央路165號,郵編:210009
照　　排	南京凱建文化發展有限公司
印　　刷	蘇州市越洋印刷有限公司 江蘇省蘇州市吴中區南官渡路20號,郵編:215104
開　　本	880毫米×1230毫米　1/32
印　　張	18.125
字　　數	331千字
版　　次	2024年6月第1版
印　　次	2024年6月第1次印刷
標準書號	ISBN 978-7-5506-4144-0
定　　價	198.00圓

（本書凡印裝錯誤可向承印廠調換,電話:0512-68180788）

第三十四册目録

皇極衍義……一
易範通録——洪範説……四一
洪範九疇皇極圖説……六三
洪範直指……九一
皇極經文釋義·期三百注解……一一七
期三百傳解·璣衡傳解……一二五
釋期三百注·期三百總解……一三七
堯典説·禹貢説……一七一
《洪範》傳……一八九
天人一理圖説——洛書書傳序説……二一七

《禹貢》讀法……二二三
洪範五傳……二三三
洪範演……三八九
期三百注解……四〇五
期三百解……四一三
洪範月行九道・期三百注吐・璇璣玉衡注吐……四三五
箕子陳《洪範》於武王……四四五
期三百語録……四五一
禹貢考異……四五七
《洪範》節氣解……四八一
洪範九疇之圖……四八九
璇璣制……五一一
期三百注布算説……五一七
期度……五二三
讀《堯典》期三百集傳……五三一

《尚書·堯典》期三百注解……五三七
《堯典》期三百問答·期三百上圖·期三百下圖……五四五
洪範五行……五六一

皇極衍義

《尚書》學文獻集成·朝鮮卷 第三十四册

李敏坤 著
陳春保 整理

提要

《皇極衍義》一卷，著者李敏坤（一六九五—一七五六），籍貫爲全州（今屬韓國全羅北道），字厚而，號林隱。師事朴弼周，曾出入金翰幹、李宰門下。著作有《五子近思録辨》等。文科及第後，歷任承政院注書、司憲府持平等。一七四六年在職保寧縣監時作《皇極衍義》。

《皇極衍義》體例爲注疏體，該著是對《洪範》『九疇』中第五『皇極』的解説。以『皇極衍義』爲書名，體裁大致仿真德秀之《大學衍義》。行文中，先立本章正文，次録蔡氏本傳，傍及諸説之發明文義者。解經中既廣爲徵引，又於每節後标『謹按』綴以己説。就『皇極』之訓釋，贊同朱子論《孔氏傳》之訓『皇極』作『大中』爲謬的觀點，認爲『蓋極雖處中，本非取中之義』。著者詳引《蔡氏傳》、朱子訓釋『皇極』之文句，主張『皇極』乃君王所建之至極，而又指出『欲建極宜先識致中之道』，不可謂無見地。故又不惜筆墨，遍徵《詩》、《易》、《論語》、

《大學》、《中庸》相關内容，对『中』字之義展開論述。正如其序所説：『就其「中」而言之，五爲數之成，君之位，故「皇極」居於是，爲一篇之總會。』如此既確立『皇極』之正當之意，亦兼取其數位於『中』不得忽視之内涵。由於著者極其强調建極的巨大價值，將諸多問題都歸之於『皇極』，以至於有所謂『民之有淫朋，人之有比德，皆由於皇之不能作極』之論。

著者撰作此論的目的，是試圖廓清關於『皇極』問題的不當觀念，希望獻於君王而敦促其施行王道政治，從而有補於『王者建極之治』。觀其文，按語中屢次提及『惟聖明之留神焉』、『願留睿念焉』等語，拳拳之心可察。循其文理，該著既有從宏觀視角展開的政治哲學論述，又不乏『好惡』、『民心』之類具體問題。總之，該著是從統治哲學上爲君主政治張目，有韓國實學之風。

該著解《書》，既注重經書、各類傳疏本意闡發，又時時申述己見與深衷，可謂理彰明而情自深。此著對研究《尚書》學史以及朝鮮學術史，具有一定的參考價值。

皇極衍義序

臣謹按：《洪範》一書，大禹叙疇而箕子衍之，以授武王，治天下之大經大法實具於是。就其『中』而言之，五爲數之成、君之位，故皇極居於是，爲一篇之總會。夫極者，至極之義、表准之名，其道則原於天，而其用則正且直，千聖不能違而萬世不能變。如《易》所謂『繼善成性』、《書》所謂『若有恒性』、《詩》所謂『烝民之彝』、孔子所謂『仁』、子思所謂『中庸』、曾《傳》所謂『止至善』、孟子所謂『浩然之氣』、程子所謂『天然自有之中』者，言雖殊而道則一，考其歸則正直而已。然則皇極之所以斂福錫民者，何嘗别有福以錫於民哉？不過以直建極，民自歸極，上下一於直而福在其中，非有所作爲於天理之外也。是以朱子有言曰：『天地之生萬物，聖人之應萬事，直而已。三代之所以致蕩平之治者，無他，以其道之直也；後世之不能致蕩平之治者，無他，以其道之不直也。夫子作《春秋》，别嫌疑、定是非，與奪操縱，權衡不一，而其審幾闡幽、杜漸防微者，亦不外於扶出一個直道，實與建極之義相爲表裏者也。』後之人以私心讀聖賢之書，則遂乃以中訓極。而其所謂中者，又在於兼愛爲我之間，於是而建極之旨始不明於世矣。蓋極雖處中，本非取中之義，則固不可以中訓極。而雖以中言之，中是亭亭當當、直上直下之正理，一有所偏，便不得爲中，安有交互參半於是非善惡之間而可名爲中者乎？大舜執其兩端用其中於民，苟不深究其旨義，則大舜若有所取中於是非兩端之間。然天下之事是則是、非則非，豈有聖人而兩執是非之間，用其中於民者哉？是以朱子釋之曰：『兩端，衆論不同之極致，於善之中量度以取中，然後用之。』聖人之審於擇善而不取其是非之間而爲中者，可見大舜之意於是始躍如，而朱子之爲後世深長慮而准備之者，有如是矣。今其『蕩蕩平平』之云，若有含弘寬廣之意，而遂以模糊混淪、苟且姑息之論傅會文致，以掩皇極之旨。好善而不盡其好之之實，惡惡而不盡其惡之之實，使義利兩行而公私并用，則其意渾厚，其説委曲，若將可以去太去甚，不至於磯激拂戾矣。然其實一有作爲，便與天道不相似。以是建極於民而思有以易天下，則是不特爲鑿經旨而侮聖訓，大亂之本實在於此。善者無所勸而惡者無所懲，彝倫斁而人紀紊焉。君不君，臣不臣，父不父，子不子，而國隨而亡矣。古人以注六經誤推其禍，至於『伏尸百萬，流血千里』，則亦非其言之過也。

如臣顓蒙何所知識，蓋自早歲受讀是篇，而求其要義之可貫一篇之旨者，則實不出於

『直』之一字。諸儒之釋非不詳且備矣，而獨未見有拈説『直』字之旨者，豈以其王道之正直已見於本篇之中，無所事於發明而然歟？然則臣之説亦非創出新奇於本篇所言之外也，乃敢雜引經傳子史之合於其旨者，列於逐條之下，略依真氏《大學衍義》，名之曰《皇極衍義》。其間略付臣之迷見，以綴其脉絡。極知僭猥之無所逃罪，然其所爲言亦皆根據古訓，非敢自爲臆説以背經旨也。第其撰次不精，掇拾未廣，是則不能無望於後之君子，而其大綱則略備，苟於清燕之暇特賜睿覽。虚心以究其旨意，平氣以聽其自得。體驗於念慮之微，而存養其合於是者；參究於施爲之際，而務去其不如是者。毋主先入，勿滯舊見，且以己意從聖訓，而勿以聖訓從己意。積以歲月，則本心之正可復，而天理之公自著，其於王者建極之治，不能無小補云爾。

崇禎戊辰紀元後百十七年甲子十月日，奉直郎前守司憲府持平臣李敏坤拜手稽首謹序。

皇極衍義凡例

一、先立本章正文，次録蔡氏本傳，因傍及諸説之發明文義者，爲圈下注。

一、取經傳子史之合於其旨者，以附各條之下，而必先附淺説以綴其脉絡焉，每加臣按以别之，又低書。

一、所引經傳，其本注之有助於文義者，雙行書之。或附微見以發餘意，則必加臣按，亦雙書。

一、所引諸説，無論言之淺深，一以世代高下爲次，而每於各段必加圈連書，以省其繁。

一、所引古訓，或只録篇名，或并録本書之名，如《易》之某卦、《書》之某篇。蓋此非關於本篇大義，故不能無詳略之不同。

一、諸儒之説并依經傳注例，只書某氏而不録其名字稱號，兩程之訓亦不分伯叔。

皇極衍義

五、皇極，皇建其有極。斂時五福，用敷錫厥庶民。惟時厥庶民于汝極。錫汝保極：

《蔡氏傳》曰：皇，君；建，立也。極猶北極之極，至極之義，標准之名，中立而四方之所取正焉者也，言人君當盡人倫之至。語父子則極其親，而天下之爲父子者於此取則焉；語夫婦則極其別，而天下之爲夫婦者於此取則焉；語兄弟則極其愛，而天下之爲兄弟者於此取則焉。以至一事一物之接、一言一動之發，無不極其義理之當然，而無一毫過不及之差，則極建矣。極者福之本，福者極之效。極之所建，福之所集也。人君集福於上，非厚其身而已，用敷其福以與庶民，使人人觀感而化，所謂敷錫也。當時之民亦皆於君之極與之保守，不敢失墜，所謂錫保也。○朱子曰：斂福錫民，聖人豈別有福以錫之，只取則於此，各正其身，順理而行，則爲福也。孟子謂『君仁莫不仁』亦此意。人君先正其身，故爲五事之説。今之所謂皇極者，只是順從，無所可否。○又曰：應事到至善是極盡了，更無去處，故君子無所不用其極。○蘇氏曰：至而無餘者爲極。○朱子《皇極辨》曰：《洛書》九數而五居中，《洪範》九疇而皇極居五，故自《孔氏傳》訓『皇極』爲『大中』，而諸儒皆祖其説。余獨嘗以經之文義語脉求之，有以知其必不然也。蓋皇者，君之稱也，極者，至極之義、表准之名，常在物之中央而四外望之而取正焉者也。以極爲在中之准的則可，而便訓極爲中則不可，若北辰之爲天極、脊棟之爲屋極，其義皆然。而《禮》所謂『民極』、《詩》所謂『四方之極』者，於皇極之義爲尤近。顧今之説者既誤於此而并失於彼，是以其説展轉迷謬而終不能以自明也。即如舊説，姑亦無問其他，但即經文讀『皇』爲『大』、讀『極』爲『中』，則夫所謂『惟大作中』、『大則受之』爲何等語乎？今以余説推之，人君以眇然之身履至尊之位，四方輻輳，面内而環觀之：自東而望者，不過此而西也；自南而望者，不過此而北也，此天下之至中也。既居天下之至中，則必有天下之絶德，而後可以立至極之表准。故必順五行、敬五事以修其身，厚八政、協五紀以齊其政，然後至極之表准卓然有以立乎天下之至中，使面内而環觀者，莫不於是而取則焉。語其仁則極天下之仁，而天下之爲仁者莫能加也；語其孝則極天下之孝，而天下之爲孝者莫能尚也，是則所謂皇極者也。由是而撫之以三德、審之以卜筮，驗其休咎於天，考其禍福於人，如挈裘領，豈有一毛之不順哉？此《洛書》之數所以雖始於一、終於九而必以五居中,《洪範》之疇雖本於五行、究於福極而必以是極爲之主也。原於天之所以錫禹,雖其茫昧幽眇有不可得以知者,然箕子之所以言之而告武王者,則已備矣。顧其辭之宏深奧雅有未易言者,然嘗試虛心平氣、再三反覆焉,則亦坦然明白,而無一字之可疑。但先儒未嘗深求其意,而不察乎人君所以修身立道之本,是以誤訓『皇極』爲『大中』。又見其詞多爲含弘寬大之言,因復誤認『中』爲含糊苟且、不分善惡之意。殊不知極雖居中,而非有取乎中之義,且中之爲義,又以其無過不及、至精至當而無有毫釐之差,亦非如其所指之云也。乃以誤認之中爲誤訓之極,不謹乎至嚴至密之體,而務爲至寬至廣之量。其弊將使人君不知修身以立政,而墮於漢元帝之優游、唐代宗之姑息,卒至於是非顛倒、賢否貿亂,而禍亂隨之,尚何斂福錫民之可望哉?嗚呼!孔氏則誠誤矣。然迹其本心,亦曰姑以隨文解義、爲口耳佔畢之計而已,不知其禍之至此也。而自漢以來,迄今千有餘年,學士大夫不爲不衆,更歷世變不爲不多。幸而遺經尚存,本文可考,其出於人心者又不可得而昧也,乃無一人覺其非是而一言以正之者,使其患害流於萬世,是則豈獨孔氏之罪哉?予於是竊有感焉,作《皇極辨》。○朱子《答陸九淵書》曰:皇極之極,諸儒雖有解爲中者,蓋以此物之極常在此物之中,非指極字而訓之以中也。極者,至極而已,以有形者言之,則其四方八面合輳將來,到此築底,更無去處。從此推出,四方八面都無向背,一切亭均，故謂之極耳。後人以其居中而能應四外，故指其處而以中言之，非以其義爲可訓中也。○又曰：漢儒説『中』字，只是五事之中，猶未爲害。最是近世説『中』字不是近日之説，只是含糊苟且，不分是非，不卞黑白，遇當做底事只略略做些，不要做盡，此豈聖人之意？臣謹按：『含糊苟且，不分是非，不卞白黑，遇當做底事只略略做些，不要做盡。』此乃誤訓之『中』，以是建極，大亂之本實在於是。惟聖明之留神焉。○問：先生言皇極之極不訓中，只是標准之義，然無偏無黨、無反無側亦有中矣。朱子曰：只是個無私意。

臣謹按：建極之極爲表准之名，至極之義，與《中庸》之中名義略不同。今以極之居中而訓極以中，則殊非本文之旨也。况漢儒之以誤認之中解誤訓之極，則其失愈遠。此朱子所以累言而深卞之者也。雖然，極之所以建，則中而已矣，人君苟無大中至正之德以爲之體，則亦何以立極在上，表准四方乎？苟欲建極，宜先識致中之道。故謹録程、朱之所以論『中』字者以爲建極之本焉。願留睿念焉。

蘇季明問：君子時中莫是隨時否？程子曰：是也。『中』字最難識，須是默識心通。且試言：一廳則中央爲中；一家則廳中非中，而堂爲中；言一國，則堂非中，而國之中爲中，推此類可見矣。且如初寒時，則薄裘爲中，如在盛寒而用初寒之裘，則非中也。更如三過其門而不入，在禹、稷之世爲中，若居陋巷，則不中矣。居陋巷在顔子時爲中，若三過其門不入，則非中也。或曰：男女不授受之類皆然？曰：男女不授受，中也。在喪祭則不如此矣。○季明又問：舜執其兩端，注以爲過不及之兩端，是乎？曰：是。曰：既過不及，又何執乎？曰：執，猶今之所謂執持使不得行也。舜持過不及，使民不得行，而用其中使民行之也。又問：此執與湯執中何如？曰：執是一個執，舜執兩端是執持而不用，湯執中而不失，將以用之也。若子莫執中，見楊墨過不及，遂於過、不及二者之間執之，却不知有當磨頂放踵利天下時，有當拔毛利天下不爲時，執中而不通，與執一無异。○又曰：楊子拔一毛不爲，墨氏磨頂放踵爲之，此皆不得中。至如子莫執中，謂執此二者之中，不知怎麽執得？則事事物物上皆天然有個中在那上，不待安排也，安排着則不中矣。○又曰：中者，天下之大本，天地之間亭亭當當、直上直下之正理，出則不是。○朱子曰：中之爲義，固非專爲剛柔相半之謂，然當剛則剛，當柔則柔，當剛柔相半則相半，亦皆自有中也。

臣謹按：皇極之所以建，不過曰中庸，而中庸之道無如權，孔子之《春秋》是也。要之，成就一個『是』而已。大抵天下之道有兩端，只惟曰『是』與『非』而已，捨『非』就『是』，非窮理則不能，此格致所以先於誠正者也。今言建極不先言建極之道者，以此書主於經世之大法，而未及乎學者之工夫也。雖然，五事之中既言思曰睿、睿作聖，則思而睿非窮格而何？臣於是謹摭程朱説之自窮理而説到建中建極之義者，以明建極者之先明乎是非之原。願留睿思焉。

程子曰：如曾子易簀，須要如此乃安人，不能若此者只爲不見實理。實理者，實見得是，實見得非。凡實理，得之心自別。古人有捐軀殞命者，若不實見得，則烏能如此。須是實見得，生不重於義，生不安於死也，故有殺身成仁者，只是成就一個『是』而已。○又曰：學《春秋》亦善。一句是一事，是非便見於此，此亦窮理之要。然他經豈不可以窮？但他經論其義，《春秋》引其行事是非較著，故窮理爲要。《春秋》以何爲准？無如《中庸》。欲知《中庸》，無如『權』。權之爲言，秤錘之義也。何物爲權，義也，理也，只是説得到義。○朱子曰：大率天下只有一是一非，是者須還他是，非者須還他非，方是自然之平。若不分邪正，不别是非，而但欲其平，決無可平之理。此元祐之調停、元符之建中所以敗也。

臣謹按：建極、建中之義雜見於經傳者甚多，不能盡録。而謹撮其大者于末，以明前聖後聖相傳之一致云爾。

《易》曰：正大而天地之情見矣。○又曰：文明以健，中正而應，君子正也。○《書》曰：王懋昭大德，建中于民，以義制事，以禮制心，垂裕後昆。《蔡氏傳》曰：中者，天下之所同有也，然非君建之，則民不能以自中，而禮義者，所以建中者也。○《禮》曰：司徒一道德以同俗。○《詩》曰：愷悌君子，求福不回。臣謹按：斂福錫民，非别有福以錫之也，不過人君正身於上，而庶民取則於下。

上下順理，福在其中。○《論語》曰：爲政以德，譬如北辰，居其所而衆星拱之。問：是以德爲政否？朱子曰：不是欲以德去爲政，不必泥『以』字，只是爲政有德相似。○《大學》曰：大學之道，在明明德，在新民，在止於至善。臣謹按：止至善與建中、建極之訓，名异而義同，故謹録于此。○又曰：堯舜率天下以仁而民從之。○《中庸》曰：喜怒哀樂之未發謂之中，發而皆中節謂之和。中也者，天下之大本；和也者，天下之達道也。致中和，天地位焉，萬物育焉。○又曰：君子之中庸也，君子而時中。小人之反中庸也，小人而無忌憚也。臣謹按：君子而處不得其中者，有之；而小人而不至於無忌憚者，亦有之。此實明着眼目處。伏願留神焉。

凡厥庶民，無有淫朋，人無有比德，惟皇作極。

《蔡氏傳》曰：淫朋，邪黨也。人，有位之人。比德，私相比附也。言庶民與有位之人而無淫朋比德者，惟君爲之極而使之有所取正耳，重言君不可以不建極也。○朱子曰：人之所以能有是德者，皆君之德有以爲其至極之表准也。○新安陳氏曰：作有扶植、作興之意，不建不作則斯道廢隳矣。○陳氏雅言曰：人君在上而能示之以大公至正之道，則臣民在下相率而爲大公至正之行，此孟子所謂『君正莫不正』者也。作極與建極大略相似而微有不同。建者植立之謂，作者有鼓舞振起之意，匡直輔翼之意，提撕警覺之意，欲其無一時一事之不作也。

臣謹按：民之有淫朋，人之有比德，皆由於皇之不能作極。大抵所謂周比和同之屬，相似而實不同。上之所以調劑均停者，一失其道則易歸於含糊混淪，皇極之不能建而朋比之不能去，良以是也，此正公私是非之際毫釐必辨者也。故臣於是雜引經傳聖賢之説，有助於皇之作極而可辨於周比和同者，録之於左，以備參考焉。惟聖明之留神焉。

《易》曰：天與火，同人。君子以類族辨物。程子曰：各以其族類辨物之同异也。○或問：伊川説云『各以其類族辨物之同异』，則是就類族上辨物否？朱子曰：類族是就人上説，辨物是就物上説，天下有不可皆同之理，故隨他頭項去分别。類族如分姓氏，張姓同作一類，李姓同作一類；辨物如牛類是一類，馬類是一類。就其异處以致其同，此其所以爲同，伊川之説不可曉。○臣謹按：朱子説明白易曉且順於文義，恐勝於程子説。故謹録之。○《睽》之《象》曰：君子同而异[一]。《程傳》曰：聖賢之處世在人理之常，莫不大同於世俗所同者，則有時而獨异。不能大同者，亂常拂理之人也；不能獨异者，隨俗習非之人也，要在同而能异耳。○先正臣李珥曰：愛親則同，而喻父母於道不以從，令爲孝者异於俗；敬君則同，而引君當道不合則去者异於俗；宜妻則同，而相敬如賓不溺於情欲則异於俗；順兄則同，而怡怡相勉磨以學行則异於俗；交游則同，而久而敬之相觀而善則异

[一] 今按：『君子同而异』，疑脱『以』，當作『君子以同而异』。

於俗。〇臣謹按：君子之同而异者，《程傳》之釋極明白而李珥之説尤詳。引而伸之，觸類而長之，天下萬事莫不皆然。爲人上者苟能觀天火之象，燭理明善，就其异而致其同，觀火澤之象，辨物擇術，審其同而知其异，則取舍不眩、扶抑無偏而作極之道盡矣。〇《湯誥》曰：爾有善，朕不敢蔽；罪當朕躬，不敢自赦，惟簡在上帝之心。其爾萬邦有罪，在予一人；予一人有罪，無以爾萬邦。〇《洛誥》曰：孺子其朋，孺子其朋，其往！無若火始焰焰；厥攸灼叙，不其絶。〇《君牙》曰：弘敷五典，式和民則。爾身克正，罔敢不正，民心罔中，惟爾之中。〇《詩》曰：儀形文王，萬邦作孚。〇又曰：不顯惟德，百辟其刑之。〇季康子問政於孔子。孔子對曰：『子帥以正，孰敢不正？』〇子曰：『君子周而不比，小人比而不周。』朱子《集注》曰：周，普遍也。比，偏黨也。〇又曰：『君子和而不同，小人同而不和。』尹氏曰：君子尚義，故有不同。小人尚利，安得而和。〇《春秋傳》曰：齊景公至自田，晏子侍，子猶梁丘據字也。馳至焉。公曰：『惟據與我和夫！』晏子對曰：『據亦同，焉得爲和。』公曰：『和與同异乎？』對曰：『异。和如羹焉，水、火、醯、醢、鹽、梅，以烹魚肉，燀之以薪，燀音戰，猶燃也。宰夫和之，以泄其過。言泄去其味之過者。君子食之，以平其心。君臣亦然。君所謂可而有否焉，臣獻其否以成其可；君所謂否而有可焉，臣獻其可以去其否。《詩》曰：「亦有和羹，既戒既平。」今據不然。君所曰可，據亦曰可；君所曰否，據亦曰否。若以水濟水，誰能食之？若琴瑟之專一，誰能聽之？同之不可也如是。』○孟子曰：有大人者，正己而物正者也。朱子《集注》曰：無意無必，惟其所在，而物無不化。○臣謹按：皇之作極，一循天則而已，是以孟子不曰『正己正物』，而必曰『物正』。朱子所謂『無意無必，物無不化者』，尤有言外之旨。惟聖明之留神焉。○又曰：行一不義，殺一不辜而得天下，不爲。○荀子曰：君者盤也，盤圓而水圓。君者盂也，盂方而水方。君者源也，源清而流清，源濁而流濁。○董子曰：爲人君者，正心以正朝廷，正朝廷以正百官，正百官以正萬民，正萬民以正四方，四方正遠近莫敢不一於正，而無有邪氣干其間者。○程子曰：守道當確然而不變，得正則遠邪，就非則違是，無兩從之理。○又曰：君子之處高位也，有極而無隨焉；在下位也，則有當極當隨焉。○歐陽修曰：臣聞朋黨之説自古有之，惟幸人君辨其君子小人而已。大凡君子與君子以同道爲朋，小人與小人以同利爲朋，此自然之理也。○朱子曰：天下之事千變萬化，其端無窮，而無一不本於人主之心者，此自然之理也。故人主之心正，則天下之事無一不出於正；人主之心不正，則天下之事無一得由於正。○又曰：天地之間有自然之理：凡陽必剛，剛必明，明則易知；凡陰必柔，柔必闇，闇則難測。故聖人作《易》，遂以陽爲君子、陰爲小人，其所以通幽明之故、類萬物之情者，雖百世不能易也。嘗竊推《易》説以觀天下之人，凡其光明正大、疏暢洞達，如青天白日，如高山大川，如雷霆之爲威而雨露之爲澤，如龍虎之爲猛而麟鳳之爲祥，磊磊落落無纖介可疑者，必君子也；而其依阿淟涊、互回隱伏，糾結如蛇蚓，瑣細如蟣虱，如鬼蜮狐蠱，如盜賊詛祝，閃倏狡獪不可方物者，必小人也。君子小人之極既定於内，則其形於外者雖言談舉止之微無不發見，而况於事業文章之際尤所謂粲然者。彼小人者，雖曰難知，亦豈得以逃哉？○朱子《與留丞相正書》曰：朋黨之禍止於縉紳，而古之惡朋黨而欲去之者，往往至亡人之國。蓋不察其賢否忠邪而惟黨之務去，則彼小人之巧於自謀者，必將有以自蓋其迹，而君子恃其公心直道無所回互，往往返爲所擠而目以爲黨。漢唐紹聖之事今未遠也，丞相未能不以朋黨爲慮。熹恐丞相或未深以天下賢否忠邪爲己任也，夫杜門自守孤立無朋者，此一介之行也。迎納賢能，黜退奸憸，合天下之人以濟天下之事者，宰相之職也。奚必以無黨者爲是而有黨者爲非哉？夫以丞相今日之所處，無黨則無黨矣，而使小人之道日長，君子之道日消，天下之慮將有不可勝言者，則丞相安得辭其責哉？熹不勝愚者之慮，願丞相先以分别賢否忠邪爲己任。其果賢且忠耶，則顯然進之，惟恐其黨之不衆而無與共圖天下之事也；其果奸且邪耶，則顯然黜之，惟恐其去之不盡而有以害吾用賢之功也。不惟不疾君子之爲黨，而不憚以身爲之黨，又將引其群以爲黨而不憚也，如此則天下之事其庶幾乎。

凡厥庶民，有猷有爲有守，汝則念之。不協于極，不罹于咎，皇則受之。而康而色，曰：『余攸好德。』汝則錫之福。時人斯其惟皇之極。

《蔡氏傳》曰：此言庶民也。有猷，有謀慮者。有爲，有設施者。有守，有操守者。是三者，君之所當念也。念之者，不忘之也，帝念之哉之念。不協于極，未合於善也。不罹于咎，不陷於惡。所謂中人也，進之則可與爲善，棄之則流於惡，君之所當受也。受之者，不拒之也，歸斯受之之受。念之受之，隨其才之輕重以成就之也。見於外而有安和之色，發於中而有好德之言，汝於是錫之以福，而是人斯其惟皇之極矣。或曰：錫福即上文斂福錫民之福，非自外來也？曰：禄亦福也。上文指福之全體而言，此則爲福之一端而發。苟謂非禄之福，則於下文『于其無好德，汝雖錫之福，其作汝用咎』爲不通矣。○朱子曰：君既立極於上，而下之從化或有淺深緩速之不同。其有謀者、有才者、有德者，人君固當念之而不忘，其或未能盡合，而未底乎大戾者，亦當受之不拒也。人之有能革而從君，而以好德自名，則雖未必出於中心之實，人君亦當因其自名而與之以善，則是人者亦得以君爲極而勉其實也。○陳氏雅言曰：時人者，指上三等之人。言廣收樂育，使皆知所以自勉，則人莫不觀感興起，因其所已能而益勉其所未至，皆歸於皇之極矣。

臣謹按：聖人之取善至廣而待物至厚。有猶、有爲、有守而念之者，取善之廣也；不協于中而受之者，待物之厚也。蓋樂取於人以爲善，而欲人之皆歸於善也。臣於是雜引經傳之合於此條者，以備參考。惟聖明之留神焉。

《坤》之《象》辭曰：地勢坤，君子以厚德載物。○《坤》之《象》辭曰：含弘光大，品物咸亨。程子曰：聖人者，天地之量也。聖人之量道也，常人之有量者，天資也。○《明夷》之《象》曰：君子莅衆，用晦而明。○《泰》九二之爻辭曰：包荒，用馮河，不遐遺。朋亡，得尚于中行。臣謹按：程子之傳此專主於戒，因循絶朋與而求之，此條『包荒，不遐遺』則有契於『皇則受之，汝則錫之福』，而『用馮河，朋亡』亦爲其存戒之一端。深究玩味則曲折反覆之間，其旨有可以默契者，此可見《易》道之無窮，而蓋不專主於一事也。○《書·咸有一德》之訓曰：無自廣以狹人。匹夫匹婦，不獲自盡，民主罔與成厥功。《蔡氏傳》曰：天以一理賦之於人，散爲萬善，人主合天下之萬善，而後理之一者可全也。苟自大而狹人，匹夫匹婦有一不得自盡於上，則一善不備，而民主亦無與成厥功矣。○《君陳》曰：無忿疾于頑，無求備于一夫。○又曰：必有忍，其乃有濟。有容，德乃大。臣謹按：『無求備于一夫』及『有容，德乃大』者，皆有合于『不罹于咎，皇則受之』，故謹録之于此。○《中庸》曰：舜其大知也歟！舜好問而好察邇言，隱惡而揚善，執其兩端，用其中於民，其斯以爲舜乎！○孟子曰：大舜善與人同，舍己從人，樂取於人以爲善。○又曰：取諸人以爲善，是與人爲善者也，故君子莫大乎與人爲善。○程子曰：古之聖王所以能化奸惡爲善良、綏仇敵爲臣子者，由不之絶也。苟無含弘之度，而與异己者一皆棄絶之，不幾於舉天下以讎君子乎？故聖人無棄物，王者重絶人。

臣謹按：聖人無棄物，王者重絶人，是以不協于極者，君亦受之。『而康而色』，自言好德者，亦錫之福矣。然而結之曰『時人斯其維皇之極』，則雖其優游涵育，而卒使歸宿者不越乎極之一字，非相待以苟然姑息，非如所謂處己以高明而責人以中庸者也。此正王霸公私之分毫釐必卞處也。且『而康而色，曰余好德』者，見於外而有安和之色，發於中而有好德之言，是將革心從化，非如色厲者之徒假外面，而終不可入於堯舜之道也。故臣特引孔、孟、程子之訓于終，以爲卞邪正、明取舍之方。惟聖明之留神焉。

子曰：色厲而内荏，譬之小人，有甚於穿窬也。○又曰：鄉愿，德之賊也。○又曰：惡紫之亂朱也，惡鄭聲之亂雅樂也，惡利口之覆邦家者。○孟子曰：非之無舉也，刺之無刺也，同乎流俗，合乎污世，居之似忠信，行之似廉潔，衆皆悦之，自以爲是而不可與入堯舜之道，故曰德之賊。○程子曰：聖人在上，未嘗無小人也，能使小人不敢肆其惡而已。夫小人之本心，亦未嘗不知聖人之可悦也，故四凶立堯朝必順而聽命，聖人豈不察其終出於惡哉？亦喜其革面畏罪而已。苟誠信其假善而不知包藏，則危道也。是以惟堯舜之盛，於此未嘗無戒，戒所當戒也。

無虐煢獨而畏高明，

《蔡氏傳》曰：煢獨，庶民之至微者；高明，有位之尊顯者也，各指其甚者而言。庶民之至微者，有善則當勸勉之；有位之尊顯者，有不善則當懲戒之。此結上章而起下章之義。

臣謹按：庶民之至微者，其勢易侮；有位之尊顯者，其勢可畏，此常情之所易忽，然是非善惡不係於是。庶民之善者不可不取，而有位之不善者不可不懲。一或有偏，其心已不公，不免於作好作惡，而極之體不能立矣。臣於是略引古訓之合於此者。以備參考。願垂睿覽焉。

《書》曰：不虐無告，不廢困窮，惟帝是克。《蔡氏傳》曰：非忘私順理不能及此。〇《詩》曰：哿矣富人，哀此煢獨。〇又曰：人亦有言，柔則茹之，剛則吐之。維仲山甫，柔亦不茹，剛亦不吐。不侮鰥寡，不畏强禦。《集注》曰：不茹柔，故不侮矜寡；不吐剛，故不畏强禦。以此觀之，則仲山甫之柔嘉，非軟美之謂，而其保身，未嘗枉道以殉人，可知矣。〇《孟子》曰：説大人則藐之，勿視其巍巍然。

人之有能有爲，使羞其行，而邦其昌。凡厥正人，既富方穀，汝不能使有好于而家，時人斯其辜。于其無好德，汝雖錫之福，其作汝用咎。

《蔡氏傳》曰：此言有位者也。有能，有才智者。羞，進也，使進其行，則官使者皆賢才而邦國昌盛矣。正人者，在官之人，如《康誥》所謂『惟厥正人』者。富，禄之也。穀，善也。在官者有禄可仰，然後可責其爲善。廪禄不繼，衣食不給，不能使其和好于而家，則是人將陷於罪戾矣。於其不好德之人而與之以禄，則爲汝用咎惡之人也。此言禄以與賢，不可及惡德也。必富之後責其善，聖人設教，欲中人以上皆可能也。○朱子曰：人氣禀或清或濁，或純或駁，有不可一律齊者。是以聖人所以立極乎上，至嚴至密，而所以接引乎下者，至寬至廣。雖彼之所以化於此者，淺深遲速之效或有不同，而吾之所以應於彼者，長養涵育其心未嘗不一也。○陳氏雅言曰：朝廷有以福君子，則君子有以福斯民，此富之禄之。雖所以爲君子計，而實所以爲斯民計也。

臣謹按：忠信重禄，所以勸士也。使爲士者禄不足以代其耕，常有仰事俯育之憂，則亦何以保其善而展其能乎？此皇極之治所以有既富方穀之訓，而《曾傳》絜矩章之以理財爲言者，亦此意也。臣於是遂引往古重禄之事，以贇其旨。願留睿念焉。

《書》曰：資富能訓，惟以永年。蔡氏曰：資富而能訓，則心不遷於外物，而可全其性命之正也。○孟子曰：卿以下必有圭田，圭田五十畝。○漢宣帝詔天下曰：吏不廉平則治道衰，今小吏皆勤事而俸禄薄，欲其無侵漁百姓難矣。其益吏百石以下俸十五。若食一石，益五斗。○光武詔：增百官俸，千石以上減於西京舊制，六百石以下增於舊秩。○宋太祖詔曰：吏員冗多，難以求治。俸禄鮮薄，未可責以廉。與其冗員而重費，不若省官而益俸。州縣宜以口數爲率減其員，舊俸外增給五千。○漢蕭望之、張敞言于其君曰：倉廩實而知禮節，衣食足而知榮辱。今小吏俸率不足，常有憂父母妻子之心，雖欲潔身爲廉，其勢不能。夏竦曰：二臣之言，庶幾《洪範》之意歟。

臣謹按：人君用舍之得失係國家之興亡，其化而導之者未嘗不寬。雖其不協于極者，苟不罹于咎，則亦可以受之而至於進之，而授之以爵禄則不可及於無好德之人，以貽國家之禍敗、生民之患害。此命德之器，非人主之所能私者。自古建極之治不行於世者，率由於取舍之不公不明。臣於是雜引古訓之合於是者，以備鑒戒。願留睿思焉。

《易》曰：開國承家，小人勿用。○《書》曰：官不及私昵，惟其能；爵罔及惡德，惟其賢。○又曰：旌别淑慝，表厥宅里，彰善癉惡，樹之風聲。弗率訓典，殊厥井疆，俾克畏慕。臣謹按：《書》之所言，有合於有能而進之、富而勸之，無好德而不錫福之旨，故録之於此。○《詩》曰：瑣瑣姻婭，即無膴仕。○孔子曰：舉直措諸枉，則民服；舉枉措諸直，則民不服。程子曰：舉措得宜，則人心服。○謝氏曰：好直惡枉，天下之至情也。順之則服，逆之則去，必然之理也。然或無道以照之，則以直爲枉，以枉爲直者多矣。是以君子大居敬而貴窮理也。○孟子曰：左右皆曰賢，未可也；諸大夫皆曰賢，未可也；國人皆曰賢，然後察之，見賢焉，然後用之。左右皆曰不可，勿聽；諸大夫皆曰不可，勿聽；國人皆曰不可，然後察之，見不可焉，然後去之。○《大學》曰：見賢而不能舉，舉而不能先，命『命』，當作『慢』。也；見不善而不能退，退而不能遠，過也。○齊桓公之郭，問父老曰：『郭何故亡？』曰：『以其善善而惡惡也。』公曰：『若子之言乃賢君也，何至於亡？』曰：『郭君善善不能用，惡惡不能去，所以亡也。夫善善而不能用，則無貴於知其善；惡惡而不能去，則無貴於知其惡，未之或知者猶有所覬也，夫既知之不能行其所知，君子所以高舉遠引，小人所以肆行而無忌憚也。然則非有能亡郭者，郭自亡也爾。』○朱子《封事》曰：平日自恃安寧，便謂人材必無所用，而專取一種無道理、無學識、重爵禄、輕名義之人，以爲不務矯激而尊寵之，是以紀綱日壞、風俗日偷，非常之禍伏於冥冥之中。而一朝發於意慮之所不及，平日所用之人，交臂降叛而無一人可同患難，然後前日擯棄流落之人始復不幸而著其忠義之節。以天寶之亂觀之，其將相貴戚近幸之臣皆已頓顙賊庭，而起兵討賊，卒至於殺身滅族而不悔，如巡遠、杲卿之流，則遠方下邑，人主不識其面目之人也。使明皇早得巡等而用之，豈不能消患於未萌！

無偏無陂〔二〕，遵王之義；無有作好，遵王之道；無有作惡，遵王之路。無偏無黨，王道蕩蕩；無黨無偏，王道平平；無反無側，王道正直。會其有極，歸其有極。

《蔡氏傳》曰：偏，不中也。陂，不平也。作好、作惡，好惡加之意也。『加之意』三字最當着眼。黨，不公也。反，倍常也。側，不正也。偏陂好惡，己私之生於心也。偏黨反側，己私之見於事也。王之義、王之道、王之路，皇極之所由也。蕩蕩，廣遠也。平平，平易也。正直，不偏邪也，皇極大正之體也。遵義、遵道、遵路，會其極也。蕩蕩、平平、正直，歸其極也。會者，合而來也。歸者，來而至也。此章蓋詩之體，所以使人吟咏而得其性情者也。夫歌咏以協其音，反覆以致其意，戒之以私而懲創其邪思，訓之以極而感發其善性。諷咏之間，恍然而悟，悠然而得，忘其傾斜狹小之念，達乎公平廣大之理。人欲消息，天理流行。會極、歸極，有不知所以然而然者。其功用深切，與《周禮》太師教以『六詩』者同一機而尤要者也，後世此意不傳，皇極之道其不明於天下宜哉。○張氏曰：天下有公，好惡不必作

〔二〕今按：陂，原本作『黨』，與下引《蔡氏傳》不合，今據中華書局一九八〇年影印阮元校刻本《十三經注疏・尚書正義》改。

也，作則非公矣。

臣謹按：無偏、無黨、遵義、遵道、遵路者，極之所以建，而其要則只惟曰『無作好惡』而已。好惡者，天理也。天理自有非人之所能作之者，一有作之之意安排而布置之，則其事雖公而其心已私，便與天理不相似。堯舜蕩平之治不行於世者，職由是也。蓋天理本直，作則不直。何事於作，自歸於不直乎？無他，惟私爲之蔽而不能祛也。臣於是雜引古訓之合於皇極蕩平之旨者，而於其理欲公私之分特致詳焉。惟聖明深留睿思焉。

《易・大有》之《象》曰：火在天上，《大有》君子以遏惡揚善，順天休命。《程傳》曰：遏絶衆惡，揚明善類，以奉順天之休命。○《艮》之《彖》曰：艮其背，不獲其身，行其庭，不見其人〔一〕。《程傳》曰：人之所以不能安其止者，動於欲也。背，乃所不見也。止於所不見，則無欲以亂其心。不獲其身，不見其身也，謂忘我也。行其庭，不見其人：庭除之間，至近也，在背則雖至近不見，謂不交於物也。外物不接，内欲不萌，如是而止，乃得止之道，於止爲無咎也。○臣按：於此可以見好惡之不可作。○《書》曰：天命有德，五服五章哉！天討有罪，五刑五用哉！程子曰：萬物皆是一個天理，己何與焉？如言天討，天命只是自然當如此，曷嘗容心喜怒於其間哉？○臣按：命曰天命，討曰天討，則好惡之不可作可見。○又曰：非汝封刑人殺人，無或

〔一〕今按：『艮其背』至『不見其人』爲《易・艮》卦辭語。今本《艮》傳有『不獲其身，行其庭，不見其人』，而無『艮其背』。

刑人殺人。非汝封劓刵人，無或劓刵人。〇《詩》云：鳶飛戾天，魚躍于淵。朱子曰：勿忘勿助之間，便可見鳶飛魚躍之體。〇臣謹按：鳶飛戾天，魚躍于淵，便可見道體之自然，於此亦可以見好惡之不可作。〇《記》曰：天無私覆，地無私載，日月無私照，奉斯三者以勞天下，此之謂三無私。朱子曰：人主之心術，公平正大，無偏黨反側之私，然後紀綱有所繫而立。〇子曰：人之生也直，罔之生也幸而免。程子曰：生理本直。罔，不直也，而猶免焉者，幸而免耳。〇或曰：以德報怨何如？子曰：何以報德？以直報怨，以德報德。朱子《集注》曰：或人之言可謂厚矣，然以聖人之言觀之，見其出於有意之私，而怨德之報皆不得其平。必如夫子之言，然後二者之報各得其所。此章之言，明白簡約而其指意曲折反復，如造化之簡易，易知而微妙無窮，學者所宜詳玩也。〇臣謹按：怨德之報各有其則，如天討、天命，然好惡其可作耶？〇子絶四：無意，無必，無固，無我。臣謹按：無意、必、固、我之私，則夫安有好惡之作耶？〇《大學》傳曰：惟仁人爲能愛人，能惡人。好人之所惡，惡人之所好，是謂咈人之性，災必逮夫身。〇孟子曰：吾善養吾浩然之氣。其爲氣也，至大至剛，以直養而無害，則塞于天地之間。又曰：是集義所生者，非義襲而取之也，行有不慊於心則餒矣。又曰：必有事焉而勿正，心勿忘，勿助長也。朱子曰：天地之生萬物，聖人之應萬事，直而已。〇又曰：天下之言性也，則故而已矣。故者，以利爲本。利猶順也，語其自然之勢也。《集注》所惡於智者，爲其鑿也。如智者，若禹之行水也，則無惡於智矣。禹之行水也，行其所無事也，如智者亦行其所無事，則智亦大矣。天下之理，本皆利順。小智之人務爲穿鑿，所以失之。（《集注》）◯又曰：霸者之民，驩虞如也；王者之民，皞皞如也。殺之而不怨，利之而不庸，民日遷善而不知爲之者。◯又曰：君子反經而已矣。經正，則庶民興，斯無邪慝矣。◯又曰：爲機變之巧者，無所用耻焉。臣謹按：好惡之作，必至於機變之巧矣。◯又曰：堯、舜，性者也；湯、武，反之也。呂氏曰：無意而安行，性也；有意利行而至於無意，復性者也。動容周旋中禮者，盛德之至也。哭死而哀，非爲生者也。經德不回，非以干禄也。言語必信，非以正行也。三者亦皆自然而然，非有意而爲之也。君子行法，以俟命。臣按：聖人之性之、君子之俟命，固有自然不自然之别，而俱非作爲於性分之外，則於此而亦可見好惡之不可作。◯董子曰：君子正其誼不謀其利，明其道不計其功，是以仲尼之門，五尺之童羞稱五霸，爲其先詐力而後仁義也。臣按：董子之卓越諸子惟此數句。正誼而不謀其利，明道而不計其功，則夫安有好惡之作於意耶。◯仲長子光曰：『在險而運奇，不若宅平而無爲。』文中子王通以爲知言。臣按：在險運奇是好惡之作之者也，宅平而無爲是好惡之循理者也。願留睿思焉。◯宋太祖曰：洞開中門正如我心，少有邪曲，人皆見之。臣按：太祖此言有合於王道正直，故謹録于此。◯程子曰：天地之常以其心普萬物而無心，聖人之常以其情順萬事而無情，故君子之學莫若擴然而大公，物來而順應。◯又曰：人之情各有所蔽，故不能適道。大率患在於自私而用智，自私則不能以有爲爲應迹，用智則不能以明覺爲自然。臣按：好惡之作於意，皆由於自私而用智。◯又曰：聖人之喜以物之當喜，聖人之怒以物之當怒，是聖人之喜怒不繫於心而繫於物也。○又曰：舜之誅四凶，四凶已作惡，舜從而誅之，舜何與焉？人不止於事，只是不能使物各付物，物各付物則是役物，爲物所役則是役於物。有物必有則，須是止於事。臣按：好惡之不作於意，是止於事。○又曰：動乎血氣者，其怒必遷。若鑑之照物，妍媸在彼，隨物而應之，怒不在此，何遷之有？○又曰：以物待物，不以己待物，則無我也。天地生物也，有長有短，有大有小，安可使小者易大乎？天理如此，豈可易哉？臣按：長短大小各有定形，非人之所能易，則好惡其可作乎？○又曰：不是天理，便是私欲，人雖有意於爲善，亦是非禮。無人欲即皆天理。○又曰：公則一，私則萬殊。至當歸一，精義無二。人心不同如面，只是私心。○又曰：纔有意於爲公，便是私心。人多言古時用直不避嫌得，後世用此不得，自是無人，豈是無時？臣謹按：好惡之作於心，只由於其心之不公，公則無此患。○又曰：孟子辨舜跖之分只在義利之間。言間者，謂相去不甚遠，所爭毫末爾。義與利，只是個公與私也。纔出義，便以利言也。只那計較便是有爲、有利害，若無利害，何用計較。利害者，天下之常情。人皆趨利而避害，聖人則便不論利害，惟看義當與不當爲，便是命在其中也。○又曰：閱機事之久，機心必生，如種下種子。臣謹按：好惡作於心，機心必生，一事二事天理滅矣。○又曰：道着用，便不是。臣謹按：伊川病革，門人問曰：『先生平日工夫正當於此時用。』伊川曰：『道着用，便不是。』○又曰：燭理之明，乃能不待勉强而自樂循理爾。知之而至，則循理爲樂，不循理爲不樂，何苦而不循理以害吾樂耶？○程子《論王霸札》曰：得天理之正、極人倫之至者，堯舜之道也。用其私心、依仁義之偏者，霸者之事也。王道如砥，本乎人情，出乎禮義，若履大道而行無復回曲。霸者，崎嶇反側於曲徑之中，而卒不可與入堯舜之道，故誠心而王則王矣，假之而霸則霸矣。二者其道不同，在審其初而已。《易》所謂『差若毫釐，謬以千里』，其初不可不審也。○又曰：禮孰爲大？時爲大，亦須隨時。當隨則隨，當治則治，當其時作其事便是能隨時。隨時之義大矣哉。尋常人言隨時，苟且和同，只是流殉耳，不可謂和，和則已是和於義。故學者患在不能識時，時出之，亦須有溥博淵泉方能出之。○又曰：聖人只睹一個是。○張子曰：惡不仁，故不善未嘗不知；徒好仁而不惡不仁，則習不察、行不著。是故徒善未必盡義，徒是未必盡仁，好仁而惡不仁，然後盡仁義之道。臣謹按：好仁、惡不仁，天理也。徒好仁而不惡不仁，則是失其是非之本心，不能免於偏黨反側之私矣。○朱子曰：聖賢以大公至正之心，出大公至正之言，原始要終，莫非至理，又何嫌疑之可避哉。○又曰：此心曠然無一毫私意，直與天地同量，便有天下爲一家、中國爲一人底意思。先正臣李珥曰：天人一也，更無分別。惟其天地無私而人有私，故人不得與天地同其大焉。聖人無私，故德合于天地。○朱子《象刑説》曰：聖人之心未感於物，其體廣大而虚明，絶無毫髮偏倚，所謂天下之大本者也。及其感於物也，則喜怒哀樂之用各隨所感而應之，無一不中節者，所謂天下之達道也。蓋自本體而言，如鏡之未有所照則虛而已矣，如衡之未有所加則平而已矣。至語其用，則以其至虛而好醜無所遁其形，以其至平而輕重不能違其則，此所以致其中和而天地位、萬物育，雖以天下之大而不外乎吾心造化之中也。以此而論，則知聖人之於天下，其所以慶賞威刑之具者，莫不各有所由，而《舜典》所論『敷奏以言，明試以功，車服以庸』，與夫制刑明辟之意皆可得而言矣。雖然喜而賞者，陽也，聖人之所欲也；怒而刑者，陰也，聖人之所惡也。是以聖人之心雖曰至虛至平無所偏倚，而於此二者之間其所以處之，亦不能無少不同者。故其言又曰『罪疑惟輕，功疑惟重』，此則聖人微意。然其行之也，雖曰好賞而不能賞無功之士，雖曰惡刑而不敢縱有罪之人，而功罪之實苟已曉然而無疑。則雖欲輕之重之而不可得，是又未嘗不虛不平，而大本之立、達道之行固自若也。故其賞也，必察其言、審其功，而後加以車服之賜；其刑也，必曰『象以典刑』者，畫象而示民以墨、劓、剕、宫、大辟五等肉刑之常法也；其曰『流宥五刑』者，放之於遠，所以寬夫犯此肉刑而情輕之人也；其曰『鞭作官刑，扑作教刑』者，官府學校之刑，所以馭夫罪之小而未麗于五刑者也；其曰『金作贖刑』者，使之入金而免其罪，所以贖夫犯此鞭扑之刑而情之又輕者也，此五者刑之法也。其曰『眚灾肆赦』者，言不幸而觸罪者則肆而赦之；其曰『怙終賊刑』者，言有恃而不改者則賊而刑之，此二者法外之意，猶今律令之名例也。其曰

『欽哉欽哉，惟刑之恤哉』者，此則聖人畏刑之心，憫夫死者之不可復生，刑者之不可復續，惟恐察之有不審、施之有不當，又雖已得情而猶必矜其不教無知而抵冒至此也。嗚呼！詳此數言，則聖人制刑之意可見，而其於輕重淺深出入取舍之際亦已審矣。雖其重者或至於誅斬斷割而不少貸，然本其所以至此，則其所以施於人者，亦必嘗有如是之酷矣。是以聖人不忍其被酷者銜冤負痛，而爲是以報之，雖若甚慘，而語其實則爲適得其宜，雖以不忍之心畏刑之甚而不得赦也。惟其情之輕者，聖人於此乃得以施其不忍畏刑之意而有以宥之，然亦必投之遠方以御魑魅。蓋以此等所犯非殺傷人則亦或淫或盜，其情雖輕而罪實重，若使既免於刑，而又得使還鄉復爲平民，則彼之被其害者寡妻孤子將何面目以見之。而此幸免之人髮膚肢體了無所傷，又將得以遂其前日之惡而不悔，此所以必曰流以宥之。而又有『五流有宅，五宅三居』之文也，若夫鞭扑之刑，則雖刑之至小而情之輕者，亦必許其入金以贖，而不忍輒以真刑加之，是亦仁矣。然而流專以宥肉刑而不下及於鞭扑，贖專以待鞭扑而不上及於肉刑，則其輕重之間，又未嘗不致詳也。至於過誤必赦、故犯必誅之法，則又權衡乎五者之内。『欽哉，欽哉，惟刑之恤』之旨則常通貫乎七者之中，此聖人制刑明辟之意。所以雖或至於殺人，而其反覆表裏至精至密之妙，一一皆從廣大虛明心中流出，而非私智之所爲也。而或者之論乃謂上古惟有肉刑，舜之爲流爲贖、爲鞭、爲扑，乃不忍民之斬戮而始爲輕刑者。則是自堯以上雖犯鞭扑之刑者，亦必使從墨劓之坐，而舜之心乃不忍於殺傷淫盜之凶賊，而反忍於見殺見傷爲所侵犯之良民也，聖人之心其不如是之殘忍偏倚而失其正亦已明矣。又謂周之穆王五刑皆贖爲能復舜之舊者，則固不察乎舜之贖初不上及五刑，又不察乎穆王之法亦必疑而後贖也。且以漢宣之世，張敞以討羌之役兵食不繼，建爲入穀贖罪之法，初亦未嘗及夫殺人及盜之品也，而蕭望之等猶以爲如此則富者得生、貧者獨死，恐開利路以傷治化。曾謂三代之隆而以是爲得哉。嗚呼！世衰學絶，士不聞道，是以雖有粹美之姿而不免一偏之弊，其於聖人公平正大之心有所不識，而徒知切切焉飾其偏見之私以爲美談，若此多矣，可勝辨哉！若夫穆王之事，以予料之，始必由其巡游無度，財匱民勞，至其末年無以爲計，乃特爲此一切權宜之術以自豐，而又托於輕刑之説以違道而干譽耳。夫子存之，蓋以示戒，而程子策試尚發問焉，其意亦可見矣。或者又謂四凶之罪不輕於少正卯，舜乃不誅而流之以爲輕刑之驗。殊不知共、兜朋黨，鯀功不就，其罪本不至死；三苗拒命，雖若可誅，而蠻夷之國，聖人本以荒忽不常待之，雖有負犯不爲畔臣，則姑竄之遠方，亦正得其宜耳，非故爲是以輕之也。若少正卯之事，則予嘗切疑之，蓋《論語》所不載，子思、孟子所不言。雖以《左氏春秋》内外傳之誤且駁，而猶不道也，乃獨荀况言之，是必齊魯陋儒憤聖人之失職，故爲此説以夸其權。吾又安敢輕信其言，遽稽以爲决乎？聊并記之以俟來者。○南軒張氏曰：學莫先於義利之辨。義也者，本心之所當爲而不能自已，非有所爲而爲之也，一有所爲，則皆人欲之私，而非天理之所存矣。朱子嘗誦而嘆之曰：『至哉！言也。可謂擴前聖之所未發，而同於「性善」、「養氣」之功者也。』臣謹按：張氏之言至矣、盡矣，好惡之不可作，此亦可見，然而非朱子之表而出之，則孰知其與『性善』、『養氣』之説同其功，而可以俟後聖而不惑哉。○又曰：若胸中着一寬字，寬必有弊；着一猛字，猛必有弊。處事當如持衡，高者下之，低者平之，若聖人之枰則常平矣。

曰：皇，極之敷言，是彝是訓，于帝其訓。

《蔡氏傳》曰：曰，起語辭。敷言，上文敷衍之言也，言人君以極之理而反覆推衍爲言也，是天下之常理，是天下之大訓，非君之訓也，天之訓也。蓋理出於天，言純乎天，則天之言矣。此贊敷言之妙如此。○陳氏雅言曰：是理也，本之於天，惟皇上帝降衷之理也。言而不异於降衷之理，是豈可以君之訓視之哉，乃天之訓也。天者其不言之聖人，聖人者其能言之天，一而二，二而一者也。

臣謹按：上文既敷衍皇極之義，而於此斷之以『于帝其訓』，特加『曰』字以更其端，益見其致決丁寧之意。夫好惡之無所作，而無偏黨反側以致王道之蕩平正直者，莫非順乎此理者。理原於天，而非人之所能自爲也。堯舜禹湯文武之所以繼天立極者，莫非順帝之則而奉天之命也。天不變，則道亦不變，在由之與不由之而已。是以謹摭古訓之合於是者，以備睿覽焉。

《易・無妄》之《象》曰：天下雷行，物與，無妄。先王以茂對時育萬物。程子曰：天下雷行，付與無妄，天性豈有妄哉。聖人以茂對時育萬物，各使得其性也。無妄，則一毫不可加，安可往也，往則妄矣。《無妄》，震下乾上，動以天，安有妄乎？動以人，則有妄矣。◯《繫辭》曰：一陰一陽之謂道，繼之者善，成之者性也。臣謹按：繼善成性，可見彝訓之本于帝。故録于此。◯《書・湯誥》曰：惟皇上帝，降衷于下民。若有恒性。◯又曰：爾有善，朕不敢蔽；罪當朕躬，弗敢自赦，惟簡在上帝之心。◯《仲虺之誥》曰：天乃錫王勇智，表正萬邦，纘禹舊服，兹率厥典，奉若天命。◯《詩》曰：天生烝民，有物有則。民之秉彝，好是懿德。◯《中庸》曰：天命之謂性，率性之謂道，修道之謂教。◯劉康公曰：民受天地之中以生。◯董子曰：道之大，原出于天，天不變道亦不變。◯程子曰：至公無私，大同無我。雖眇然一身在天地之間，而與天地無以异也，夫何疑焉？◯又曰：王者奉若天道，動無非天者，故稱天。王命則天命也，討則天討也。盡天道者，王道也。後世以智力持天下者，霸道也。

凡厥庶民，極之敷言，是訓是行，以近天子之光。曰：天子作民父母，以爲天下王。

《蔡氏傳》曰：光者，道德之光華也。天子於庶民，性一而已；庶民於極之敷言，是訓是行，則可以近天子道德之光華也。曰者，民之辭也。謂之父母者，指其恩育而言，親親之意。謂之王者，指其君長而言，尊尊之意。言天子恩育君長乎我者，如此其至也。言民而不言人者，舉少以見大也。○朱子曰：人君能立至極之標准，所以能作億兆之父母而爲天下之王也，不然則有其位無其德，不足以首出庶物統御人群，而履天下之極尊矣。○吕氏曰：此彝此訓非我所自作，乃帝之訓也。庶民不可視爲空言，必當踐行此訓可也。不言近皇極而言近天子之光，天子既建極，則天子即皇極也。

臣謹按：聖人之能以中國爲一人、天下爲一家者，無他，以其好惡之公於理也。王者之於民，雖有貴賤遠近之不同，好惡之公未嘗不一。君既以民心爲心，則即是視民如子，民亦豈不以君心爲心而視君如父母乎？然則天子之作民父母者，以其好惡之無間也。臣於是略引古訓以明其旨，惟聖明之留神焉。

《書》曰：惟天地萬物父母，惟人萬物之靈。但聰明作元后，元后作民父母。《蔡氏傳》

曰：夫天地生物而厚於人，天地生人而厚於聖人。其所以厚於聖人者，亦欲其君長乎民而推天地父母斯民之心而已。天之爲民如此，則任元后之責者可不知所以作民父母之義乎？○《大學》傳曰：《詩》云：『樂只君子，民之父母。』民之所好好之，民之所惡惡之，此之謂民之父母。朱子曰：言能挈矩而以民心爲己心〔一〕，即是愛民如子而民愛之如父母矣。○孟子曰：以力服人者，非心服也，力不贍也；以德服人者，中心悦而誠服也，如七十子之服孔子也。《詩》云：『自西自東，自南自北，無思不服。』此之謂也。

臣謹按：乾有父之道，坤有母之道，王者體天地之道而立萬民之極，《書》所謂『天地萬物父母，元后作民父母』者，蓋以是也。而張子《西銘》之書實本於是，其終則曰：『存，吾順事；没，吾寧也。』天下蓋無長存不亡之國，而若其祈天永命之道，則不過循理之直而順吾之事而已。堯舜之揖遜，湯武之征伐，殷宗、周宣之復興，其事雖异，而考其歸則理未嘗不直、事未嘗不順。苟使理直而事順，則夫豈有亡國敗家者乎？然則亡國敗家者皆由於理之不直、事之不順矣。天子之作民父母，以爲天下王者，無他，理直事順。《西銘》之所以發揮者殆無遺藴，故特附於左，以終此篇之意。伏願聖明留神焉。

〔一〕 今按：挈，當爲『絜』。

《西銘》曰：乾稱父，坤稱母。予兹藐然，乃混然中處。故天地之塞，吾其體；天地之帥，吾其性。民，吾同胞；物，吾與也。大君者，吾父母宗子；其大臣，宗子之家相也。尊高年，所以長其長；慈孤弱，所以幼吾幼。聖其合德，賢其秀也。凡天下之疲癃、殘疾、惸獨、鰥寡，皆吾兄弟之顛連而無告者也。于時保之，子之翼也；樂且不憂，純乎孝也。違曰悖德，害仁曰賊。濟惡者不才，其踐形，惟肖者也。知化則善述其事，窮神則善繼其志。不愧屋漏爲無忝，存心養性爲匪懈。惡旨酒，崇伯子之顧養；育英材，潁封人之錫類。不弛勞而底豫，舜其功也；無所逃而待烹，申生其恭也。體其受而歸全者，參乎；勇於從而順令者，伯奇也。富貴福澤，將厚吾之生也；貧賤憂戚，庸玉汝於成也。存，吾順事；殁，吾寧也。

《尚書》學文獻集成·朝鮮卷　第三十四册

易範通録——洪範説

南國柱　著
陳春保　整理

提要

《易範通録·洪範説》一卷，著者南國柱（一六九〇——一七五九），籍貫爲英陽（今屬韓國慶尚北道），字廈中，號鳳州。弱冠文名傳於全國，有『嶺南獨步』之稱。早斷念科舉出仕，而務學實踐之學問，涉獵諸子百家書，尤重《周易》和禮節問題。

《易範通録》收於南國柱文集《鳳州先生文集》卷三到卷六，其中卷四爲《洪範説》，現本未載其他三、五、六卷。卷三爲《周易》的《河圖》、《洛書》與《尚書·洪範》『九疇』互相關聯的二十幾個圖表，後加概括性的説明。著者襲用伏羲效法《河圖》作『八卦』、禹效法《洛書》作《洪範》『九疇』之例，分别作《九疇相對圖》、《九疇八十一疇圖》、《八十一疇對待圖》、《八十一疇方圖》及《八十一疇分配節氣圖》。卷五和卷六爲對蔡沈《皇極内篇》的注解。顧名思義，《易範通録》將《周易》的《河圖》、《洛書》和《尚書·洪範》『九疇』録爲一編，鈎聯其圖、象與數，通解其共理，厘析其别義。

卷四單獨著述《洪範》説，其體例爲注疏體。該著首先通論『九疇』，着眼於比較，傍《易經》而論《洪範》。《易經》之象大著，而《洪範》之數湮没不彰，導致象、數淆亂而悖於天人之理。著者將『九疇』分爲經、權二部，即一二三四爲『九疇』之經，六七八九爲『九疇』之權，而五『皇極』則居中，立爲至極，爲『九疇』之主。『皇極』立，則餘八疇而得統，而天下體用俱得其宜。著者以爲《範》數與《易》數具有相類的價值，可爲人們析理、載道、經世提供思想資源。《易》畫表陰陽八卦，而《範》點标『九疇』五行。『九疇』之根在依數立義，闡數之義而推求治道於天人之際。通論之後著者對『九疇』之目予以逐疇疏注。先介紹蔡沈對《洪範》『九疇』之五行、五事、八政、五紀、皇極、三德、稽疑、庶徵、五福的説法，然後附記自己的見解。對核心概念『皇極』的訓釋，既肯定朱、蔡以來『天子建極』之意，又引『大中』『得中』之説。略顯遺憾的是，由於僅録卷四《洪範説》，著者之意過略。著者擬《周易》卦畫之法，以《洛書》五行之數准《洪範》『九疇』之數，而置圈點於篇間，删繁就簡，这是解《洪範》的創爲之舉。該著的更多意涵當在通讀《易範通録》其它各卷後探尋。在『洪範學』研究方面很值得注意。此著對研究《尚書》學史以及韓國學術史具有一定的參考價值。

序

河馬負《圖》，八卦有象。洛龜呈《書》，九疇有數。數始於一，一爲奇，奇者數之所以行。象成於二，二爲偶，偶者象之所以立，故二而四，四而八。八者，八卦之象也。一而三，三而九。九者，九疇之數也。《易》經四聖而象已著，《範》錫神禹而數不傳。於是有以數爲象，奇零無用矣；有以象爲數，多偶難通矣。大抵九疇之理出於天，九疇之道具於人。本之天推五行之理，驗之人叙九疇之道。一二三四，九疇之經；六七八九，九疇之權。『初一曰』以下九疇之綱，『一五行』以下九疇之目，而皇極一疇居九疇之中，爲九疇之主。其於九疇之綱目無所不統、九疇之經權無所不總。非此一疇，無以本五行、敬五事、厚八政、協五紀而立皇極之體，無以乂三德、明稽疑、驗庶徵、推福極而達皇極之用。皇極體立，然後法天治人之道可行也；皇極之用行，然後建中建極之治可爲也。大哉疇乎斯其至矣！昔九峰先生蔡氏作《書傳》發明斯義，而又著《皇極内篇》以明其數。數始於一，參於三，究於九，成於八十一，備於六千五百六十一。推之爲占筮之用，吉凶悔吝燦然具見，西山真氏所謂蔡氏《範》數與三聖之《易》同功者是也。愚嘗即其數而究《洪範》，《範》皆《洛書》之文；因其數而參九疇，疇皆五行之數。《洪範》之疇出於《洛書》之數，故以《洛書》五行之點爲《洪範》九疇之圖，或無不悖於義否？是未可知也。《易》，陰陽之象，故以陰陽之畫爲卦。《範》，五行之數，故以五行之點爲疇。言其卦之始，則一畫爲陽、二畫爲陰，因以重之其卦八。言其疇之始，則一點爲水、二點爲火，因以第之其疇九。不有其畫，何以明八卦陰陽之象；不有其點，何以闡九疇五行之數乎？數與象若异用而本則一，點與畫若殊途而歸則同。董氏曰：『《河圖》、《洛書》相爲經緯，八卦九章相爲表裏。』斯言信矣。

辛丑臘月日，英陽南國柱謹識。

《洪範》九疇

按：《洪範》『初一曰』以下禹之本文，九疇之經。『一五行』以下箕子之叙論，九疇之傳，但敷陳其數，未嘗有圖。今妄擬《周易》卦畫之法，以《洛書》五行之數准《洪範》九疇之數，而置圈點於篇間，恐不怫於禹、箕叙疇之本意否？

初一曰五行，次二曰敬用五事，次三曰農用八政，次四曰協用五紀，次五曰建用皇極，次六曰乂用三德，次七曰明用稽疑，次八曰念用庶徵，次九曰嚮用五福、威用六極。

蔡氏曰：『此九疇之綱也。在天惟五行，在人惟五事，以五事參五行，天人合矣。八政者人之所以因乎天，五紀者天之所以示乎人，皇極者君之所以建極也，三德者治之所以應變也，稽疑者以人而聽於天也，庶徵者推天而徵之人也，福極者人感而天應也。五行不言用，無適而非用也；皇極不言數，非可以數明也。』

右通論九疇。

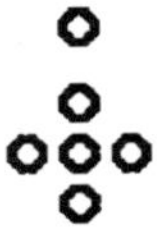

《書》數一，《範》數五。

一、五行

按：一與五皆《洪範》疇目，而一曰《書》數、五曰《範》數者，一是虛數，乃《洛書》五行次第之數；五是實數，乃《洪範》九疇子目之數也。下皆放此。又按：陳氏曰：『大禹因《洛書》之數而叙《洪範》之疇初一、次二、次三、次四、次五、次六、次七、次八、次九，此神龜所負之數也。曰五行、曰敬用五事、曰農用八政、曰協用五紀、曰建用皇極、曰乂用三德、曰明用稽疑、曰念用庶徵、曰嚮用五福，此大禹所第之疇也。則一爲《書》數、五爲《範》數，大抵先儒之説皆然也。雖然，其爲數，分而言之似若不同，合而言之實無所异。觀之以《洛書》，則一與五皆《洛書》之數；觀之以《洪範》，則一與五皆《洪範》之數，亦不可以《書》數、《範》數而二視之也。』

張子曰：『民資以生莫先天材，故首曰五行。』

按：上一圈，《洛書》水生數之在子者；下五圈，《洪範》五行之目而爲一五行。五行之後一點水，前一點火，左一點木，右一點金，中一點土。

一、五行：一曰水，二曰火，三曰木，四曰金，五曰土。水曰潤下，火曰炎上，木曰曲直，金曰從革，土爰稼穡。潤下作鹹，炎上作苦，曲直作酸，從革作辛，稼穡作甘。

蔡氏曰：『此下九疇之目也。水、火、木、金、土者，五行之生序也。天一生水，地二生火，天三生木，地四生金，天五生土。』唐孔氏曰：『萬物成形以微著爲漸，五行先後亦以微著爲次。五行之體，水最微，爲一；火漸著，爲二；木形實，爲三；金體固，爲四；土質大，爲五。潤下炎上、曲直從革，以性言也，稼穡以德言也，鹹苦酸辛甘者，五行之味也。』

右第一疇

或問：子於《洪範》及内篇八十一章皆有圈點，擬諸《易》卦者似矣。然《易》則以六爻之辭解六畫之卦，而陽剛陰柔皆有所用。今此《範》則五行之點數於九疇之本文，初無實用，奇偶之數尤無襯貼，不若《易》畫陰陽之有自然法象，不幾於贅剩而無當乎？曰：《洪範》『一五行』之疇，首言五行，五行乃《範》之數也。《周易》乾坤之卦，首言陰陽，陰陽乃《易》之象也。《易》以陰陽之畫爲卦，揭之每卦之上，則《範》以五行之點爲疇，寘之每疇之上，恐無不可。況且五行點數於九疇篇章在在着落，一一昭晰有若星文之森布、符契之吻合者乎。但奇偶之圈點無係於本文，不若陰陽之卦畫有用於爻象，然恐不可以是而廢五行之數也。《易》有卦畫而《範》獨無之，故取《洛書》之數有五行奇偶之圈；《易》有《彖》、《象》而《範》獨無之，故取蔡氏《内篇》有疇數注解之説，雖涉僭妄，又何不可之有哉？吾東方身被箕子之化、八條之教，無所考徵，而九疇之法布在方册，則發揮其説，豈非窮格之一事乎？

《書》數二，《範》數五。

二、五事

張子曰：『君天下者必先正己，故次五事。』

按：上二圈，《洛書》火生數之在坤者；下五圈，《洪範》五事之目也。五事之後一點，貌；前一點，言；左一點，視；右一點，聽；中一點，思。

二、五事：一曰貌，二曰言，三曰視，四曰聽，五曰思。貌曰恭，言曰從，視曰明，聽曰聰，思曰睿。恭作肅，從作乂，明作哲，聰作謀，睿作聖。

蔡氏曰：『貌、言、視、聽、思者，五事之叙也。貌，澤水也；言，揚火也；視，散木也；聽，收金也；思，通土也。恭、從、明、聰、睿者，五事之德也。肅、乂、哲、謀、聖者，五德之用也。

右第二疇

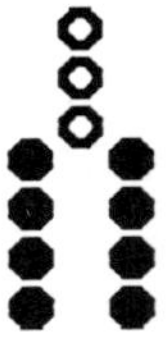
《書》數三，《範》數八。

三、八政

張子曰：『正己然後邦可得而治，故次八政。』

按：上三圈，《洛書》木生數之在卯者；下八圈，《洪範》八政之目也。八政之左一點，食；右一點，貨；左次一點，祀；右次一點，司空；次一點，司徒；次一點，司寇；次一點，賓；次一點，師。

三、八政：一曰食，二曰貨，三曰祀，四曰司空，五曰司徒，六曰司寇，七曰賓，八曰師。

蔡氏曰：『食者，民之所急；貨者，民之所資，故食爲首而貨次之，食貨所以養生也。祭祀所以報本也。司空掌土，所以安其居也。司徒掌教，所以成其性也。司寇掌禁，所以治其奸也。賓者禮諸侯遠人，所以往來交際也。師者除殘禁暴也，兵非聖人之得已，故居末也。』

右第三疇

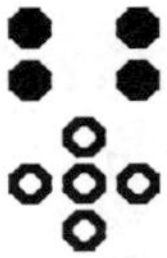

《書》數四，《範》數五。

四、五紀

張子曰：『政不時舉必昏，故次五紀。』

按：上四圈，《洛書》金生數之在巽者；下五圈，《洪範》五紀之目也。五紀之左一點，歲；右一點，月；次一點，日；後一點，星辰；中一點，曆數。

四、五紀：一曰歲，二曰月，三曰日，四曰星辰，五曰曆數。

蔡氏曰：『歲者，序四時也；月者，定晦朔也。日者，定躔度也。星經、星緯，星也。辰，日月所會十二次也。曆數者，占步之法，所以紀歲、月、日、星辰也。

右第四疇

以《書》五數配《範》，皇極。

五、皇極

張子曰：『五紀明然後時措得中，故次建皇極。』

按：五圈即《洛書》五土之在中央者，爲《洪範》五皇極者也。土居中，於五行無不在；皇極居中，於九疇無不統。皇極不言數者，乃衆數之所由該，非可以數明也，猶五行之不言用也。

五、皇極：皇建其有極。

蔡氏曰：『皇，君。建，立也。極，猶北極之極，至極之義，標准之名，中立而四方之所就正者也。言人君當盡人倫之至。語父子則極其親，而天下爲父子者取則焉。語夫婦則極其別，而天下爲夫婦者取則焉。語兄弟則極其愛，而天下爲兄弟者取則焉。以至一事一物之接、一言一動之發，無不極其義理之當然，而無一毫過不及之差，則極建矣。』

無偏無詖，遵王之義；無有作好，遵王之道；無有作惡，遵王之路。無偏無黨，王道蕩蕩；無黨無偏，王道平平；無反無側，王道正直。會其有極，歸其有極。

蔡氏曰：『偏陂好惡，己私之生於心也；偏黨反側，己私之見於事也。王之義、王之道、王之路，皇極之所由行也。蕩蕩，廣遠也。平平，平易也。正直，不偏邪也。皇極，正大之體也。遵義、遵道、遵路，會其極也。蕩蕩、平平、正直，歸其極也。』

右第五疇

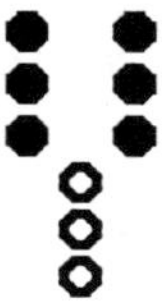

《書》數六，《範》數三。

六、三德

張子曰：『大中不可不知權，故次三德。』

按：上六圈，《洛書》水成數之在乾者；下三圈，《洪範》三德之目也。三德之上一點，正直；中一點，剛克；下一點，柔克。

六、三德：一曰正直，二曰剛克，三曰柔克。平康正直，彊弗友剛克，燮友柔克。沈潛剛克，高明柔克。

蔡氏曰：『正直、剛、柔，三德也。正者無邪，直者無曲；剛克、柔克者，威福予奪、抑揚進退之用也。正直之用一，而剛柔之用四也。聖人撫世酬物，因時制宜，三德乂用。陽以舒之，陰以斂之，執其兩端用中于民，所以納天下民俗於皇極如此。』

右第六疇

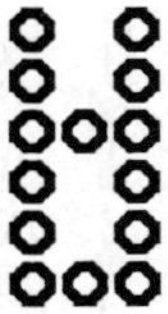

《書》數七，《範》數七。

七、稽疑

張子曰：『權必有疑，故次稽疑。』

按：上七圈，《洛書》火成數之在西者；下七圈，《洪範》稽疑之目也。稽疑之左一點，雨；右一點，霽；左次一點，蒙；右次一點，驛；次一點，克；次一點，貞；次一點，悔。

七、稽疑：擇建立卜筮人，乃命卜筮。曰雨，曰霽，曰蒙，曰驛，曰克。

蔡氏曰：『此卜兆也。雨者如雨，其兆爲水；霽者開霽，其兆爲火；蒙者蒙昧，其兆爲木；驛者絡驛不屬，其兆爲金；克者交錯，有相勝之意，其兆爲土。』

曰貞，曰悔。

蔡氏曰：『此占卦也，内卦爲貞，外卦爲悔。』

右第七疇

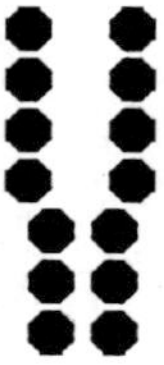

《書》數八，《範》數六。

八、庶徵

張子曰：『可徵然後疑決，故次庶徵。』

按：上八圈，《洛書》木成數之在艮者；下六圈，《洪範》庶徵之目也。庶徵之左一點，雨；右一點，陽；次一點，燠；次一點，寒；次一點，風；次一點，時。

八、庶徵：曰雨，曰陽，曰燠，曰寒，曰風。曰時五者來備，各以其叙，庶草蕃蕪。

蔡氏曰：『徵，驗也。所驗者非一，故謂之庶徵。雨、陽、燠、寒、風各以時至，故曰時也。雨屬水，陽屬火，燠屬木，寒屬金，風屬土。蓋五行乃生數自然之叙，五事則本於五行，庶徵則本於五事，其條理次第相爲貫通，有秩然而不可紊亂者也。』

曰休徵：曰肅，時雨若；曰乂，時陽若；曰哲，時燠若；曰謀，時寒若；曰聖，時風若。曰咎徵：曰狂，恒雨若；曰僭，恒陽若；曰豫，恒燠若；曰急，恒寒若；曰蒙，恒風若。

蔡氏曰：『在天爲五行，在人爲五事。五事修則休徵各以類應之，五事失則咎徵各以類應之，自然之理也。』

按：蔡氏及先儒皆以雨、陽、燠、寒、風爲五徵，遂去時字而不謂之六徵，恐未然。本文并稱雨、陽、燠、寒、風、時六者，而皆以『曰』起之。自『五者來備』而下，申言雨、陽、燠、寒、風之義。自『王省惟歲』而下，申言曰時之義。況且《洛書》本文有四十五點，《洪範》疇目有四十五字，《洛書》四行之數凡四十，合土之五數爲四十五；《洪範》八疇之數凡四十四，加皇極一疇爲四十五。自然符合，是造化精妙處。庶徵一疇，舉『時』爲六，則爲四十五而准其數，捨『時』稱五，則爲四十四而背其數。此非一六驗乎？

右第八疇

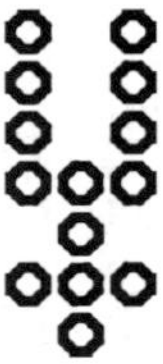

《書》數九，《範》數五。

九、五福

張子曰：『福極徵然後可不勞而治，故九以嚮勸終焉。』

按：上九圈，《洛書》金成數之在午者；下五圈，《洪範》五福之目而爲九五福。五福之左一點，壽；右一點，富；中一點，攸好德；次一點，康寧；次一點，考終命。

九、五福：一曰壽，二曰富，三曰康寧，四曰攸好德，五曰考終命。

蔡氏曰：『人有壽而後能享諸福，故壽先之富者。有廩，禄也。康寧者，無患難也。攸好德者，樂其道也。考終命者，順受其正也。以福之緩急爲先後。』

六極：一曰凶、短、折，二曰疾，三曰憂，四曰貧，五曰惡，六曰弱。

右第九疇

洪範九疇皇極圖説

《尚書》學文獻集成·朝鮮卷　第三十四册

成允信　著
單殿元　整理

提要

《洪範九疇皇極圖説》，作者成允信（一七三七—一八〇八），字百源，號慎默齋，昌寧人。一生致力於學問研究，專心於教育學生。長於《易》學，爲作圖解。在理氣論上，遵從退溪的互發説。著有《慎默齋集》。《洪範九疇皇極圖説》收録於《慎默齋集》，屬於講章體。

本篇特點是以文配圖，解九疇之奥旨。示圖包括：河圖之圖、洛書之圖、洪範九疇之圖、初一五行圖、二五事圖、三八政農用圖、四五紀協用圖、五皇極建極之圖、會極歸極之圖、六三德乂用圖、七稽疑明用圖、卜五占二圖、八庶徵念用圖、休徵圖、咎徵圖、九五福嚮用圖、九疇對偶圖、九疇應合圖、皇極居圖。圖文并茂，皆有可觀，體現其匠心巧思和對經學的較深造詣。作者認爲《洪範》九疇之原理出於《河圖》和《洛書》，故而將河圖之圖和洛書之圖置於篇首。篇後跋文交代撰寫本文之目的：『其於聖王經世之道，或不無涓埃之補。』

洪範九疇皇極圖說

河圖之圖

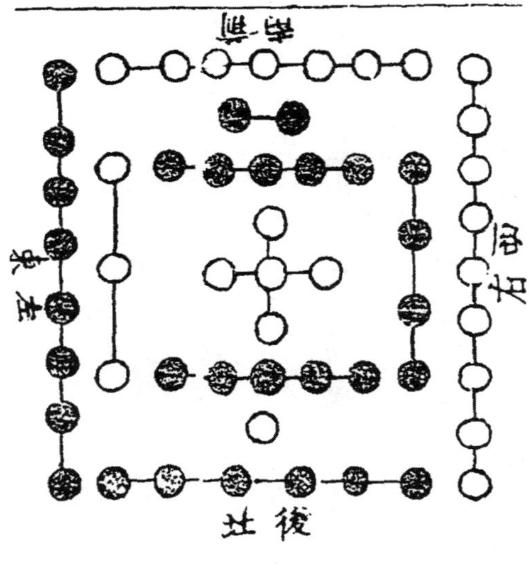

陽一陰二，奇偶判矣。三之又三，九級列矣。叁天兩地，五位立焉。天數有五，地數亦五。二五相合，生成五行。天一生水，地六成之。天三生木，地八成之。天五生土，地十成之。地二生火，天七成之。地四生金，天九成之。是故一六水之生成，三八木之生成，二七火之生成，四九金之生成，五十土之生成也。天地之道，不出乎五行。而五行之運，天不能獨生，地不能獨成。必天地相待而後，以遂其生成矣。天壤之間，孰非此理？君者，天道也，夫道也。臣者，地道也，妻道也。君臣一體，相待出治之理，此可觀矣。且凡天地之數，五十有五，則有五者，天數也，五十者，天五之大衍也。此可見地統於天歟？蓋上天下地，人爲中極，人極既中，四方定矣。是以五爲四方之中，而五之中又有中，邵子所謂『天向一中分造化，人於心上起經綸』是也。故曰：苟非其人，道不虛行。伏義氏先天而不違，後天而奉時，其全在此歟？

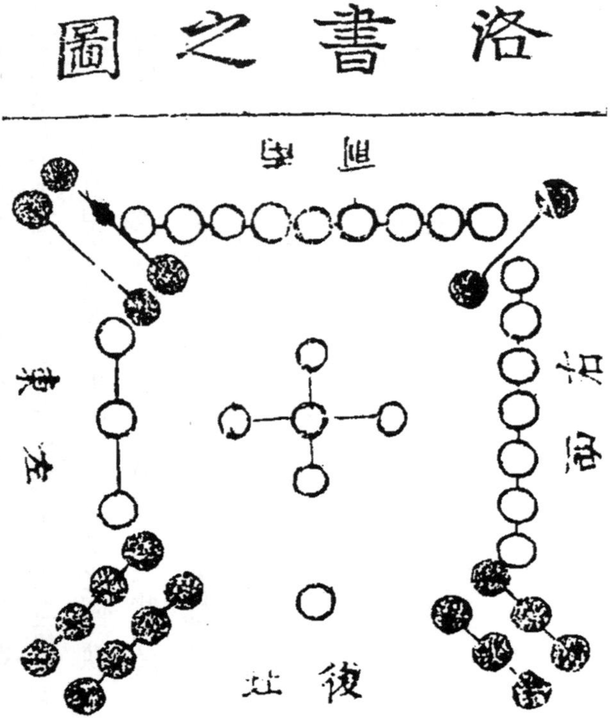

《洛書》之原一終九，即《洪範》之疇數，而經緯乎《河圖》者也。《圖》、《書》未出，而此理已具；《圖》、《書》既出，而此數乃著。天不愛道，爰錫大禹，蓋天地既已生成五行，則四時、八節於是行矣，四正、四維於是位矣，八卦、九章於是見矣。聖人繼天立極，位乎土中，裁成天地之道，輔相天地之宜，中天下而立，定四海之民，則《洪範》所謂『五皇極』是也。夫五以前，則一、二、三、四之生位也；五以後，則六、七、八、九之成數也。一水得五而成於六，二火得五而成於七，三木得五而成於八，四金得五而成於九。水、火、金、木，莫不由土而成。五土則居中，而自成於五。五五二十五，天數之大成，而君德之大用，則十數虛而十在五矣。聖人自成己而成物者，亦其理歟？是知合天地生成之妙，盡天地生成之理者，皇極之用也。聖帝明王治天下之大經大法，豈有出於《洪範》之外哉？且君一臣二，天地之義也。一皇極建中於土，以正四方，則一與九南北而合十，三與七東西而合十，四與六、二與八左右前後而合十，以贊成中土之功，是知『一薛居州無如宋何』，必周公、太公同心合力，然後可以『夾輔周室』。如唐虞之九官、十牧，漢之良、平、丙、魏，唐之房、杜、姚、宋，宋之李、張、韓、范，是皆股肱耳目，左輔右弼，以協贊帝業者也。重華之舉元凱，阿衡之招俊乂，其盡此道歟？此天地、古今不易之至理也。惜乎安石不合於濂洛群哲，而反以一己之私意偏見，誤君父，亂天下。嗚呼！其亦不講於《洛書》合十之義歟？噫！《河圖》之生成父母也，《洛書》之合十臣子也，觀此則孝忠之心可油然矣。

洪範九疇之圖

九疇之目。出於《洪範》。蓋天之生物，莫先五行，故一爲初，而五行居一。繼天而作，人用五事，故二爲次，而五事居二。帝出乎震，而人道敏政，故八政居東。協天之用，莫先於時月，故五紀居巽。皇王中天地而建極，乾爲君德，故三德居乾。兑爲講謀，故稽疑居七。艮爲終始萬物，故庶徵居八。受天之慶，王道之終，故以五福而終於九。皆出於自然之倫理，而聖人亦非有一毫私意有所安排也。噫！有非箕聖之明睿，其孰能傳此哉？如州郡、井地、鼎器、曆章、音律、官人、土品，無不以九而成，皆出於九疇之天則也。

初一五行圖

天三地二，五行乃生。萬化之本，一五行而已。天開於子，而天一之水爲五行之先。五行之動，又爲萬物之始。是以生化萬物者，五行之氣也；流行四時者，五行之運也。九疇之始本於五行，五行之始起於一水，其理至矣。如五色、五聲、五臭、五味之類，皆可以推，而今不盡録也。噫！天以五行稟人五常，則天之五行，五行是也；人之五行，五常是也。鯀之汨陳，殛死固矣。禹之順性，天錫宜矣。蓋合言則九疇統體一五行，分言則九疇之目各具五行。有如萬川、明月，分看、合看，皆一太極也。故五土居中，有兼統四行之義。是以土爰稼穡，以養五體之形；敬以主一，以養五官之神。至理精妙，書難盡言。噫！在天爲五行，在人爲五事。故次於五行者，乃五事。

二五事敬用圖

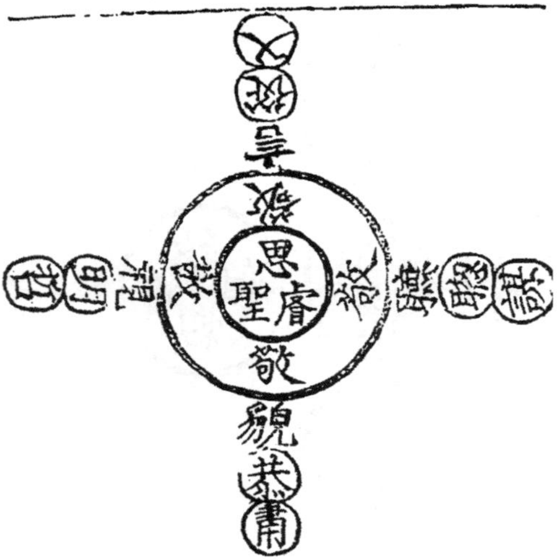

五事者，人之大用也。克敬以將，則進於恭、從、明、聰、睿，而馴致乎肅、乂、哲、謀、聖。聖人合天之妙，帝王立極之本，都在於此，敢不敬歟？蓋人稟命於天，而有五常之性；賦形於地，而有五官之用。必致主敬之坤道，然後可以下學而上達，是以千聖相傳，『敬』一字而已。如堯之『欽明』，舜之『温恭』，禹、湯之『聖敬』，文、武之『敬止』是也。顔子學聖，從事『四勿』者，其出於此歟？蓋心爲一身之主，而其官曰思。思則得之，不思則不得。思之、思之，又重思之。思而不通，神將通之。此精誠之極也。克念作聖，以統四事者，非思而何？嗚呼！一日克己，天下歸仁，則休徵之應，理固然也。斯須不敬，則天理絶矣。咎徵之作，是故然也。爲人上者，一語、一默、一動、一止，其可忽乎哉？程子曰：『視聽言動，無非天也。不敢非禮，乃所以事天也。』

三八政農用圖

政在養民。帝王發政，先施厚生之仁，故以食貨居首，而曰『農用』。如堯咨四岳先曰『東作』，舜命九官先曰『食哉』者是也。世之相後千有餘年，而言政之序，如合符節。則箕師傅範，知不我欺。且以皇居中布政而言，則春官、秋官宜居東、西，一食、二貨且居坤、坎，賓位東北，司徒在乾，司空在巽，司馬居南矣。蓋皇王爲天司牧，一行、一事，罔非體天都仁，故官曰天官，工曰天工。是以官人、任人，人君如行一毫之私，則天職廢而天祿虧矣，可不懼哉？可不慎哉？嗚呼！司徒、司寇、司空、司馬，皆在於農政，則『堯以不得舜爲己憂，舜以不得禹、皋陶爲己憂』者是也。此真所謂君子之農，而帝王之大業也。孟子之訓，夫豈偶然哉？

四五紀協用圖

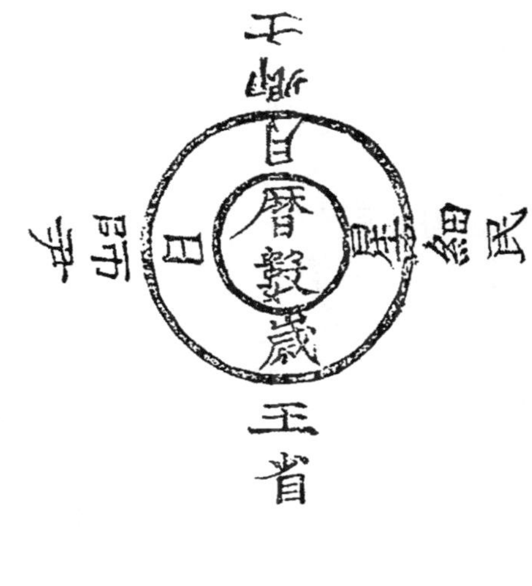

歲功之終始，帝王之治曆，皆成於冬，故王省居北。离爲月窟，故卿月在南。朝日昏星，故師尹在東，細民在西。蓋君與臣鄰，職有大小，各任其責者，有如此。且以五紀一宮觀，則曆數居中，總歲、月、日、辰，若《虞書》所謂『天之曆數』者。

天官分職，尤不可不敬協者，天時也。如堯之置閏定時、舜之協時定日是也。蓋巽以行權，故同律度量衡，稱時措宜，精義致用，不差毫釐者，皆所謂協也。若行夏時，乘殷輅，服周冕，樂《韶舞》，亦在其中矣。且敬天授時，解慍阜財，王省之協也。上佐天子，下遂萬物，調陰陽、順四時，卿士之協也。不禁火，民安作，桑無附，麥兩岐，師尹之協也。鑿井飲，耕田食，樂其樂，利其利，下民之協也。嗚呼！斯民，三代之民也，惟在上之人處之如何耳。

五皇建極之圖

心者，人身之中。而皇極者，天地之中也。王者居一，以應萬機，如北辰居所，以運衆星，中天地而立，定四方之人，一心之敬而已。《禮》所謂『爲天地立心，爲生民立命』是也。分四時之官，命九州之牧，惟敬惟欽奉若天，則上下一於敬，而天地自位，萬物自育。堯、舜之精一執中，禹、湯、文、武之仁禮建中者如此。其光四表、格上下、奉三無私之象，此可觀矣。故曰：盡天道者，王道也。真所謂天地合其德、日月合其明、四時合其序、鬼神合吉凶之大人者歟！且股肱惟人，良臣惟聖，任官惟賢，則極有建矣。爵及惡德，則皇不極矣。箕師之眷眷於好德、無好德之訓，至矣，切矣！

會極歸極之圖

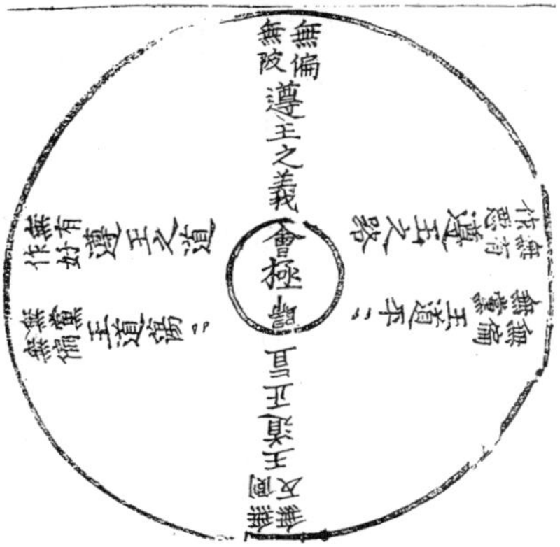

無偏無陂 遵王之義
無有作惡 遵王之路
無黨無偏 王道平平
無反無側 王道正直
無偏無黨 王道蕩蕩
無有作好 遵王之道
會極歸極

極者，人倫之至，即止至善，致中和，極其仁，極其義，標准乎四方者。則一事不中，非極也；一物不該，非極也；一息不存，非極也；一毫偏私，非極也。是以上世帝王，德已至矣，道已極矣，而猶且兢兢業業，若隕淵谷者，此也。極吾中以盡天下之中，極吾正以盡天下之正，蕩平正直，坦然同歸其極。極者，天地之中，而取正乎四方者也。蓋偏陂好惡，偏黨反側，是皆私也。王者奉三無私以建極，故會其極、歸其極者，一無私而已。人君必以天地心爲心，臣子必以君父心爲心，是所謂無私。堯舜之人，以堯舜心爲心是也。此天地一中庸，中庸一孝悌也。一有偏私，上帝震怒。

六三德又用圖

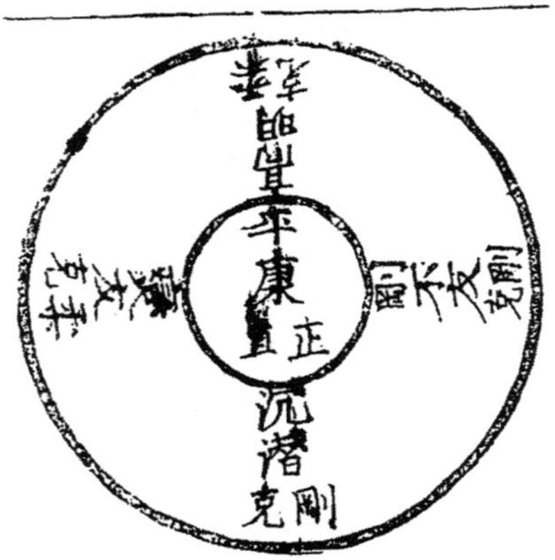

導之以仁禮，春夏之柔克也。齊之以義刑，秋冬之剛克也。然而盛夏雷霆，柔中剛也。嚴冬愛日，剛中柔也。聖人撫世，四時和氣有如此。六數太陰，而君德居六，何也？天非地道無以生成，君非剛柔無以福威。是以用六，永貞柔而剛也；用九，無首吉健而順也。噫！彼郭公之柔，惡幽厲之剛，惡其不講於此歟？

七稽疑明用圖

皇王既持威福之柄，然天下大事有非一人之私意所可獨斷，故必博謀於群臣，博謀於庶民，以天下憂樂爲己之憂樂，以天下耳目爲己之耳目。堯舜之聰明，旁詢于蒭蕘是也。然猶以爲未足也，而又質之於天地神明，而謀及卜筮，則公安得不如天地明，安得不如日月乎？後世媚人敢爲《獨斷》之說，以誤君亡國者，其不知《洪範》之謀者歟？

卜五占二圖

《易》只是五行卦，故曰『卜五』。占必觀其貞悔、動静，故曰『占二』。蓋至公者，天也；至惡者，私也。以私害公，則天理淪矣。故曰：卜筮有私意則不應。可不戒哉！《繫辭傳》曰：『無有師保，如臨父母，懼而終始，其要無咎。』

八庶徵念用圖

天人之日用運化，無出五行。故雨、陽、燠、寒、風者，天五行之五物也。貌、言、視、聽、思者，人五行之五事也。天五物時若，則庶草蕃蕪。人五事時中，則百行純備。一理融貫，上下無間。人之臧否，休咎相應。故五事曰『敬用』，庶徵曰『念用』。曰『敬』、曰『念』，其義至矣。克敬在己之五事，惕念在天之庶徵。

《易》八卦風爲木，而今居土，何也？雨、陽、燠、寒，各居一事，而風於四事無不行，即土於四行無不在之理。

休徵圖

天地設位，道行乎其中，只是敬，敬則萬善俱立。是以貌敬則恭而肅，言敬則從而乂，視敬則明而哲，聽敬則聰而謀，思敬則睿而聖。人五事敬而時，則天五事時而若，七政順度，百穀用成，俊乂明章，萬象熙皞，如薰殿之和風慶雲，神農之五風十雨，成周之風不鳴條、海不揚波是也。天人感應，捷於影響。惟聖君賢相，念兹在兹，敬之敬之，而毋不敬，以對越上帝。是知聖人之時中，即天之時若也；天之時若，即聖人之時中也。時中之義大矣、遠矣哉！時中之要，則敬而已，念而已。蓋九容、九思、九德之敬，有以符合於疇數之九，而其爲用，則實不外此五事之敬。《經禮》三百，《曲禮》三千，毋不敬之。敬其爲用，則亦不外此五事之敬。上古伏羲、炎帝、黄帝、顓帝、帝堯、帝舜、禹、湯、文、武，繼天立極之敬，至此而可融會貫通矣。

咎徵圖

怠慢不敬，則百度俱廢。貌不敬則不恭而狂，言不敬則不從而僭，視不敬則不明而預，聽不敬則不聰而急，思不敬則不睿而蒙。人謀不臧，感動天地，咎徵之作，不其宜乎？嗚呼！天以五行，賦人五事，而人以不敬，自失其天，則豈不惜哉？此暴君、污吏不思之甚者也。未之思也，何遠之有？宣王側身，周禄以長。高宗反己，殷道復興。轉咎爲休，亦有其道。天人相與，甚可畏也。且月之從星，必有風雨。萬古一天，其驗無忒。蓋上下不交則旱，陰陽沖和則雨，是以恒雨固咎，而恒陽之旱爲灾尤酷。《易》曰『方雨虧悔』，曰『既雨德載』，曰『遇雨則吉』，此皆言陰陽之和也。嗚呼！卿士惟月，庶民惟星，好民之好，惡民之惡，勞來保養，作大旱之甘霖者，莫切近於卿士守相之仁恕。皇極之官人，顧不重歟？是以人君於任官用人之際，如有一念之或差，一動之或私，則害流於生民，禍及於邦國，若決江河而莫之振，可不戒哉？九峰『從民昇好『之訓，不欲强解。

九五福嚮用圖

疇終於九，而終以五福者，聖王立極，五福備全，又以其福錫勸天下，天下之人皆得以蒙其五福。《大學》所謂『明明德於天下』，《堯典》所謂『協和萬邦，於變時雍』是也。囿一世於春臺壽域，諸福之物，可致之祥，莫不畢至，則夫豈有六者之極乎？惟其不用訓者，威而懲之而已，亦刑期于無刑也。

或曰：如孔、顏之窮厄，原憲之貧憂，奈何？曰：孔門貧窮，周、魯之耻也。夫皇極之世，俊乂咸升，共享天禄，則亦豈有君子之在野乎？是以天地閉，賢人隱；天地和，草木蕃。如使夫子得君行道，則升堂七十，是皆王佐也。故《易》曰：『井渫不食，爲我心惻，王明并受其福。』

九疇對偶圖

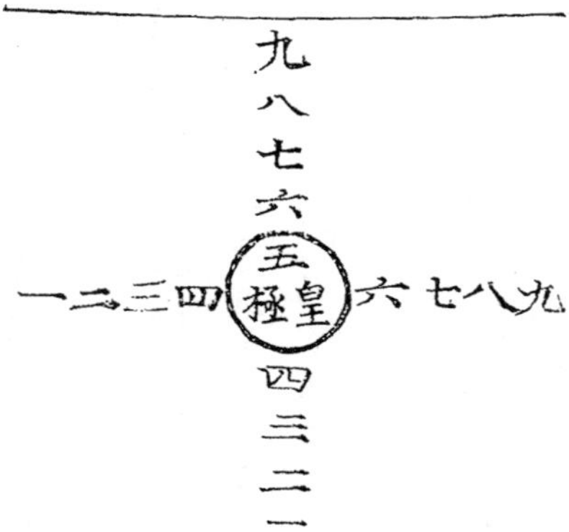

以生成言，則一六、二七、三八、四九相對；以合十言，則一九、二八、三七、四六相偶，自相應合，以歸統於五矣。蓋天地運化之機，無獨必有對，如目視而耳聽、手持而足行，如車兩輪、如鳥兩翼，以成變化而行鬼神，真所謂不知足之蹈之、手之舞之者，是皇極之體也。太陽四面居一而連九是也。

九疇應合圖

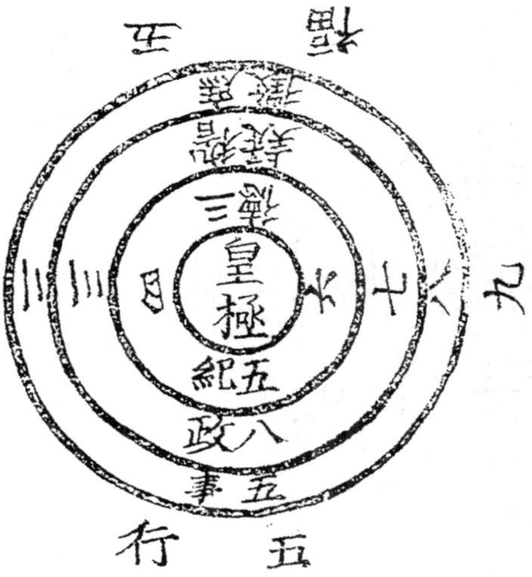

順五行而五福享，一九之應合也。敬五事而庶徵休，二八之應合也。立八政而稽疑於神人，三七之應合也。協五紀而制宜於剛柔，四六之應合也。此皇極之用也。然則汩陳五行，威以六極，不敬五事，咎徵有作之理，皆可推矣。由是觀之，帝王之用無出九疇，而九疇之用不外『敬』字。

皇極居圖

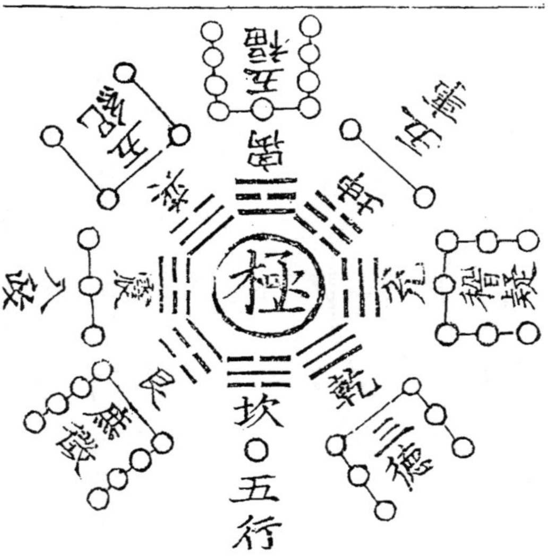

程子曰：『《易》之有象，猶人之守禮法。』蓋皇之爲極，聲律身度，准繩規矩，動由天範，言而世爲天下法，行而世爲天下則。東西南北，無思不服；華夏蠻貊，罔不率俾。真所謂極天理之高明，所以爲中庸者也。惟其至中、至正、至公、至明，無有一毫私邪干其間，然後有以保其極。嗚呼！一心正而百體順之，一德立而萬善從之，一人慶而兆民賴之。成湯有云：『萬方有罪，在予一人。予一人有罪，無以爾萬方。』是知莫盛者皇極，而莫艱者亦皇極也。一言興邦，知君難也。其或毫釐有違，則百度廢弛，可不懼哉？忠信則得道，驕泰則失道。得道則安如磐石，失道則危於累卵。《書》所謂『慎乃儉德，惟懷永圖』者是也。夫作萬邦極，爲四海准者，只是克盡人倫之常，以體五行之天。故曰：『堯舜之道，孝悌而已。』事天明，事地察，通於神明，光於宇宙者，又專在於主一之敬。故曰：『天德王道，要在慎獨。』慎獨之工曰敬、曰念，故曰：『克念作聖。』

平生書字，不適於時。吟風咏月，悦人耳目，我未能也。詩賦科臼，誇鬥較藝，我未能也。况此《洪範》一書，千萬世帝王之聖學，則固非妙末愚淺所敢容喙。而惟其負暄傾陽之微忱，素所蓄積於中，有不容自已者，故忘其固陋，嘗試略記。誠知蒭蕘之一説，不足以仰瀆於堯舜之天聽，而後之君子，不以人廢言，如取而擇焉，則其於聖王經世之道，或不無涓埃之補爾。

聖上二十有五年庚申春正月戊辰，昌寧成允信敬書。

《尚書》學文獻集成·朝鮮卷　第三十四册

洪範直指

徐瀅修　著
單殿元　整理

提要

《洪範直指》，作者徐灐修（一七四九—一八二四），字汝琳，號明皋，達成人。考中文科後，歷任京畿道觀察使等職。後來受金達淳的獄事牽連，流放於臨陂，死於此地。著有《明皋全集》。《洪範直指》收録於《明皋全集》卷之二十。此篇屬於講章體，既詳細闡述《洪範》各句之涵義，也分析其篇章結構，比蔡沈之説更爲精密，看法不同之處亦頗多。作者認爲，《洪範》之書乃天以禍福吉凶爲教於人。他用《洛書》的象數，詮釋《洪範》九疇。將九疇分爲體、用，前四疇體，後四疇用。又將《洪範》與《中庸》相聯繫。例如『無偏無陂』章，作者贊其『立説精妙，義理明白，與《中庸》一書相爲表裏』。對某些詞句的舊注，多有評點取舍。例如『曲直作酸』，不贊成朱子所謂『兩片木相擦則齒酸』的説法，認爲當以董氏『木實多酸，雖甘者乾壞亦酸』之説爲正。還提出『三德』疇自『惟辟作福』止『民用僭忒』，決是錯簡，當在『皇極』疇『作汝用咎』之下，『無偏無陂』之上。先儒未有説此者。《明皋全集》卷之七有《洪範直指序》，説蔡沈的《皇極内篇》像《太玄經》的支流，因而於《書集傳》反復更互考證，得其要領，遂將所疑與《書集傳》之所未發者，著爲《洪範直指》。

序

《洪範》之指，原於理，寓於數，極於充周不可窮，蓋聖人傳道之大法也。蔡仲默以西山之肖子、朱門之高足，親受旨訣於父師之賢，既著《書集傳》以闡其理，又作《皇極内篇》以衍其數，宜其支分節解，理數圓融，使千塗萬轍，卒走不得。而後之學者，不能無异同於《書集傳》。至其《内篇》一書，往往以爲《太玄》之支流者有之。豈《洪範》之理與數，終不可窮歟？雖然，《洪範》之不可不窮在理而不在數。既得於理，則數固不必知也。夫神禹之則書也，欲其明五行之理而已。箕子之演範也，欲其明九疇之理而已。所謂『戴九履一』，初一、次二者，特因其自然之數，以驗諸理、寓之妙也，曷嘗數之爲急哉？然則《内篇》之异同，固不必窮其説。而《集傳》之异同，學者不可以不卞。此《洪範直指》之所以作也。余於戊子冬讀書至《洪範》，或不能無疑於《集傳》之訓，於是沈潛反復，更互考證，凡五閱月，而後恍然似有得其要領者。夫以仲默之博學宏儒，猶不禁後世之异同如此。則况余膚淺，敢以是爲《直指》哉？若其所願學者，本之理、參之數推之，不可窮期，無悖以道，相傳之《直指》，遂筆其所不能無疑，與夫《集傳》之所未及發者，釐爲一篇，姑名曰《洪範直指》，以俟知道之君子。

洪範直指

洪，大也。範，匡郭也。以其爲天地萬化之匡郭，故謂之《洪範》。如《易》所謂『範圍天地之化而不過』者也。

自《泰誓》止《武成》，武王之武也。《洪範》以下，武王之文也。此武王之偃武修文，而《洪範》之録於《周書》，其旨微矣。

陳新安以爲箕子雖封朝鮮，必稱箕子者，所以示不臣周之意，非也。蓋武王釋囚之後，未及封建，而即就問之也。

『乃言』二字，先儒之説雖多，而有可以兩言句當者。武王初見箕子於商亡之後，必有慰釋之言，而史皆略之。則一『乃』字所以見先有慰釋之言，然後乃爲之言也。此一説也。九疇是傳道之大法，苟非聖人不可得以聞，又非聖人不可得以問。一『乃』字所以示聖人，然後乃可言之意也。此又一説也。

『王乃言』一節，先儒之論多不合當。至於陳定于蔡九峰之以『所以然』釋『攸叙』者，尤無意義。信如其言，則將如所答之非所問，何哉？况以武王之聖，必無不知所以然之理。而似此立説，觸處扞格，則陳新安『默識退托』之説出焉。此雖本於朱子之言，然朱子未嘗言『默識』二字，則所謂『退托』云者，不過形容其辭遜之意。誠使武王知而故問，則其問也非誠也。豈有聖人而不誠者乎？竊嘗思之，兩儀肇判，人物草創之時，初無教學之可言。而降自伏羲，所以治天下者，不過爲民除害而已。雖以《河圖》言之，亦但著象，而未嘗設教，則當時之民，猶不能奠厥攸居，斯可知矣。且以《孟子》所言觀之：『當堯之時，天下猶未平，洪水横流，泛濫於天下，草木暢茂，禽獸繁殖，五穀不登，禽獸逼人。』則聖人所以憂患斯世者，必先有以除民之害，然後可以教之。故使益掌火，而禽獸逃；使禹治水，而水患平；使后稷教稼穡，而民人育。苟非然者，天下之人救死不贍，奚暇治禮義哉？此正所謂『惟天陰騭下民，相協厥居』。而及其奠居之後，飽食暖衣逸居而無教，則近於禽獸。天又錫禹洪範九疇，使民知有彝倫。此教之始，而彝倫之所自叙也。凡人之稍有知識者，莫不知有五行、五事之類。豈武王之聖，而本不知有此乎？此所謂不知云者，其意若曰治水之前，固無教之可言。而及夫天騭下民，相協厥居之後，必有最初設教綱絜生民之彝倫而爲之言者。此實彝倫所自出之本，願聞其所以次序者如何也。箕子乃以水患始平，彝倫始叙。而所謂《洪範》，本出《洛書》，其目自一至九，某事爲一，某事爲二云云。惟如此，然後語脉相連，問答相應。且以洪水爲説者，方通於『彝倫攸叙』之義。此不獨愚之説，乃《孟子》之所已論者。而先儒每不知此，不免以臆見强解。豈非座今而觀古，不知時義者乎？

散之則爲彝倫，卷之則爲九疇。譬如《大學》三綱八條，無書不在，而總之爲《大學》一篇也。

吕氏謂『堯舜之世必無彝倫攸斁之理。而此所云云者，只就鯀身上言』。殊不知彝倫之叙，實自地平天成之後，奏庶鮮食之時也。

聖人教人，必以孝悌忠信。而《洪範》一書，以禍福吉凶言之者，何也？蓋天人相通，無有間隔。武王之問，既以天騭下民爲言，則箕子之答，亦當以天之教人爲言。夫天之教人，何嘗以孝悌忠信，諄諄然命之，但以禍福吉凶，迭相勸懲。則《洪範》之書，所以見天以禍福吉凶，爲教於人也。是以九疇之内，四疇屬天，五紀，稽疑，庶徵，福極。四疇屬人，三德，八政，五事，皇極。而五行則無所不包。福極二者，又是出於五行者，而爲一篇之宗旨。故自皇極説出威福以至終篇，反復言福極。稽疑一疇，鬼神之在蓍龜，而所以問未來之吉凶也。庶徵一疇，鬼神之在天，而所以驗見在之吉凶也。福極一疇，鬼神之在人，而所以明已判之吉凶也。此蓋答武王『惟天陰騭』之語，而所謂鬼神，亦只是五行之鬼神也。以其喜怒而言則帝，帝者，主宰也。以其莫之爲而言則天，天者，理也。天之錫九疇，乃是自然之理。夫豈有所爲於其間哉？

『禹乃嗣興』一節，可見省文之法。上既言『汩陳五行』，則『嗣興』之『興』，包得順陳五行之意。上既言『帝乃震怒』，則『天乃錫禹』，包得帝乃大喜之意。『帝乃震怒』，豈真有怒形之可見？只是五行之汩陳，天氣否塞，雷霆霹靂都擁出來，所以謂之『震怒』。怒既如此，則五行之順布，其有禎祥，尚何疑乎。然禎祥亦不是别有事在，即洪範九疇是也。

五行必得一陰、一陽、一奇、一耦，而後變合生成。故水生於天一，而成於地六；火生於地二而成於天七，木生於天三，而成於地八，金生於地四而成於天九。天陽而地陰，一、三、七、九奇，而二、四、六、八耦也。然水、火、木、金不得土不能成，六、八、九不得五不能成，故一水得土而六，二火得土而七，三木得土而八，四金得土而九。此土之所以無所不在也。

《洛書》本以相克之次第叙之。蓋《河圖》體，《洛書》用。用可以相克爲序，不可以相生爲序也。自水一、水六右旋而爲火二、火七，又右旋而爲九金、四金，又右旋而爲三木、八木，入于中央之土。蓋以水克火、火克金、金克木、木克土、土復克水，各以一生一成循環不窮焉。至於九疇之分，則水是子方，故五行居於一。而稽疑之在西，以鬼神之幽陰也。八政之居東，以政事之發見也。福極之在南，以吉凶之昭應也。有五事，而後可論三德之偏正，故六位居下西北，而二位居上西南。有五紀，而後可論庶徵之休咎，故八位居下東北，而四位居上東南。至於皇極之居中，亦以五土之居中央，而統攝四行也。

九疇以《洛書》之象數爲之第次。以象言之，則叙五行於水之生數者，水爲四氣之始，而其爲氣也，且輕清如五行之爲萬物，始而其運行也，且無迹也。叙五事於火之生數者，火雖稍著於水，而亦但有光氣臭味而已，如五事之稍著於五行，而亦但有色相聲氣而已也。叙八政於木之生數者，木之爲氣，敷暢條達，比火益著，如八政之條理燦明，設施益廣，比五事尤著也。叙五紀於金之生數者，金之爲氣，凝固堅剛，比木尤著，如五紀之恒久貞明，比八政尤著也。叙三德於水之成數者，水既成質，則清濁异氣，甘淡异味，剛柔异性，如三德之或剛或柔也。叙稽疑於火之成數者，火既成質，則光明洞澈，無微不燭，如卜筮之推往知來也。叙庶徵於木之成數者，木既成質，則幹之疏密，實之甘酸，各以其土性之宜，如庶徵之或爲時若，或爲恒若也。叙福極於金之成數者，金既成質，則精剛麤軟，一定不易，如福極之各應善惡轉移不得也。若夫土，則居於四氣生成之交，而四氣莫不得土而成，如皇極之居中。而前四疇立此極之體，後四疇爲此極之用也。以數言之，則《洛書》天一生水，地六成之，故《洪範》『六三德』，爲『一五行』之成，蓋以氣質之平康剛柔，由五行之稟受均否也。《洛書》地二生火，天七成之，故《洪範》之『七稽疑』爲『二五事』之成，蓋以五事之所應，有所難決，則問於卜筮而決之也。《洛書》天三生木，地八成之，故《洪範》『八庶徵』爲『三八政』之成，蓋以休咎之應，在於八政之得失也。《洛書》地四生金，天九成之，故《洪範》『九福極』爲『四五紀』之成，蓋以福極雖出於善惡，究其本則亦自有定於生年月日也。《洛書》五數居生成之交，下得一而爲水之成數，西南得二而爲火之成數，東得三而爲木之成數，東南得四而爲金之成數。故《洪範》『五皇極』亦居前後四疇之交。察五行以矯揉三德，敬五事以明辨卜筮，叙八政以考驗庶徵，用五紀以錫福除極也。

《洛書》之九南、一北，相對爲十。則《洪範》之『一五行』、『九福極』亦相對。以其五行，人事之始，福極，人事之終，始終相對也。《洛書》之二西南、八東北相對爲十，則《洪範》之『二五事』、『八庶徵』亦相對。以其五事，天則之在人，庶徵，人事之應天，天人相對也。《洛書》之三東、七西相對爲十。則《洪範》之『三八政』、『七稽疑』亦相對。以其八政爲人謀，稽疑爲神謀，人神相對也。《洛書》之四東南、六西北相對爲十。則《洪範》之『四五紀』、『六三德』亦相對。以其五紀，五行之在天成象者，三德，五行之在人成質者，象質相對也。若夫《洛書》之五點，亦皇極之居五位。誠以皇極之統攝八疇，如五土之交於四行也。

中之五點東向爲三，西向爲三，北向爲三，參三而爲南之九，數於卦爲☰，於陽爲老。中之五點向西南爲兩，向東南爲兩，向東北爲兩，參兩而爲西北之六，數於卦爲☷，於陰爲老。老陽之九，老陰之六，雖有先儒進退之説，苟究其故，實本於此也。

一水得土而生三木，三木得土而生七火，七火得土而生九金，九金得土而復生一水，此乃五行相生之妙。一水得土而成九金，四金得土而生六水，七火得土而成三木，八木得土而生二火，此爲五行報施之妙。水以土成金，而西南二火合，故金之性爲火，而金之質爲水。火以土成木，而北之一水合，故木之性爲水，而木之質爲火。此又五行性質之分。

五行一氣而已，水之一六合爲火之七，火之二七合爲金之九。而金性本無加減，故水之一木之八復合爲金之九，木之三金之四又合爲火之七，此乃五氣貫通之妙。

陽數之環於四方者，或一、或三、或七、或九。而陽者圓也，以徑一、圍三率之，則一亦三也，三亦三也，七亦三也。此則以中五之徑數計之，而所以爲參三爲九之妙也。陰數之環於四方者，或二、或四、或六、或八。而陰者方也，以徑一、圍四率之，則二亦二也，四亦二也，八亦二也。此則以中五之圍數計之，而所以爲參兩爲六之妙也。

參三而爲天數之九，參兩而爲地數之六，合爲十五。《洛書》之縱橫十五，觀於此可知其所以然。

奇數之一、三、五合而爲九，此老陽所以爲九也。偶數之二、四合而爲六，此老陰所以爲六也。

生數奇三而偶二，故成數偶三而奇二，此又生成交錯之妙。

水、火、木、金、土，天地未成形之前，五氣以此次序，成天地之形。木、火、土、金、水，天地已成形之後，五氣以此次序，行天地之用。蓋水、火、木、金、土，乃氣化之五行；木、火、土、金、水，乃形化之五行。

九疇自一至九，各言體用。以『五行』言之，水、火、木、金、土，體之五也；潤下、炎上、曲直、從革、稼穡，用之行也。言『五』而不言『行』，無以知『五』者之用；言『行』而不言『五』，無以知本體之數。『五行』二字，不可少一也。以『五事』言之，貌、言、視、聽、思，體之五也；恭、聰、從、明、睿，用之事也。言『五』而不言『事』，無以知『五』者之用；言『事』而不言『五』，無以知本體之數。『五事』二字，不可少一也。以『八政』言之，上四者體也，下四者用也。先言『八』以見體用之全數，後言『政』以見天叙其體，而人得其用也。言『八』而不言『政』，無以知『八』者之爲用；言『政』而不言『八』，無以知體用之爲幾。『八政』二字，不可少一也。以『五紀』言之，歲、日、月、星辰，體之數也，曆數，用以紀也。言『五』而不言『紀』，無以知天道之爲用；言『紀』而不言數，無以知天象之爲幾。『五紀』二字，不可少一也。以『皇極』言之，『皇建其有極』，體也；『斂時五福，用敷錫厥庶民』，用也。言『極』而不言『皇』，無以知『斂敷』者爲誰；言『皇』而不言『極』，無以知其體之爲至也。『皇極』二字，不可少一也。以『三德』言之，正直、剛克、柔克，體之三也；弗友、沉潛之剛克，燮友、高明之柔克，用之德也。言『三』而不言『德』，無以知人君之克民；言『德』而不言『三』，無以知所克者爲幾。『三德』二字，不可少一也。以『稽疑』言之，『凡七』者，體也；『卜五』、『占用二』者，用也。以『庶徵』言之，雨、陽、燠、寒、風，體之『庶』也；『曰時』者，『徵』之用也。以『福極』言之，在天曰壽，曰富，曰康寧，曰凶、短、折，曰疾，曰憂，曰貧；在人曰攸好德，曰惡，曰弱。天爲體，人爲用。而福者，極也；極者，不極也；攸好德者，未至於極，而所以爲極者也；惡、弱者，反於極者也。其爲體用，尤甚分明。

前四疇體，後四疇用。前四疇常，後四疇變。前四疇人君出治之本，後四疇人君爲治之事也。

《蔡傳》之釋『九疇』一節，屢失本旨。敬、農、協、建、乂、明、念、嚮、威，各爲一事，則未知用以敬者何事，用以農者何事。若謂欲敬必以五事，則所敬者何事；欲農必以八政，則所農者何事。又如《蔡傳》而以誠身、厚生言之，則『身』字、『生』字本文外拈出來，此亦不成文理。大抵上節立言既以五行爲主，而五行之汩陳，不畀九疇，五行之順序，錫之九疇，則五行雖入九疇之中，總而言之八疇，只是一五行而已。故下文立言以『初一曰五行』總敘之，『次二』以下，詳論輔相五行之事。其意若曰用『五事』以敬五行，人得五行之氣以生，則五事之各得其宜，所以敬五行。用『八政』以農五行，食貨各具五行，祀所以祭天地山川，司空所以司土，司徒所以教人之順五行，司寇所以治人之不順五行，賓所以待諸侯之順布五行者，師所以伐諸侯之威侮五行者。用『五紀』以協五行，四時不以五行順布，則春、夏、秋、冬并皆失序。用『皇極』以建五行，五行之理，各極其至，乃所以建五行。用『三德』以乂五行，剛柔之偏，由五行之不均，故三德所以乂五行。用『稽疑』以明五行，以人謀而不能盡知五行之理，則問於卜筮。稽疑所以明五行。用『庶徵』以念五行，庶徵之休咎，可以驗五行之得失。用『福極』以嚮威五行。五行順則福，不順則極。福極所以勸民於順，威民於不順。如此看，然後『五行』一句爲綱，其下八疇爲目，曲暢旁通，義理明白。且以上文『汩陳』一句觀之，所謂『汩陳』者，只是不陳八事以輔相五行也。而禹之得天下，亦只是陳此八事以輔相五行也。

『庶徵』不言『五』，以其有休咎也。『稽疑』不言『七』，以其本居七位也。

『土爰稼穡』，先儒多錯看。只於『爰』字細看，則其義便不難解。潤下、炎上、曲直、從革，以性情言，而潤、上、直、革、稼也，下、炎、曲、從、穡也。此與皇極疇『斂敷』二字同一義諦。夫土爲冲氣，斂敷水、火、木、金四者，則言土之性情，必以稼穡四者爲義，不亦宜乎？至於蔡氏所謂『其生之德，莫如稼穡』云者，尤失之淺陋。

『曲直作酸』，朱子所謂『兩片木相擦則齒酸』云者，恐未然。當以董氏『木實多酸，雖甘者乾壞亦酸』之説爲正。朱子以爲《河圖》其象如圖，故謂之圖；《洛書》其象如書，故謂之書。非也。因之而著象則曰《河圖》，因之而著書則曰《洛書》，皆因聖人之所取則而名之也。

恭，下也，如水之潤下。朱子所謂『水有細潤底意，人之舉動亦欲細潤』云者，不如『下』字之爲襯合也。從，從理也，言不能自出，必依據於理，火不能自行，必依着於物也。明之屬木，以目之見物，猶木之發散於外而敷榮也。聽之屬金，以耳之聽言，猶金之收入於内而静密也。睿則無不通，又如土之無不在也。

思，學者之事。睿，賢者之事。聖，聖人之事。

言從理則事無不治，視明則知見必哲，聽聰則多聞善斷，通微則無所不通也。

恭、從、明、聰、睿，事理之當然者，所謂有物必有則。肅、乂、哲、謀、聖，五事之用也。

『皇極』疇，蔡氏所謂『民皆於君之極，與之保守，不敢失墜，所謂錫保』云者，恐未妥當。以此爲説，則『保極』之『極』果無所當矣。朱子嘗論『錫汝保極』之義曰：『民視君以爲至極之表准，而從其化。』則是復以此福還錫其君，而使之長爲至極之表准。蓋蔡氏之不用是説，其意欲從西山之見。然朱子所訓，真得正義，不可更容他議。至於『于汝極』三字，朱子雖未嘗言，而可以此一説，推見朱子之意。『于汝極』云者，謂民歸於汝之極，與下文『斯其惟皇之極』同一義也。大抵人君立極，使民爲則，則是以福錫民也。誠以極之所在，福之所在也，民皆觀感歸于皇極，則是以福錫君也，誠以民皆歸極王者之福也。然王者之福，豈有他哉？只是長保此極，與民共之而已。

極者，蔡氏所謂『人倫之至』，恐誤，只是八疇之各極其至也。

『用敷錫厥庶民』，不是將五福件件與人。皇之建極，即是以福錫民。蓋人君能自建極，則五福自然來應，下民自然觀感建極，以後事乃是不期然而然者。

『庶民』故曰『淫朋』，『人』故曰『比德』。『淫朋』、『比德』，自有精粗。自『五皇極』止『保極』，即建極自然之理。自『凡厥庶民』止『作極』，即建極之成效。此蓋泛言皇極之道。自此以下，武王建極之方也。

『有猶有爲有守，汝則念之』者，欲待其歸於極而用之也。『不協于極，不罹于咎，皇則受之』者，不遽絶之也。『而康而色曰：「予攸好德。」汝則錫之福』者，爵禄以錫之也。此以三等言。『而康而色』，上等也。『有猶有爲』，中等也。『不協于極，不罹于咎』，下等也。而末又結之曰：『時人斯其惟皇之極』，則雖上等之人，亦言其資質然耳，非謂已至此極也。

『有猶有爲』一節，與五事相表裏。有猶者，謀也。有爲者，哲也。有守者，思也。此就五事之中，各能一事之人也。而康而色者，恭也。曰者，從也。攸好德者，聰明睿也。此兼能五事之人也。故人君所以用之者，亦有差等，於其能五事之人，則錫之福，於其能一事之人，則念之而已。此其義皎如指掌。而雖朱子之説，亦未曾及此，乃曰『有能革面從君，而以好德爲名，則雖未必盡出於中心之實，人君亦當因其名而與之善』。蓋緣『曰』字之泛看，而有此解也。若然，則建極之君，進用盜名之人，而所謂錫福之臣，只以色康而得之耶？恐未必然也。

『時人斯其惟皇之極』，此乃統天下説，言皇能如此，則天下之人無不惟皇之極也。陳氏所謂『時人，指三等之人』者，恐未是。

前既以庶民分三等言，『無虐煢獨』一句，又承上接下，而此又以爲有位而有才智者，當使之進而行其道。夫雖正人，必忠信重禄，然後可以有好心於國家。則安有不富而能穀者乎？及其犯辜，而無好德之心，然後汝乃錫之福，是爲汝用有咎之人，不若富之於無好德之前，使不犯辜云云，其文勢相續，少無碍滯。而蔡氏之釋，未盡發揮，至於『使羞其行』注説，尤多未曉所行之事，果何以進之耶？蓋羞，進其説也；行，行其道也。言使進其治世之策，而吾又行其策也。

土爲陰陽之會，故爲中。而陽主敷，陰主斂；陽主好，陰主惡；陽主福，陰主威。威者，五行之相克；福者，五行之相生。

『無偏無陂』，『無偏無陂』即《中庸》之『不偏不倚』。未發之中。『無有作好惡』，『無作』云者，因人之可好而好之，因人之可惡而惡之，是之謂物來順應。已發之中義也。道也、路也，在事之中。先言『無陂』，以見其體。次言『好』、『惡』，以見其用。而又各以『道』、『義』、『路』但言『道』、『路』，不言『義』，則不知其道之邪正。此『義』字乃『道』、『路』之訓詁。言之者，其意若曰：在中之體，無所偏陂，然後乃可以遵行於義。好、惡之發，亦皆中節，然後乃可以遵行於道。苟其未發也，不免於偏陂；及其已發也，不免於有所作。則其見於行事，必不能合於義也。無偏，即上『無偏』。無黨，即上『好』、『惡』。無反，『好』、『惡』之反。無側，『無偏』之意。此又各兼已發、未發而反覆説去。如《中庸》『中和』二字之義。蕩蕩，廣遠之謂。平平，平易之謂。正直，中正之謂。言其心之體用，無所偏倚，則其見於行事者，又如此其蕩平正直。此又《中庸》『無過不及』之義。至於『會其有極』云者，行事之無過不及。『歸其有極』云者，本體之無偏無陂，誠以在事之中，亦只是求無偏陂而已。則及其無偏陂之後，還是在中之中，所以會其在事之極，而歸於本體之全也。其立説精妙，義理明白，與《中庸》一書相爲表裏，信乎其爲聖人之言也。

『三德』疇，自『惟辟作福』止『民用僭忒』，决是錯簡，當在『作汝用咎』之下，『無偏無陂』之上。蓋『三德』之下，説此兩段本無意義。若以爲剛克之道，則獨不言柔克、正直者何也？且『三德』一疇之内，其言反覆丁寧，無復餘藴，外是而言者，皆衍語也。竊嘗考其立言之法則，末段結語以『人』、『民』分説，與『皇極』疇『厥庶民』、『人之肖能有爲』相通。且其所謂『惟辟作福，惟辟作威』云者，又與『斂時五福』之意互相照應，而又與『人』、『民』兩條中進退黜陟之權，自上而出者一串貫來。『人用側頗僻，民用僭忒』云者，又下接『無偏無陂』之語，其條理脉絡，燦然可觀。以此更定，則『皇極』一疇備尊王之義，『三德』一疇無贅衍之語。而先儒未有説此者，故未敢自以爲是，姑記其説以俟後之君子。僭忒，差於極以事言；頗僻，側於極以心言。

『而國』、『而家』，皆以國言。以其自内而病國，則曰『害于而家』；自外而亡國，則曰『凶于而國』。

『皇極之敷言』一節，亦與下文分『人』、『民』言。言皇極敷衍之言，有位者當『是彝是訓』。所謂『彝』者，以爲日用之常則而秉執之。所謂『訓』者，以爲傳世之大法而模象之。下民亦當『是行是訓』。所謂『行』者，以爲日用之常則而服習之。所謂『訓』者，以爲傳世之大法而尊尚之。秉執、模象，用工之精者也。服習、尊尚，用工之粗者也。至於『于帝其訓』，以理言；近天子之光，以德言，誠以有位者可使知此理，庶民可使由此道。此亦有高下之分。

『近天子之光』云者，言天子有道德，而下民則之，其德不遠於天子也。

《周禮》：「天子之飯灑玉屑。」惟齋爲然，不常如此。此可爲「玉食」之解。

「六三德」當分屬於「皇極」一疇之内。蓋以「克」之者，欲歸於「皇極」故也。「平康」即「而康而色」之人也。「剛弗友」即「作福作威」者也。「燮友」即「不協于極，不罹于咎」者也。「高明」即「有猶有爲」者也。「沈潛」即「有守」者也。以此分看，儘有味。

夫子之教人，可見「三德」之義。以「正直」之道待之者，顔子也，爲其資質之「平康」也。兼人故退者，子路也，爲其資質之「高明」也。退故進之者，冉求也，爲其資質之「沉潛」也。至於「剛弗友」、「燮友」，則又其下者，故以刑賞而治之，非夫子之所可能也。

「平」以心言，「康」以色言，分内外也。

「擇建立」，蓋言卜筮之道，必先擇所當建立之人，而後乃可以命卜筮也。是以下文言卜筮之法，與夫卜筮之故。而至於「時人」一節，方説建立之實事。若於此謂已建立，則下文「立時人」云者，豈不重叠乎？「驛」字注云：「絡繹，不連屬。」此蔡氏之本於《孔傳》，而其實，字之訛也。《索隱》引《孔傳》云：「絡繹，下連屬。」後人反以「下」字變作「不」字。「絡繹」是連屬之貌，則「不連屬」云者，豈非乖舛乎？此在鄒季友《音釋》。

人謀雖能料事之可否，然氣數推移之變，有出於人謀之外者。惟龜筮能知之，故龜筮共違人謀，皆從而未可爲也。

龜筮共違而人則皆從，既不得作，則龜筮共從而人則皆違，又不得作者，可以反觀。此又見人神合謀，而後可以行之。且龜從筮逆而内吉外凶，則筮從龜逆而亦内吉外凶者，可以反觀。蔡氏所謂『重龜』云者，恐未是。

乃心、卿士、庶民、龜、筮五者，二違而三從則用之，三違而二從則不用。此乃『三人占從二人』之義也。

謀於心，謀於卿士、庶民，則此乃『明四目，達四聰』，而猶以四目、四聰爲不足，謀於卜筮，則又所謂達天地之聰明也。

『庶徵』一條，立文極妙。先言五『曰』，以見五徵之體；後言『曰時』，以見五徵之用。苟不言『時』，五徵之爲祥、爲災，有不可知矣。以此立其大綱。而其下『五者來備』，還釋五『曰』；『各以其叙』，還釋『時』字。而此則以休徵言也。其下『一極備』之『備』字，乃『來備』

之『備』字，而着一『極』字，所以反休爲咎也。其下又合言休徵、咎徵。而『時』字，又是『曰時』之『時』字。一字一句，莫不相應，此不可不味也。

五行自相爲用，而陰陽互藏其宅。故即其一行之中，而四行之氣交焉。今夫水生於天一，而不能成於地二，必歷二火、三木、四金、五土之位，然後成於地六。方其交錯生成之際，火、木、金、土之氣，固已交藏於水矣。夫其生成也如此，則況是氣之流行交運，賦與於物也。豈有水自水，火自火，截然不相干之理哉？以是知五事之肅、乂、哲、謀、聖，雖各不同，而其實肅未嘗不乂，哲未嘗不謀也。故其休徵之應，肅者，陽、燠、寒、風，雖無不來備，而時雨之若居多。乂者，雨、燠、寒、風，亦無不來備，而時陽之若居多。其餘皆然。亦陰陽互藏其宅，五行自相爲用之妙也。

『狂』者，『肅』之反，其容貌儀度，放蕩無節，故屬『恒雨』。『僭』者，『乂』之反，其言語政令，驕亢不謹，故屬『恒陽』。『預』者，『哲』之反，其視察辨別，暇預寡斷，故屬『恒燠』。『急』者，『謀』之反，其聽納運用，躁妄迫急，故屬『恒寒』。『蒙』者，『聖』之反，其思慮知覺，眩惑蒙瞀，故屬『恒風』。然一事不修，則五事皆失，而咎徵交應也。

卿士、師尹之得失，何至於休咎之應乎？蓋卿士、師尹，亦是分理庶民者，則其事之得失，不是他也，乃設施於民者也。民生既困，則咎徵豈不應？民生既安，則休徵豈不應乎？或曰：此言得失，即所謂五事，非謂其設施於民者也。此則不然，凡君、卿、師尹之設施於民者，莫不以五事應之。天下萬事，豈有外於五事，而可以行之者乎？然其教化之所施，有大小之別，故其休咎之應，亦有歲、月、日之异也。

『庶民惟星』一段，緊着『庶徵』之疇。蓋休咎之應，不是一人之所召。必舉天下之人而肅、乂、哲、謀、聖，然後休徵可以應。舉天下之人而狂、僭、預、急、蒙，然後咎徵可以應。所省雖在王、卿、師尹，而休徵之來，實自庶民也。此猶日月之在天，不能自作風雨，必有待於星也。豈特風、雨、星，雖多而不出五行。既是五行。則雨、陽、燠、寒，無非星之所作。而此以風雨言之者，舉其上下，以包四徵也。是以王、卿、師尹，能如日月之有冬、有夏，行其常職，使民各得其所好，則休徵應矣。所謂『各得所好』云者，或薄税斂而民好之，或使以時而民好之。所好之事，亦非一二。此又各以五行而分之。則休徵亦未必不以其事而應。又如星之好風、好雨，而日月各從其所好也。此蓋以休徵言之，以反觀咎徵。而先儒不知此義，每以此段爲不屬上下。殊不知此乃明庶徵之本也。

四行雖各有所好，而苟無土五，不能自成。亦猶星之各有所好，而至於作風雨，必有待於日月也。

王氏以爲福、極不言貴，此無稽之言也。『皇極』疇既言『攸好德，乃錫之福』，則『攸好德』豈非貴耶？

凶、短、折、壽，與考終命之反。疾，康寧之反。憂，攸好德之反。貧，富之反。而惡包於凶，弱包於短、折。

福、極相對，亦可以一義看。壽與凶、短、折相對，富與貧相對，寧與疾相對，攸好德與惡、弱相對，康與憂相對，而考終命包於壽。

壽、富、康寧、考終命，全五行之氣。攸好德，全五行之理。

《尚書》學文獻集成·朝鮮卷 第三十四册

皇極經文釋義·期三百注解

李萬運 著
單殿元 整理

提要

《皇極經文釋義》、《期三百注解》，作者李萬運（一七三六—?），字元春，號默軒，廣州人。雖考中文科，因四代祖的罪狀，不得出仕，而晚年受任爲安義縣監，後至於持平。精通天文、地理、名物，著有《默軒文集》。此兩篇資料收録於《默軒先生文集》卷之五。《皇極經文釋義》屬於講章體，解釋《洪範》篇中『皇極』部分的經文，認爲自『無偏無陂』以下五十六字是皇極的本義。《期三百注解》從題目看屬於注疏體，但全文只有千餘字，内容僅涉及《堯典》篇『期三百』句，從算數的角度，闡發《蔡傳》的内容。

皇極經文釋義

『無偏無陂，遵王之義。無有作好，遵王之道。無有作惡，遵王之路。無偏無黨，王道蕩蕩。無黨無偏，王道平平。無反無側，王道正直。會其有極，歸其有極。』本注：『遵義、遵道、遵路，會其極也。蕩蕩、平平、正直，歸其極也。會者，合而來也。歸者，來而至也。』朱子曰：『言天下之人，皆不敢循其己之私以從乎上之化，而會歸乎至極之標准也。王之義、王之道路，上之化也。遵義、遵道路，方會其極也。蕩蕩、平平、正直，則已歸於極也。』

按：此章乃是『皇極』之本義也。『無偏無陂』者，皇王立極之大經、大法也。『無有作好』、『無有作惡』者，無私無爲，皇王所當行之道路也。遵者，遵而勿失，如止至善不遷之義，所謂建其有極也。屈子曰『彼堯舜之耿介，既遵道而得路』者，正此意也。無偏無黨，廓然大公，則王者建極之道，蕩蕩乎無能名矣！無黨無偏，大中至正，則王者建極之道，周遍廣博，篤恭而天下平矣。無反無側，中和位育，則王者建極之道，正大直方，不習無不利矣。『會其有極』者，一視同仁，協和萬邦，而會于一也。『歸其有極』者，萬邦黎民，從上之化，於變時雍，而同歸於極也。蓋皇王建極，發明其本義，功效而作爲歌詩，如『九叙惟歌』之類，所以使人歌咏，以協其音，反復以致其意，戒之以私，而懲創其邪，思訓之以極，而感發其義理，諷咏之間，忘其傾邪狹小之念，達于公平廣大之域，會極、歸極，有不知其所以然者矣。

『曰：皇極之敷言，是彝是訓，于帝其訓。』

此章所以明上文五十六字，乃是彝倫本然之理，皇王遵用之訓，即上帝之大訓，而非人之所爲，此贊美敷言之至精至妙也。

『凡厥庶民，極之敷言，是訓是行，以近天子之光。曰：天子作民父母，以爲天下王。』

此章言『皇極之敷言』，人君既已用訓躬行，建至極之標准，則四方之民，亦莫不歸其有極，而是訓是行，以近天子道德之光華矣。所謂『帝光天之下，至于海隅，蒼生萬方黎獻，共惟帝臣，惟帝是舉』，而近天子之光者也。『曰：天子作民父母，以爲天下王』者，言天子建其有極，無有作好，無有作惡，而民之所好好之，民之所惡惡之，則此之謂民之父母也。天下歸往謂之王。王道之蕩蕩、平平、正直，爲天下之表准則，所謂『帝德廣運，聖神文武，皇天眷命，爲天下君』者也。庶民之親之、尊之『于汝極，錫汝保極』者，蓋如此其至也。

期三百注解

天體周圍三百六十五度四分度之一，天行繞地左旋每一日一周而過一度。日麗天而少遲，故日行一日亦繞地一周，而在天爲不及一度，積三百六十五日九百四十分日之二百三十五，而與天會，是一歲日行之數也。

每日天行過一度，故積三百六十五日四分日之一，恰周三百六十五度四分度之一，而日與天會。日行一日爲九百四十分，故二百三十五爲四分之一也。

月麗天而尤遲，一日常不及天十三度十九分度之七，積二十九日九百四十分日之四百九十九而與日會。

每日月行，不及日十二度十九分度之七者，日行不及天一度故也。月退一日，不及日十二度七分，二十九日得全度三百四十八，餘七分，二十九日得二百〇三分，二百三分以十九約之，爲一度，則得十度餘十三分，三百四十八度加入十度十三分，則得三百五十八度十三分。

月退十二度七分，以十九通分納子，則得二百三十五分。以日行九百四十分較之，則日四分准月一分。蓋月以二百三十五爲一日之數，日以九百四十爲一日之數，則日數之四爲月數之一，而初不异也。

日分四百九十九，以四約之，則得月分一百二十四分七釐五毫。月分一百二十四分七釐五毫内，除出一百一十四，餘存十分七釐五毫。以十九約之，則得六度三百五十八度十二分，加入六度，則得三百六十四度十三分。十三分加入餘存十分七釐五毫，則合二十三分七釐五毫。二十三分七釐五毫内，除出十九分，得一度，則合三百六十五度餘四分七釐五毫，即十九分四之一也，合得三百六十五度四分度之一，故恰滿周天度數，而與日會也。

十二會得全日三百四十八，餘分之四百九十九之積，又五千九百八十八，如日法九百四十而一，得六日不盡之分三百四十八，通計得三百五十四日九百四十分日之三百四十八。

歲有十二月，月有三十日，則爲三百六十日而日與天會，得三百六十五日二百三十五分。則多於三百六十者，五日二百三十五分，是爲氣盈也。月與日會，得三百五十四日三百四十八分，則少於三百六十者，五日五百九十二分，是爲朔虚也。合氣盈、朔虚，而閏生焉。

一歲閏十日八百二十七分，十九歲全日一百九十日，餘分之積一萬五千七百十三分，除出一萬二千二百二十分，以日法九百四十而一，則得十三日，合爲二百三日，即七個二十九日，餘三千四百九十三分，即七個四百九十九分，故十九歲爲七閏，則氣朔分齊是爲一章也。

又一法：

日一日不及天一度，故積三百六十五日九百四十分日之二百三十五，而與天會。月一日不及日十二度十九分度之七，故積二十九日九百四十分日之四百九十九，而與日會。

日一日行九百四十分，月一日行二百三十五分。月一度十九分，故十二度七分爲二百三十五分。

日法九百四十分，積二十九日，得二萬七千二百六十分，又四百九十九分，合二萬七千七百五十九分。二萬七千以下，以四約之，則爲月法六千九百三十九分七釐五毫。

月法二百三十五分，積二十九日，得六千八百一十五分，又一百二十四分七釐五毫，合六千九百三十九分七釐五毫，以十九分約之，爲三百六十五度二五。二五，即四分度之一也。

月法二百三十五分，日法九百四十分，故月一分當日四分，月之一百二十四分七釐五毫即日之四百九十九也。

《尚書》學文獻集成·朝鮮卷　第三十四册

期三百傳解·璣衡傳解

黄胤錫　著
單殿元　整理

提要

《期三百傳解》、《璣衡傳解》，作者黃胤錫（一七二九——一七九一），字永叟，號頤齋，平海人，是金元行的門生，以隱逸被舉薦，歷任莊陵參奉、全義縣監等職。早先專心於性理學，又對實學産生興趣，從而介紹西方的知識。所著《理藪新編》收録有關韵學的研究内容，《頤齋遺稿》收録《字母辨》、《華音方言字義解》等文章，是研究韓國語學時非常重要的材料。《期三百傳解》和《璣衡傳解》兩篇收録於《頤齋先生遺稿續》卷之八。《期三百傳解》采用筆記體，以算數方法解析《堯典》篇『期三百』句的科學内涵，依循《蔡傳》中的朱子學説，精密地計算日法、月法、年法。此文有助於我們了解作者算術的學術水平。《璣衡傳解》采用筆記體，就《堯典》篇『璇璣玉衡』句，發揮《蔡傳》中的渾天説。作者廣求於諸書，撰成此文，講解渾天儀的構造及其觀測天象的方法。此文有助於讀者瞭解中國古代學者的宇宙理論。

期三百傳解

周天三百六十五度四分度之一。○天有十二次，次各三十度四百一十一分四分分之一。○一度九百四十分。一度作四个分之，各二百三十五分。四分度之一，即二百三十五分也。○一度作十九个分之，各四十九分十九分分之九十九分度之七，即三百四十六分十九分分之六也。

周歲三百六十五日四分日之一。○歲有十二中，中各三十日四百一十一分四分分之一。○一日九百四十分，四分日之一，倣上法。百刻，一刻各九分十分分之四。十二時。一時各七十八分三分分之一，爲八刻三分刻之一也。○八刻即初初、初一、初二、初三、正初、正一、正二、正三刻也。每時各八刻三分刻之一，則十二時爲百刻。

九百四十分爲一日之法。而一日之内，天一周而又一度。日一周，月未一周。今以其所行、所退之數，分屬於日法之逐分，使天、日、月周行離合之數，井井而易曉。

一分。日法之一分。天行三百六十五分四分分之一又過一分。

日行三百六十五分四分分之一，未及一分，故退天一分。

月行三百五十二分十九分分之十六奇四之三，退日十二分十九分分之七，退天十三分十九分分之七。

九百四十分。日法。天行三百六十五度四分度之一又過一度。

日行三百六十五度四分度之一，未及一度，故退天一度。一時行一次，十二時行十二次。

月行三百五十二度八百二十八分十九分分之十三，退日十二度三百四十六分十九分分之六。退天十三度三百四十六分十九分分之六。○一月凡二十八周又一百九十三度八百三十九分十九分分之十四奇四之一。

年法。三百五十四日三百四十八分。○年有十二月。月法，各二十九日四百九十九分。一期之日，即周天全數，其分積三十四萬三千三百三十五。以此數作二百三十五个分之，各一日五百二十一分。十九个爲一月之法，二百二十八个爲一年之法，七个爲歲閏之法。○月法，二萬七千七百五十九分，乘十二分十九分分之七，爲周天之全數，即月行一月一周天也。○月行□日退天十三度三百四十六分十九分分之六，二十七日三百○○二分半强，而一周天積三百五十五日有奇，而十三周天矣。曆家不言此數者，以其無用處也。

蓋嘗論之：天形至圓，本無端倪，何以知其有三百六十五度四分度之一也？蓋冬至之日，初昏立表，午位以測列宿之度。是時某宿初度正中於午，與表相準。明日初昏，則昨日正午之度，稍差於西，而其東第二度正中於午，兩距遂成一度。逐日如是，是知天行之日過一度，積至三百六十五日四分日之一，則去歲冬至昏中，宿度復中於午，與表相直。是知天體周圍總成三百六十五度四分度之一，而三百六十五日四分日之一亦合周天全數矣。

日亦東出西没，繞地左旋，一與天同，而其行稍緩，日退天一度。蓋日行恒一日一周，非有盈縮，則似無退一度之理。而只以天之一周而又過一度，故所躔宿度，其亦自然不及於昨日宿度，而勢若退然耳。積至三百六十五日四分日之一，而與天會成一期。

月亦東出西没，繞地左旋，而其行太緩，故未能一周，積至二十九日半强，則與日會。而其所退，恰成周天之全數。於其相會，日必在天前，而天從後赶來，以會於日。月亦必在日前，而日從後赶來，以會於月。何哉？蓋天之行健於日，而恒過一度，日之行最速於月，而恒過十二度十九分度之七，則以理論之，天固當恒在日前，而日亦當恒在月前矣。前者未經之地，後者已經之地。然日恒一周而天行，則日過一度，積至一期，將盡一周之數，故日之距天度數，前面則日以遠，而後面則日以邇。及至一期之盡，則日纔行到四度日之一，未及過去，而天已赶來於其後，月之於日亦然。此所以當在於後，而反在於前也。

試詳言之：日行三百六十五日，僅三百六十五周，而天已三百六十五周，又過三百六十五度，將復周盡四分度之一，而其爲日，則四分日之一。是時日未及盡一周，方在天前二百三十五分，而行稍緩，故僅行九十一度二百九十三分四分分之三。而天行健，故疾行九十一度五百二十八分四分分之三，日退二百三十五分。遂得赶日來會。於是日遂恰退天三百六十五度四分度之一，而成一期也。月行二十九日，退三百五十八度六百四十三分十九分分之三，而日已二十九周，其過月之數，爲三百五十八度六百四十三分十九分分之三。此數在二十九周内。而其爲日，則四百九十九分。是時月未及盡一周，方在日前六度五百三十一分十九分分之十六，而行太緩，故僅行一百八十七度三百〇〇七分十九分分之十七奇四之一。而日行疾，故速行一百九十三度八百三十九分四分分之三，月退六度五百三十一分十九分分之十六。遂得赶月來會。於是月遂恰退日三百六十五度四分度之一，而成一月也。凡此，皆以左旋之説推之。故其説雖若支離，而於其中自有粲然不紊者。

若以曆家右旋之法而言之，雖似捷簡，而實有不然者。蓋日之行，不可指而知信，如《漢・天文志》所言。而第以東出西入言之，則其爲左旋而不爲行一度者明矣。且如月之行，尤有可證。初二、三間，月生於西，其後漸退於東，行遲於日故也。則可見其太遲。而曆家所謂月行十三度有奇者，是乃以背而爲面也。朱子所以深闢之者，豈無以哉？

至於日法之以九百四十者，是以日行每日退一度故也。一日内日一周天，而日法則以九百四十爲母，是以日法而當周天全數也。夫既以九百四十爲一日之法則，是乃當周天之數者。故日月進退之數，亦不外是矣。月行一日，爲九百零八分一厘六毫有奇，其不及日爲三十一分八厘三毫有奇，其退數積九百四十分而後與日會也。日行三十日，爲二萬八千二百分。月行二十九日四百九十九分，爲二萬七千七百五十九分。以十二月乘三十日，爲三百六十日，一歲之常數。而日與天會，則多五日二百三十五分，此日行所溢也。以十二月乘二十九日四百九十九分，爲三百五十四日三百四十八分，則少五日五百九十二分，此月行所縮也。

日之溢爲氣，盈氣者逐月必二氣也。一歲二十四氣之日，比常數又有餘。月之縮爲朔虛，朔者，逐月必一朔也。一歲十二朔之日，比常數不足。盈虛之分共十日八百二十七分。此皆月不及日之餘分，故積以爲閏，以補月之縮。兩閏之間，必三十二三四月，每日月三十餘會，則中氣必退出一會之外，而其間一月之數始足，故於是置閏。而但一月之節在其中，中氣則不在焉。中氣者，曆書每月中也。節氣者，每月節也。每三年一閏，或兩年一閏，十九歲餘二百零六日六百七十三分。以月法除得七閏月，而盈虛之分皆得均齊，於是乎始爲一章之年也。然後子月朔朝始得冬至，積至一元之歲，則子月甲子朔朝夜子正初刻冬至。而若又至於上元之歲，則年月日時皆會甲子而冬至矣。曆家所謂日月如合璧，五星如連珠者，即此時也。一章積六千九百三十九日七百零五分，凡二百三十五月。○一蔀積二萬七千七百五十九日，凡四章七十六年九百四十月。○一紀積五十五萬五千一百八十日，凡二十蔀八十章一千五百二十年一萬八千八百月。○一元積一百六十六萬五千五百四十日二百三十五分。凡三紀六十蔀二百四十章四千五百六十年五萬六千四百〇月。○按林氏以《三统曆》音命月统元推之，而一元之歲餘分未盡，豈有是理？蓋此四分法與彼牴牾，不可强而同之也。

璣衡傳解 以本傳説檃栝。

《周髀術》謂天似覆盆蓋，以斗極爲中，蓋天圖是其法也。如列宿方位，欲究其義，則必以《周髀》爲主，然後乃可究。若渾天儀，則南北極持管兩端。而天行七曜，皆自東而西、西而東而已，以此而欲究列宿之方位，則不甚分曉。然而渾天獨得天象之全，而《周髀》則不全蔡邕之説，良以此也。

渾天者，即古璣衡之制也。璣象天體者也，徑八尺，圓周二丈五尺半强，此即渾儀全體也。其制，儀有三重，最外之六合儀，内之三辰儀，最内之四游儀，合三重也。

最外之六合儀，其制，黑色一个環平置，于環上周體刻子、癸、丑、艮、寅、甲、卯、乙、辰、巽、巳、丙、午、丁、未、坤、申、庚、酉、辛、戌、乾、亥、壬二十四方位，即本文所謂十二辰、八干、四隅者也。以准地面方位。又以黑色二個環縱立於黑一環之中，於環背向外處，周體刻去極度數。極者，南北兩極也。南北兩極相距爲一百八十二度九百四十分度之五百八十七分五釐。以十爲法。地上、地下皆然。合爲三百六十五度九百四十分度之二百三十五。既刻兩極度訖，以此環中分半爲一百八十二度九百四十分度之五百八十七分五釐，下半亦然，上半縱跨地平之面，下半入地平之下，南結於午位爲南極，北結於子位爲北極，於是南北之極始定。而此環則結於子午，故爲天經之環也。經者，南北也。又以赤色一個環横立於其中，而於其背向外處，周體刻赤道度。赤道者，自東至西者也。其在地上見者亦一百八十二度九百四十分度之五百八十七分五釐，其在地下不見者亦然。既刻度訖，亦以此環横繞天經之環，而上半横跨地平之上，下半入地平之下，東結於卯位，西結於酉位，於是東西之位始定。而此環則結於卯酉，故爲天緯之環也。緯者，東西也。蓋天形以人身譬之，則自南至北，如人之自足至頭，故本注以南北爲天脊也；自東至西，如人之自左膁至右膁，膁，腰之左右旁。故本注以東西爲天腹也。本注之『側立』云者，即此之縱立也；『斜倚』云者，即此之横立也。平置之黑色一个環，縱立之黑色二个環，横立之赤色一个環，此三个環表裏四方相結而不動。其所以不動者，所以定二十四方位故也。北極則高出地上三十六度而常見於地上，南極則下入地下三十六度而常隱於地下。南北兩極主管兩端，常静不動。而天體則日日左旋，與日月星宿横轉周行，是知兩極爲天之磨臍，如車之杠軸也明矣。兩極皆爲圓軸，虚其中而向内，以挈在内之二儀。於是天體之上下及東西南北六合，皆可昭考，故名之曰『六合儀』。

其内曰『三辰儀』，亦以黑色二个環縱立，而於其背向六合處，周體遍刻南北極相距度，如六合儀去極度，外以貫於天經之軸，亦結於子午。內以挈黄赤二道之環，是亦爲天經矣。又以赤色一个環横立於其中，而亦刻赤道度如六合儀東西相距度於其背訖，亦依在外之天緯，而東西則結於黑色二環之卯酉，是爲赤道也。又以黄色一个環，亦刻度如赤道度，而横立於赤道之腹。上半則入於赤道之内，以爲春分後日行之軌，是以春分後則晝漸長也。下半則出於赤道之外，以爲秋分後日行之軌，是以秋分後則晝漸短也。蓋北極之南五十五度，正當天之中，極南六十七度爲夏至之日道，極南九十一度爲春秋二分之日道，極南一百一十五度爲冬至之日道，南下去地只三十一度而已。夏至之道，即黄道也。冬至之道，亦同春分之道，即赤道也。秋分之道，亦同黄道之去赤道南北皆二十四度也。赤道度數，以十二次分之，各三十度四百一十一分二厘五毫。又以二十八宿各宿所管度數次次分之，蓋二十八宿周環赤道故也。既結黄道環訖，又以白色一個環，承黄赤二道十字相交之處，使不傾陷。既訖，於最外六合儀下設五脚子。南北二脚則承南北二極之旁，使北極高三十六度，南極下三十六度。東西二脚則承東西赤道之旁，中一脚則承地平之下。又以二木十字交之，平置於五脚之下，是以六合儀結於五脚而不動，以爲天體之軀殼，以定地平之方位。其在内之儀，則設一機輪，以水激之，使其日夜隨天運於東西，以象天行。於是日月星辰之行可考，故名之曰『三辰儀』。

其最在内者曰『四游儀』，亦以黑色二個環縱立之，其背刻南北極相距度，外以貫於天經之軸。亦結於子午。其環之内，則兩面當中各設直距，外指南北兩軸。而於其兩端中等之處，内面又爲小竅，以受玉衡。衡長八尺，孔徑一寸。以其兩端中等處，小軸插入於小竅之内，使衡既得隨環運轉東西，又可隨處南北低昂，以待占候者仰窺焉。於是四方之位無不周遍，故名之曰『四游儀』。此其法之大略也。大抵渾儀者所以象天體而占候者也，其法精緻，置水不漏，而蔡氏之《傳》只舉其略，是以更欲廣求於諸書耳。

《尚書》學文獻集成・朝鮮卷　第三十四册

釋期三百注・期三百總解

黃胤錫　著
單殿元　整理

提要

《釋期三百注》、《期三百總解》，作者黄胤錫（一七二九—一七九一），字永叟，號頤齋，平海人，是金元行的門生，以隱逸被舉薦，歷任莊陵參奉、全義縣監等職。早先專心於性理學，又對實學産生興趣，從而介紹西方的知識。所著《理藪新編》收録有關韵學的研究内容，《頤齋遺稿》收録《字母辨》、《華音方言字義解》等文章，是研究韓國語學時非常重要的材料。《釋期三百注》和《期三百總解》兩篇收録於《理藪新編》卷之三。《釋期三百注》屬於筆記體，就《堯典》篇『期三百』句，將各家注釋和解説依次介紹，而將自己的理解和看法用小字間注形式來表達。文章的主體是抄録各家見解，以供讀者比較。間注的文字雖然不多，但對讀者還是有幫助的。比如臨川吴氏曰：『以分至啓閉定歲之四時。』作者於『分至』下注云：『春分陽中，秋分陰中，日夜平均，故曰分。冬至陰極，夏至陽極，長短極至，故曰至。』於『啓閉』下注云：『立春、立夏曰啓，立秋、立冬曰閉。』釋語簡潔而暢達。《期三百總解》屬於筆記體，是根據歷代學説折衷會通，選其重點予以概述，使讀者能夠完整地理解有關學説。行文中，對於某些詞句亦自加注解，以方便讀者理解。比如於『積四章爲一蔀』下加注：『亦曰府，亦曰篇，七十六歲。』於『積二十蔀爲一紀』下加注：『八十章，一千五百二十歲。』於『積三紀爲一元』下加注：『六十蔀，二百四十章，四千五百六十歲。』看了注文，省却了讀者苦苦思索的功夫。作者認爲天體周長是三百六十五點一四度，以此計算歲法、年法、朔法、日法，比起前代的注釋，作者的分析更加精密，顯示了深厚的曆學功底。《洪範九疇天人合一圖》和《無逸之圖》收録於《理藪新編》卷之十九。《洪範九疇天人合一圖》由上圖和下圖組成，上圖和下圖皆將皇極放在中央的位置，五行、五事、八政、五紀在上，三德、稽疑、庶徵、五福六極在下，表現了天與人合一的關係。此圖可以讓讀者直觀地瞭解《洪範》篇所包含的治理國家必須遵循九條大法。《無逸之圖》用圖示的形式簡潔地表現《無逸》篇的主要内容。圖的右邊爲殷三宗（中宗、高宗、祖甲），畏天保民，享國很久；圖的左邊爲周三王（太王、王季、文王），畏天保民，振興國家。此圖旨在告誡後代帝王不要貪圖逸樂。

釋期三百注

《堯典》帝曰：『咨！汝羲暨和。期三百有有，又也。古字『又』、『有』通用。六旬有六日，以閏月定四時，成歲。允釐百工，庶績咸熙。』

孔氏曰：匝四時曰『期』。未盈三歲，足得一月，則置閏焉，以定四時之氣節，成一歲之曆象。

唐孔氏曰：四分日之一，入六日内，舉全數言之。十日九百四十分日之八百二十七，爲每歲之實餘，正十一日弱不足也。也。

邵子曰：《堯典》：『期三百有六旬有六日。』夫日之餘盈也六，則月之餘縮也亦六。若去日月之餘十二，則有三百五十四，乃日行之數，以十二除之，則得二十九日。○陽數於三百六十上盈，陰數於三百六十上縮。

張子曰：閏餘生於朔，不盡周天之氣，二十四氣也。而世傳交蝕法與閏异術，蓋有不知而作者爾。

朱子曰：天道左旋，日月亦左旋。但天行健，一日一夜而一周，常差過一度。日月違天而退，日是一日退一度，月退十三度有奇。周天三百六十五度四分度之一，每歲只有三百六十日，餘了五日四分日之一。又除小月，計六日，所以置閏。所餘六日爲氣盈，所小六日爲朔虚。朱子曰：『曆家若順算，則算著那相去處度數多。今以其相近處言，故逆算。』蔡季通云：『西域有《九執曆》，是順算。』○《儀禮疏》曰：『三十日十六分日之七，以初爲節氣，半爲中氣，凡二十四氣也。』○凡一歲小月六，大月亦六。○『期三百有六旬有六日』，而今一歲三百五十四日者，積朔空即朔虚。餘分以爲閏。朔空者，六小月也。餘分者，五日四分日之一也。○如何見得天有三百六十五度？甚麽人去量來？只是天行得過處爲度。天之過處，便是日之退處。日月會爲辰。○天至健，故日行常少及他一度。月又遲，故不及天十三度有奇。且如月生於西，一夜、二夜漸漸向東，便可見月遲。

象山陸氏曰：曆家所謂朔虚、氣盈者，蓋以三十日爲准。朔虚者，自前合朔，至後合朔，不滿三十日，其不滿之分曰朔虚。氣盈者，一節一氣，中氣也。共三十日，有餘分而爲中，分中即氣也。一次三十度十六分度之七，一月三十日十六分日之七。○日一時行三十度四百十一分三厘，月一時行二十九度三百八十二分四厘半，退日一度二十八分十厘半。○中氣：雨水、春分、谷雨、小滿、夏至、大暑、處暑、秋分、霜降、小雪、冬至、大寒也。

林氏曰：二十七章爲一會，五百一十三年三會，爲一統。八十一章一千五百三十九年三統，爲一元。四千六百一十七年，章統會元，運於無窮。『統』、『會』當乙。林氏説以漢《三統》曆法言之，非《蔡傳》曆法也。

朱氏曰：冬至日起，牽牛一度右行，而周十二次，盡斗二十六度，則復還。牽牛之一度而曆更端矣。昔黃帝迎日推測，始作《調曆》。見《漢志》，亦曰《調律曆》。閱世十一，歷年五千，而更七曆。至漢造曆，歲在甲子，乃十一月朔旦，甲子冬至，爲八曆之始。是時日月復會于牛，距上元太初十四萬三千一百二十七歲。蓋日月贏縮，與天錯行，積久閏差。震嘗問曆於郭忠孝曰：『古曆起於牛一度，沈括謂今宿於斗六度謂之歲差，何也？』曰：『久則必差，差久必復于牛。牛一度者，乃上元太初起曆之元也。』○牽牛者，星紀也，水之位也，日月交會于此。澤中有火，革之象也。曆更端者，革也。

九峰蔡氏曰：天體至圓，周圍三百六十五度四分度之一，《爾雅注》：周天一百空七萬一千里，徑三十五萬七千里，一度二千九百三十二里一千四百六十一分里之三百四十八。繞地左旋，左旋，西轉也。旋，轉也，平聲；繞也，去聲。常一日一周而過一度。日麗音『離』，著也，依也，平聲。天而小遲，故日行一日，亦繞地一周，而在在，猶『較』也。天爲不及一度，積三百六十五日九百四十分日之二百三十五，而與天會。是一歲日行之數也。一朔策二十九日四百九十九分。而四分之，得上弦策，七日三百五十九分七五。倍之，望策一十四日七百一十九分五。又加弦策，則得下弦策。月麗天而尤遲，一日常不及天十三度十九分度之七。月不言行數者，以其退數積而會日也。積二十九日九百四十分日之四百九十九，而與日會。十二會得全日三百四十八餘分餘分，即十二個四百九十九分，積爲五千九百八十八分。之積，又五千九百八十八。如日法九百四十。《儀禮經傳通解》『曆數期三百』章小注：《正義》曰：『曆法以一日分爲九百四十分。』《正義》即孔穎達所撰，而用西漢四分法，即《顓頊殷曆》之數也。○閏年十三朔，積三百八十三日九百四十分日之八百四十七。而一得六，不盡三百四十八，通計得日三百五十四九百四十分日之三百四十八，是一歲月行之數也。歲有十二月，月有三十日。三百六十者，一歲之常數也。故日與天會，而多五日九百四十分日之二百三十五常數之外又有餘者，爲氣盈。月與日會，而少五日九百四十分日之五百九十二常數之内又不足者，爲朔虚。合氣盈、朔虚，朔，言月一日始蘇也。氣，二十四氣；朔，十二朔。盈，餘也。虚，縮也。而閏生焉。故一歲閏率音『類』，計數也，又總數也。《周禮》賦『口率出錢』。又音『律』，大概也。○率，猶定准也。韵曰：約數也。則十日九百四十分日之八百二十七，三歲一閏則三十二日九百四十分日之六百單一，五歲再閏則五十四日九百四十分日之三百七十五，十有九歲七閏則氣朔分齊，言氣盈、朔虚之餘分，到此而等齊也。是爲一章也。故三年而不置閏，則春之一月入于夏，而時漸不定矣；子之一月入于丑，而歲漸不成矣。積之久，至於三失閏，則春皆入夏，而時全不定矣。十二失閏，子皆入丑，而歲全不成矣。三年失閏，三十六年失十二月，則子年之月入丑。七十二年失二十四月，丑年入寅矣。其名實乖戾，寒暑反易，農桑庶務皆失其時。故必以此餘日，置閏月於其間，然後四時不差，而歲功得成。以此信治百官而衆功皆廣也。《書經》本注：『月退天十三度十九分度之七，則退日爲十二度十九分度之七。』○九峰之《傳》所說曆法，非可以推知此說固明而文猶簡略，淺見薄識，或多疑眩於考究，故付先儒之説以便參證云。《三統》之法，乃司馬遷《史記·曆書》所載《太初曆法》及《漢書》之《顓頊殷曆》也。

潛室陳氏曰：《左傳正義》曰：『周天三百六十五度四分度之一。』日一日行一度，月一日行十三度十九分度之七，計二十七日有餘，月已行天一周，至二十九日過半。即月法二十九日四百九十九分也。又逐及日而與之會，是爲一月。十二月而成歲。一歲氣周，有三百六十五日四分日之一。對周天三百六十五度四分度之一。今十二月惟三百五十四日，是少十一日四分日之一未得氣周。即上文三百六十五日四分日之一。細而言之，一歲正少十一日少弱。經曰『期三百有六旬有六日』，而今十二月惟三百五十四日，故云然也。小弱，謂不成十一日也。所以然者，一月有餘分二十九，日法九百四十分四百七十分爲半日，以較四百九十九分則餘二十九分也。合十二月餘分三百四十八，是一歲既得三百五十四日，又餘三百四十八見上《閏餘圖》下。分。一日九百四十分，其二百三十五分爲四分日之一。今於餘分三百四十八内，取二百三十五，以當四分日之一，仍有一百一十三。其餘整日惟有十一日。又以餘分一百一十三减之，是一年正餘十日八百二十七分，不成十一日。故謂十一日少弱。一年少十日八百二十七分，積十九年少二百六日六百七十三分少弱，足以當之。古曆十九年爲一章，章有七閏，八章三年閏九申月，此月數皆以子月起。六年閏六巳。月，九年閏三寅。月，十一年閏十一戌。月，十四年閏八未。月，十七年閏四卯。月，十九年閏十二亥。月。此據《元首初章》。若於後漸積餘分，大率三十二月則置閏，不必同《初章》。日月運轉於天，如人之行步，故推曆謂之『步曆』。步曆之始謂之『上元』，必以日月全數爲始，於前更無餘分。以此日爲端首，《孟子・離屢下》『天下之言性也』章注云：『《新唐書・曆志》曰：「治曆之本，必推上元。日月如合璧，五星如連珠，夜半朔旦冬至，自此七曜散行，不復餘分，普盡總會如初。」』○《五代史司天考》：『夫天人之際，遠哉微矣！而使一藝之士，布算積分，上求數千萬歲之前，必得甲子朔日夜半冬至，而日月五星皆會于子，謂之上元，以爲曆始。』○新安陳氏曰：『夜半即甲子，時歲月日時皆甲子，爲曆元。蓋以建寅月爲歲首，算之則是癸亥歲十一月，以建子月爲一歲之最初，算之則甲子，歲之氣候已始於此矣，故云歲亦甲子也。』○朱子注曰：『造曆者以上古十一月甲子朔夜半冬至爲曆元。』本注云：『即十一月甲子夜朔旦冬至也。』故言『履端用始』用，當作『於』。也。分一周之日爲十二月，則每月當三十日餘。以日月會爲一月，則每月惟二十九日餘。每月參差，氣漸不正。正，如字。下同。但觀中氣所在，以爲此月之正。取中氣以爲正月。閏前之月，中氣在晦。晦，俗稱月盡，又盡頭。閏後之月，中氣在朔。無中氣，則謂之閏月，故言『舉正於中』也。月朔之與月節，每月剩一日有餘，以所有餘日，歸之於終，積成一月則置閏，故言『歸餘於終』也。《左傳》曰：『履端於始，舉正於中，歸餘於終。』丘濬曰：『古今論曆法，不出此三言。』

毅齋沈氏曰：天行速，每日過一度，進而與日會，以成一期。月行遲，每日不及日十二度有奇，居奇反。退而與日會，以成一月。

吴氏亨壽曰：歲無定日，閏有定法。『期』、『閏』、『歲』三字，爲此一節之大要。期者，一歲之足日也。歲者，一歲之省日也。閏者，補三歲之省日，凑合也。爲三歲之足日也。

陳氏普曰：字尚德。此説亦略見《詩·十月之交》小注，即鄱陽董氏説中。天繞地左旋，東出西入，一日一周而少過之。日者，天之精，與天左旋，日適一周，以天之進也而爲少不及焉。天日進而日日退也，日非退也，以天之進而見其退也。曆家謂日月皆右旋以此。蓋不計天之進，而但以日月之退爲右旋，以背而爲面也。然苟不計天之進，則是四時昏旦中星常不移矣，無是理也。文公以爲横渠首發之，蓋《隋書》之説略，後人未有述之，而横渠首得其説爾。積三百六十五日四分日之一，而天與日復相遇於初進初退之地，而爲一年寒暑四時，更迭代謝，生成散斂，皆於是而周。夫天日者，氣數之始。其每日之進退，既有常則，故一日之進退遂爲一度，三百六十五日四分日之一進退一周，而周天之數遂爲三百六十五度四分度之一。而凡天之東西南北縱横參伍，與夫星辰遠近之相去，月與五星之行，皆以其度爲度焉。度，數也，則也。天本無度，以與日離合而成天。日東西行其周布，本東西而縱横南北皆以其度爲數見。日者，數之本，日數既定，而在天在地無非其度也。月行遲，常以二十七日千空一十六分日之三百二十七而與天會，二十九日九百四十分日之四百九十九而與日會。一月一周天者，以與日會言也。其實二十七日有奇，而周天又二日有奇，始與日會。文公注《十月之交》以爲月二十有九日奇而周天，又逐及於日而與日會，蓋未詳也。其不及天日之度，於日之不及天，既多十餘倍，則其與天日會者，自速十餘倍，此日之所以歲周而月之所以月周也。日一年與天一會，月一年與天十三會，與日十二會。其與天會者無所用，故古今少道之。天以日爲天，疑『歲』。故日與天會而爲歲功。月於氣無與，故其與天會者，一無所用，而僅以與日會者紀乎二十四氣之行。日月每三十餘會，三十餘會，即三十二朔七分朔之四，而必有一閏，朔其中半交次，朔之節氣也。兩閏之中，即十六朔七分朔之二，而其朔中半，得其朔之中氣也。而一閏、兩閏之中，謂十五、十六會也。但以晦朔弦望爲度，則漸違乎氣；以晦朔弦望爲度，而閏以追之，則雖暫違而常扳引也。以及之。日月一會，二十九日半有奇。二氣之日，常在其内。每三十餘會，則中氣必出一會之外，當作『終』。入再會之初，而其月惟一氣在其月之中。即中半也。於此置閏，天不用之而人用之也。人之用之者，以望前半月終前月，望後半月起後月，終前月則月無久違而及日，起後月則日有餘裕而待月。農桑之候，常不失序，而人與天常不違矣。十九年七閏，則日月二百三十五會，與天日一十九會，平等而無少不及，故爲一章也。言日月之會者，與天日之會者，至是適等而相齊也。○一月之閏分爲八百五十二分四分分之一。

新安陳氏曰：四分度之一者，周天全度三百六十五度是也。外，其零度有一度四分中之一分也，以對周歲全日三百六十五日是也。外，其零日，零，細也，餘數未成一日也。亦有一日四分中之一分，所謂四分日之一也。九百四十分爲一日，安城劉氏曰：古曆法每度九百四十分。其二百三十五分即四分中一分，九百四十分日之二百三十五即四分日之一也。月一日不及天十三度有奇，天一時行三十度四百八十九分十二分分之七。是不及日十二度有奇，積二十九日零四百九十九分而月與日會。月行二十七日三百空二分半强與天會，二十九日四百九十九分與日會。四百九十九分是六時零三刻弱也。二十九日零六時三刻實爲一月，十二會得全日三百四十八，乃十二個二十九日餘分之積。以日法算之，其五千六百四十分該六日，而得六者，得六日也，零者尚有三百四十八分。三百四十八日加六日，一歲通三百五十四日。此一歲，小歲猶云小月，所謂十二朔之一年也。之數也。十九年閏餘通得二百單六日，須置七閏月，所以每十九年或二十年必氣朔同日者一番也。芝峰曰：閏月二十年一周，如萬曆丁丑年有閏八月，至丙申又閏八月；庚辰閏四月，己亥又閏四月；癸未閏二月，壬寅又閏二月，大都如此。○如丁未年閏三月，後丙寅年又閏三月。然一歲只有三百五十四日，而經云『期三百有六旬有六日』，何也？此一歲，大歲猶云大月，所謂二十四氣之一歲也。之數也。蓋今年立春到明年立春，二十四氣全數，并有三百六十五日零二十五刻。二十五刻即四分日之一。即上文九百四十分日之二百三十五也。以二十五刻當一日，一日本百刻。舉全數而言，故曰『三百有六旬有六日』也。二氣爲一月，二氣爲一月，故二十四氣爲十二月。必有三十日零五時，三百九十一分三分分之二。二刻，十八分十分分之八。○『五時二刻』，元本誤作『二時五刻』。如此，方是大約近之矣。始交後月節氣。合二十四氣，十二月。該三百六十五日零二十五刻，此氣盈之溢數也。十二月有六小盡者，此朔虚之虧數也。一朔無三十日，全非朔虚而何？二氣，一月。必三十日添五時二刻，即四百十一分四分分之一也。○二氣之月，爲三十日四十三刻四分刻之三。一刻日行三度六百一十三分百分分之三十五。非氣盈而何？節氣之有餘，與小盡之不足，二者并行而不相悖，因此有餘不足而置閏於其間，三者參合而交相成。玆其爲萬世不能易之妙法歟？

金氏曰：氣盈而不置閏，則晦朔弦望差。朔虚而不置閏，則春夏秋冬差。氣盈而失閏，則立春爲正月一日，驚蟄爲二月一日，隨節氣而爲月，纍纍皆然。當朔不朔，當晦不晦，安得合初一、十五、初八、二十三之晦朔弦望乎？朔虚而失閏，則只以三個月爲春，三個月爲夏，又兩個三月爲秋、爲冬，隨十二月而爲一歲，纍纍皆然。而春非春、秋非秋、夏不熱、冬不寒矣。經三十三個月，即上云三十二朔七分朔之四，而并一閏朔爲三十三朔七分朔之四也。則氣盈、朔虚之數，即及一月，便合置閏。前閏距後閏，亦三十三個月。數内大月多，則過數而閏，三十四個月者有之。大月小則不及數，亦閏三十二個月者有之。閏所以消其盈氣。而息其虚朔。也。大略經三十三個月，則消息停當，氣節差移，自然月内無中氣而爲閏焉。

黄氏瑞節曰：曆家以一日爲九百四十分，所謂《蔡傳》説也。九百四十分日之二百三十五者，是一日内二百三十五分也。所謂餘分之積五千九百八十八者，一會餘四百九十九，十二會乘之，得五千九百八十八也。所謂如日法九百四十而一者，如算日之法，以九百四十分爲一日也。得六者，得六日也。不盡三百四十八者，將餘分五千九百八十八除之，六日外猶餘三百四十八分也。日行積三百六十五日九百四十分日之二百三十五，與天會，是一歲三百六十日，而日行多五日又二百三十五分也。月行積三百五十四日九百四十分日之三百四十八，爲十二會，是一歲三百六十日，而月行少五日又五百九十二分也。將日行所多五日又二百三十五分，合月行所少五日又五百九十二分，通得十日又八百二十七分，月行所少，亦日之所行，故月不及行而日獨行之數，爲十日八百二十七分，是爲閏也。一歲之閏率也。三歲一閏，合三歲之間日行所多、月行所少，通得三十二日又六百單一分也。五歲再閏，合五歲之間日行所多、月行所少，通得五十四日又三百七十五分也。十九歲七閏，合十九歲日行所多、月行所少，通得整日一百九十。每歲餘分八百二十七，以十九乘生數也。之，得一萬五千七百一十三。以日法九百四十分而一除消數也。之，每以九百四十分而除之爲一日。得十六日，猶餘六百七十三分，并一百九十日，通二百單六日又六百七十三分也。今爲七閏月，每月二十九日，通二百單三日。每月餘分四百九十九分，以七乘之，得三千四百九十三。以日法九百四十分而一除之，上同。得三日，猶餘六百七十三分，并二百單三日，通二百單六日又六百七十三分也。所謂氣朔分齊者，十九年合氣盈、朔虛，得二百單六日，不盡六百七十三分。七閏月亦二百單六日，不盡六百七十三分。氣之分與朔之分，至十九年而皆齊。此所謂氣朔分齊而爲一章也。

玉齋胡氏曰：愚謂天體圓如彈丸，半覆地上，半在地下，以二十八宿分周天之度，共爲三百六十五度四分度之一。朱子云『天無體，只二十八宿便是體』是也。四分度之一者，天行每一度計九百四十分，分爲四分則計四個二百三十五分，而得其四分之一也。天行過一度者，天行健，一日一夜周天三百六十五度四分度之一，而又過一度也。朱子云：『日月皆從角起，陽村權近曰：『角者，二十八宿之首，故朱子姑借此說使學者易知耳，非其定論也。』日則一日運一周，依舊只到那彼也。角上。天則周了又過角些子，日日累將去，語辭。到一年便與日會。』所謂日之二百三十五者，在天爲度，在歲爲日，天有三百六十五度四分度之一，歲亦有三百六十五日四分日之一也。天一度有九百四十分，歲一日亦有九百四十分，均以四分分之，每分計二百三十五分，是天與日所行之餘分也。所謂二百三十五者，即四分度之一耳。日與天會者，一期內二十四氣，必有三百六十六日，雖遇置閏年亦同，如自今年冬至至來年冬至前一日，必三百六十六日也。三百六十六日，舉大數言之也。日與天在來年冬至三百六十六日上會而成一歲也。十九分度之七者，以十九分一度至八秒，又有八秒乘之。以九百四十分分爲十九分，每分計四十九分四釐七毫三忽『三忽』二字，元本誤落，今補入。六絲八秒零四二一空五二六三一五一八九四七三六八四二一空十九；分內中取七分，總爲三百四十六分三釐一毫五忽七絲六秒『六秒』當作『八秒』。零九四七三六八四二一空五二六三一五七八九四七。此月行一日不及天與日常度之餘分也。如是，則月行一日，不及日十二度三百四十六分半。月一日只行三百五十二度八百二十八分半，分下奇零未滿半分，特大約就近而謂之半耳。每月積至二十九日四百九十九分上，其不及日者，三百六十五度二百三十五分。則日所進過之度，恰適當也。周得本數，而月所不及之度亦退盡本數，恰恰與日會而成一月。合十二個二十九日，計全日三百四十八；十二個四百九十九分，積五千九百八十八。以日法九百四十分除之，得六日零三百四十八。通計三百五十四日三百四十八分，此一歲月行之常數也。月與日會處，係於每月二十九日四百九十九分上會。如正月斗柄指寅，寅與亥合，日月則會於亥，其辰爲娵訾；二月斗柄指卯，卯與戌合，日月則會於戌，其辰爲降婁。積十二會，皆於斗柄所指之宫，合宫上會也。日月右行於天，自丑（星紀）而子（玄枵），自子而亥（娵訾）。以下同。○斗柄左旋於地，自子而丑，十一月指子，十二月指丑，自丑而寅正月。以下同。○如十一月斗建子，日月會于丑之星紀；十二月斗建丑，日月會于子之玄枵；正月斗建寅，日月會于亥之娵訾。三百六十爲一歲之常數者，以五行之氣言之，各旺七十二日，則五其七十二爲三百六十，所謂一歲之常數也。氣則二十四氣，自今年冬至至來年冬至前一日，計三百六十五日二百三十五分，是於三百六十日外，多五日二百三十五分者，爲氣盈。朔者，十二月朔，自今年十一月初一至來年十一月初一前一日，計三百五十四日三百四十八分，是於三百六十日内，少五日五百九十二分者，爲朔虚。合氣盈、朔虚而閏生者，一歲閏，積氣朔之數，計十日八百二十七分；三歲一閏，積氣朔之數，三個十日八百二十七分，計三十二日六百單一分；五歲再閏，積氣朔之數，五個十日八百二十七分，計五十四日二百七十五分。但五歲内無再閏，而《易・繫》乃有『五歲再閏』之文者，蓋以氣盈六日、朔虚六日，而再閏在五歲内者，舉成數也。氣盈五日二百三十五分，朔虚五日五百九十二分。而再閏在六歲内者，舉本數也。十九歲七閏爲一章者，蓋九爲天數之終，十爲地數之終，十九歲而天地之數俱終，故當七閏也。自一歲餘十日八百二十七分，積十九年得全日一百九十日零分，積一萬五千七百一十三分。以日法九百四十分除之，計成日一十六日零六百七十三分。通前所得，全日總計二百單六日零六百七十三分。將此數於十九年内分作七個閏月，計三七二百一十日，内少三日二百六十七分。七閏月之中，合除此三日二百六十七分，均作三個月小盡。朱子曰：『閏月必小盡。』○大盡、小盡，通稱晦也。○《太乙全書》曰：『每歲閏日以月法除之，恰計大月日數，欠者其小盡也。』○七個三十日爲二百一十日，七閏大月之數。○按二十九日即大餘也，四百九十九分即小餘也。每月大餘、小餘相加，大餘六十，除小餘盈九百四十，除小餘四百四十一分以上月大、以下月小。此仿《三統》。正恰好，故氣朔分齊定。是冬至在十一月朔，是爲至、朔同日，而爲一章之歲也。嘗論之：日月皆麗乎天者也，日之行比天只不及一度，月之行乃不及日十二度，何哉？蓋天秉陽而在上，日爲陽之精，月爲陰之精也。造化之間，陽大陰小，陽饒陰乏，陽得兼陰，陰不得兼陽，此日行所以常過，月行所以常不及也。且一歲朔虚五日五百九十二分，則月之所不及行者矣；氣盈五日二百三十五分，亦月之所不及行者也。使日之運常有餘，月之運常不足，不置閏以齊之，積三年，春之一月入于夏，子之一月入于丑矣。又至於三失閏，則春季皆入於夏。十二失閏，子年皆入于丑矣，何以成造化之功哉？聖人作曆，必歸餘于閏，以補月行不及於日之數。則月之行也，始可與一歲日與天會之數相參爲一，至十九年而氣朔分齊，無毫髮之差矣。聖人財裁也。成輔相助也。之功，豈淺淺哉？或云：曆家之説則以爲日行遲，一日行一度，月行速，一日行十三度十九分度之七，何也？曰：陳安卿嘗問『天道左旋，自東而西，日月右行，則如何』，朱子曰云云。見上。愚謂欲知日速月遲，其迹有易見者。且日月會於晦朔之間，初一日晚最好看起，日纔西墜，微茫之月亦隨之而墜矣。至初二便相隔微闊，初三生明。以後相去漸遠，一日遠似於也。一日。直至十五，日月對望，則是日行速進，而遠至半天，月行遲退，而不及亦遠半天矣。自十六至月晦，日行全遠盡一天，月行全不及亦盡一天，即所謂日進盡本數，月退盡本數，而復相會也。○以氣言，則有三百六十六日。以朔言，則有三百五十四日。今云三百六十者，《易·繫辭》文。比之氣盈，則少六日，不得謂之盈；比之朔虚，則多六日，不得謂之虚。是蓋於氣朔盈虚之間，指其數之中者爲言也。

董氏鼎曰：即鄱陽董氏，此説亦見《詩·十月之交》小注。日月麗乎天，宜皆隨天而行也。而曰天左旋、日月五星右轉，何哉？大要，天最健而行速，日月五星不相及耳。然二十八宿亦星也，何以與天并行，而日月五星獨不能并行也？朱子曰：『天無體，二十八宿便是體。』二十八宿之行，即天行也。是以謂之經星，猶機絲之有經，一定而不動。而日月五星緯乎其中，所以分晝夜而列四時，無非順天而成造化也。故自地面而觀其運行，則皆東升西没，繞地而左旋。自天度而考其次舍，則日月五星獨以漸而東，爲逆天而右轉。蓋由其行不及天，而次舍日以退。然舍雖退而行未嘗不進也，退雖逆而進未嘗不順也。於天雖逆而右轉，於地則未嘗不順而左旋也。朱子引横渠曰：『天左旋，處其中者順之，故日月星辰亦左旋。』此洞見天道之流行，就疑『於』。地面而順觀之也。《論語或問》曰：『經星隨天左旋，日月五緯右轉。』《詩・十月之交》傳曰：『周天三百六十五度四分度之一左旋於地，一晝一夜，則其行一周而又過一度。日月皆右行於天，一晝一夜，則日行一度，月行十三度十九分度之七。』此步占日月之躔次於天度而逆取之也。儒家論天度，則皆順而左旋。曆家考天度，則日月五星逆而右轉。自天度考之，則雖成右轉，而自地面觀之，仍是左旋。明於天於地之説，則知左旋右轉雖异而實同矣。利瑪竇以一度爲六十分，准地面二百五十里，一期之日即周天全度之數，積三十四萬三千三百三十五分。又按：《論語或問》乃朱子未定之書，而《語録》中又謂日月左旋之説，恐人不曉，故《詩傳》中只載舊説，則《蔡傳》亦無可疑。

臨川吴氏曰：歲自冬至至來歲冬至，凡三百六十五日四分日之一日，行天一周也。以分至，春分陽中，秋分陰中，日夜平均，故曰分。冬至陰極，夏至陽極，長短極至，故曰至。啓閉，立春、立夏曰啓，立秋、立冬曰閉。定歲之四時。月自合朔至來月合朔，凡二十九日六辰有奇，月與日一會也。以晦朔弦望定月之大小。日自日出至來日日出，歷十二辰，日繞地一匝也，以晨昏出没定晝夜長短。星謂二十八宿，衆經星辰，謂天之壤。因日月所會，分經星之度爲十二次，觀象測候以驗天之體也。曆謂日月五緯所歷之度數，謂一二三四五六七八九十百千萬。七政行度，各有盈縮疾遲，立數推算，以步天之用也。是謂《洪範》四『五紀』：歲、月、月、星辰、曆數之紀〔一〕。紀，如綱之有紀，天時所以相維者也。

史氏曰：歷代之曆，惟《大衍》得其正。唐一行所作。蓋《大衍》之數，其用四十有九。《易》六十四卦，自乾順數之至於革，適當四十有九。夫湯之曆起於甲寅，周之曆起於丁巳，謂之革命，則一代之興，必有一代之曆。君子治曆，而取象於革，豈不以《大衍》之數爲或然耶？

按陳氏普曰：月行遲，常以二十七日一千空一十六分日之三百二十七而與天會，蓋月行一日退天十三度十九分度之七，通分納子得二百五十四，爲退天率，即《三統曆》之月周數也。退日十二度十九分度之七，通分納子得二百三十五，爲退日率，即《三統曆》之章月數也。今以退日率乘月法二萬七千七百五十九，爲六百五十二萬三千三百六十五，是曰周天衍數。而月行退天、退日二數，交會於此焉。以四分曆之日法九百四十乘月周，得二十三萬八千七百六十，爲每日所行之數，即日法衍數也。二十七日積六百四十四萬六千五百二十，又并二十七日之零七萬六千八百四十五，合成周天衍數。以十九乘度法九百四十除

〔一〕今按：『月、月』，當作『月、日』。

之，得三百六十五度四分度之一，即月行周天數也。乃以日法衍數寄位，又以退日率除，得一千空一十六，是爲一日分母。又以二十七日之零七萬六千八百四十五續寄位，以退日率除，得三百二十七，是爲分子也。此則約法也。蓋以周天衍數爲原算，而以退天率約之，則得二十七日一千空一十六分日之三百二十七，即月退天而相會者也。又以退日率約之，則得二十九日九百四十分日之四百九十九，即月退日而相會者也。其參差而相齊者，妙矣哉！凡周天度，以四爲母，月行度十九爲母，故相乘爲七十六，則同异融通而無所拘也。○依七十六歲一蔀之法考之，則以七十六除九百四十，正得一十二個七十六分個之二十八，是即十二度十九分度之七之數也。故九百四十而加七十六，則得一千空一十六也。○四百九十九分即八十一分日之四十三也。以九百四十分分作八十一個，每個各十一分八十一分分之四十九，四十三個積四百九十九分也。○以周天全數之日分作二百三十五個，每個各一日五百二十一分，其七個爲一歲之閏（十九個爲月法）。

十九歲，日十九周天，月二百五十四周天，其與日會者二百三十五。

二十七日一千空一十六分日之三百二十七，月一周天。二十九日九百四十分日之四百九十九，月與日一會。則其周天者一，而又行二十九度九百四十分度之四百九十九。

凡一歲三百六十五日四分日之一，是爲一期，而日一周天。一周天三百六十五度四分度之一。

日一周天，則月十三周天又十九分周天之七。周天者十三，而其餘，則又當一周天均分十九之七。

蓋以一周天三百六十五度四分度之一均分爲十九個，每一個各得一十九度七十六分度之一十七，故其七個則爲一百三十四度七十六分度之四十三，是則十三周天之餘數也。日一周天則月與日十二會，又十九分周天之七。

凡十九歲爲一章，而氣朔分齊，積二百三十五月也。由是四之，則七十六歲爲一蔀，而餘分整齊成日無零。積九百四十月，而二萬七千七百五十九日也。置二萬七千七百五十九日，以九百四十月分之，則每月得二十九日九百四十分日之四百九十九。此所以日法之爲九百四十，而月法之爲二萬七千七百五十九也。

期三百總解

按：欽天授時之法，在帝王政令，誠急務也。而《堯典》實昉焉。有數以爲曆，有器以爲象，有申命、分命而頒之、驗之，一曆象也。有乃命、咨命而始之、終之，亦一曆象也。乃其總括專在此章，而經文簡奧，先儒又互説頭尾，以初學若胤錫者，何遽不至於惑哉？爰據諸家折衷會通，名之曰《總解》以附之，庶便私覽云。

周天三百六十五度四分度之一，一度九百四十分。四分度之一爲二百三十五分。

歲法，三百六十五日四分日之一，一日九百四十分，即一期也。天有一十二次。○次法，三十空度一十六分度之七。一十六分度之一爲五十八分四分分之三。

歲有一十二中。○中法，三十空日一十六分日之七。上同。○一十二中曰歲，一十二朔曰年。此對而言，若互用則不拘也。

年法，三百五十四日三百四十八分，有一十二月。

朔法，二十九日四百九十九分。

以歲法作二百三十五個分之，一個各一日五百二十一分。一十九個爲朔法，七個爲歲閏日，二百二十八個爲年法。一歲三百六十五日四分日之一，通内得一千四百六十一分。

日法内一分。

天行三百六十五分四分分之一，又過一分。

日行三百六十五分四分分之一，退天一分。

月行三百五十二分一十九分分之一十六奇四之三，退日一十二分一十九分分之七。

〇退天一十三分十九分分之七，一日退天一十三度十九分度之七。一十九分度之一，爲四十九分十九分分之九。而此數無用於交會之法矣。《太乙全書》曰：『月法二十九日五十三分六秒。』蓋此日法則百分也。

九百四十分。日法。

天行三百六十五度四分度之一，又過一度。一周外又一度也。

日行三百六十五度四分度之一，退天一度。一周而已。

月行三百五十二度八百二十八分一十九分分之一十三，退日十二度三百四十六分十九分分之六。

天體渾圓，本無端倪，其周則有三百六十五度四分度之一，其行則每日自東而西繞地一周而又過一度。用儀器准漏刻測中星，則其行之至健而度之有常固也。日之行少遲於天，亦東出西没，繞地左旋，適得一周而退於夫一度。奚以知其然也？觀其東出西没之行，實終古一定不變，而只被天之日進一度，故日之本行雖則無餘無欠，而其所躔宿度，自不獲及於初日所躔之度，而遂成乎其退，積三百六十五日四分日之一，而與天會成一期之歲矣。月之行尤更遲於日，亦東出西，没繞地左旋，而惟其行太遲，故一日未能一周，積一朔始與日會，而其所退之數，恰成周天之全數。於其相會之際，日必在天前，而天從後逐來，以會於日也；月必在日前，而日從後逐來，以會於月也。此其故何哉？蓋天行健於日，日行速於月，則以勢論之，天自當常在日前，而日亦當常在月前矣。前者，地上之西，地下之東；後者，地上之東，地下之西。然日之行恒不變，於最初一周之本數，而比天自不得不爲退焉。天之行則日過一度，至一期則將盡一周之數，故日之距天之度，前面則漸而遠，而後面則漸而邇。及至一期之盡，則日之所躔自成反在於天前，而天則從日後逐來以會也。月之於日也亦然。若夫日，每日必一周天，而以考乎天象，則乃只在於相距不遠之處，何也？日行時，天亦行也。如今日日在斗初，周天而至，明日在斗二度、二度，與初度相距不遠。蓋日行天亦行，故然也，非日在斗初留而不去，至明日乃入二度也。苟能灼見天日月星進退遲速之妙，則此等處皆將迎刃而解矣。此以一日内言之耳。若至積久，則不然。月之於日也亦然。請試得而細考之。

日行三百六十五日，僅三百六十五周，而天已三百六十五周又過三百六十五度，將周盡四分度之一而來，其爲日方四分日之一。是時日未及盡周，方在天前二百三十五分，而行差遲，故僅行九十一度二百九十三分四分分之三。而天行健，故疾行九十一度五百二十八分四分分之三，日退二百三十五分。遂得逐日來會而又過之。於是日遂恰退天三百六十五度四分度之一，而成一期之歲也。月行二十九日，僅二十八周，退於日三百五十八度六百四十三分一十九分分之三。而日已二十九周，其數之内過月之數爲三百五十八度六百四十三分一十九分分之三而來，其爲日方四百九十九分。是時月未及盡周，方在日前六度五百三十一分一十九分分之一十六，而行太遲，故僅行一百八十七度三百零七分一十九分分之一十七奇四之一。而日行疾，故速行一百九十三度八百三十九分四分分之三，月退六度五百三十一分一十九分分之一十六。遂得逐月來會而又過之。於是月遂恰退日三百六十五度四分度之一，而成一朔也。大抵此皆以左旋之説推而得之，故其説雖若支繁，而於其中自有粲然而不可紊者。若以曆家右旋之説而言之，則雖似徑捷，而其實則大不然。蓋日之行只以東西出没、晝夜升降觀之，則其爲左旋而不爲行一度者明矣。又如月之行，尤有易徵者焉。初二、三間，月始見於西，其後逐漸退於東，則可見其行遲於日。而曆家所謂月行一十三度有奇者，是乃以背而爲面也。朱子所以深闢之者，豈無以哉？雖然曆家之流亦非不知左旋之爲正而乃以爲右旋者，特逆取於天日月遲速進退之度耳。蓋天日月星四者，俱是圓動之物，故天行之時，三者亦行，以地面方位准之，則真所謂一息萬里奔者。而以天度考之，則乃在於不遠之處。是豈非應然之勢耶？彼所謂日行一度月行一十三度者，只計其所差之躔度而已。然其畢竟相會之際，則左旋右旋，殊塗而同歸矣。若以日法九百四十分准度法，而一周天之度分准一期歲之日分，因以一日日一周天，故將日法當周天，則夫日月進退之數，亦不外是。是以日行一日爲九百四十分，而其不及天者，二分二萬七千七百五十九分分之一萬五千九百二十二，至一歲則退九百四十分矣。月行一日爲九百零八分二萬七千七百五十九分分之四千六百八十八，而其不及日者，三十一分二萬七千七百五十九分分之二萬三千空七十一，至一朔則退九百四十分矣。其理與以度計者一也。日行三十日爲二萬八千二百分，月行一朔爲二萬七千七百五十九分。其以十二與三十相乘，爲三百六十日，則一歲之常數在盈縮之中界者。而日與天會，多五日二百三十五分，此日行之溢也。二十四氣各一十五日，餘分之積也。以十二乘一朔，爲三百五十四日三百四十八分，較常數小五日五百九十二分，此月行之縮也。十二朔各二十九日四百九十九分，以減三十日，得四百四十一分之積也。日之溢爲氣盈，月之縮爲朔虛。盈虛之分共一十日八百二十七分，此皆月行十二朔不及日行一歲之餘分，故積以爲閏，以補月之所縮。積三十二朔半强，則次朔節氣進在是朔之半，而前朔之終正得其朔之中氣，次朔之初正得其朔之中氣。而二中氣之間，便足一朔之數。故以次朔節氣所在之朔，應爲閏月者。定置閏月，每三歲或二歲一閏，至十九歲，餘二百零六日六百七十三分。以月法除之，得七閏月，而盈虚不齊之分，恰恰均齊，是爲一章，而子月朔朝時刻交冬至。由是積四章爲一蔀，亦曰府，亦曰篇，七十六歲。日下始無餘分，而子月朔朝晨前夜半子時正初刻交冬至。又積二十蔀爲一紀，八十章，一千五百二十歲。六十日甲子始周，而甲子月甲子朔朝晨前夜半甲子時正初刻交冬至。又積三紀爲一元，六十蔀，二百四十章，四千五百六十歲。則上元第一紀首六十歲亦周，而甲子月甲子朔朝晨前夜半甲子時正初刻起冬至，則日月如合璧，五星如連珠。此乃《顓頊殷》及西漢武帝元封七年改太初元年以前所用四分法，而《史記・曆書》、《漢書・曆志》可考也。惟上元起甲子歲創自西晋武帝時侍中劉智所推《四分曆》，而先是未有耳。其在堯時，雖未必用四分，而上距顓頊未遠，因而用之，亦或然者。而財成天運輔相人事大法大略，宜亦不過如此。況古今諸曆可考于史籍者，此其最首，而孔氏《正義》又《蔡傳》所本乎？

附録

洪範九疇天人合一圖上

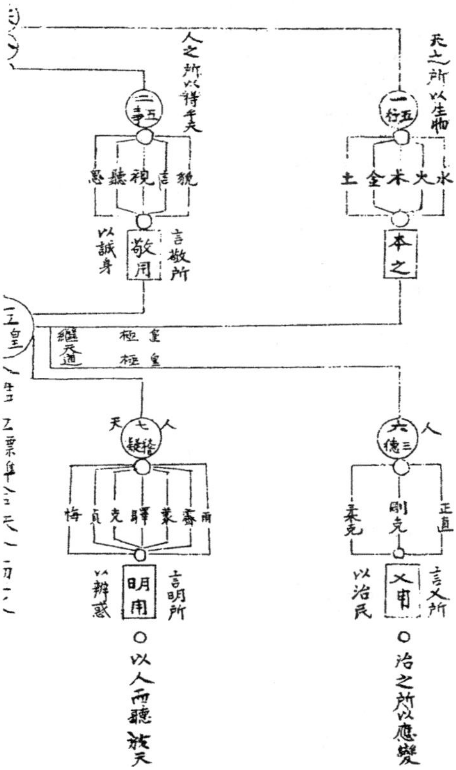

洪範九疇天人合一圖下

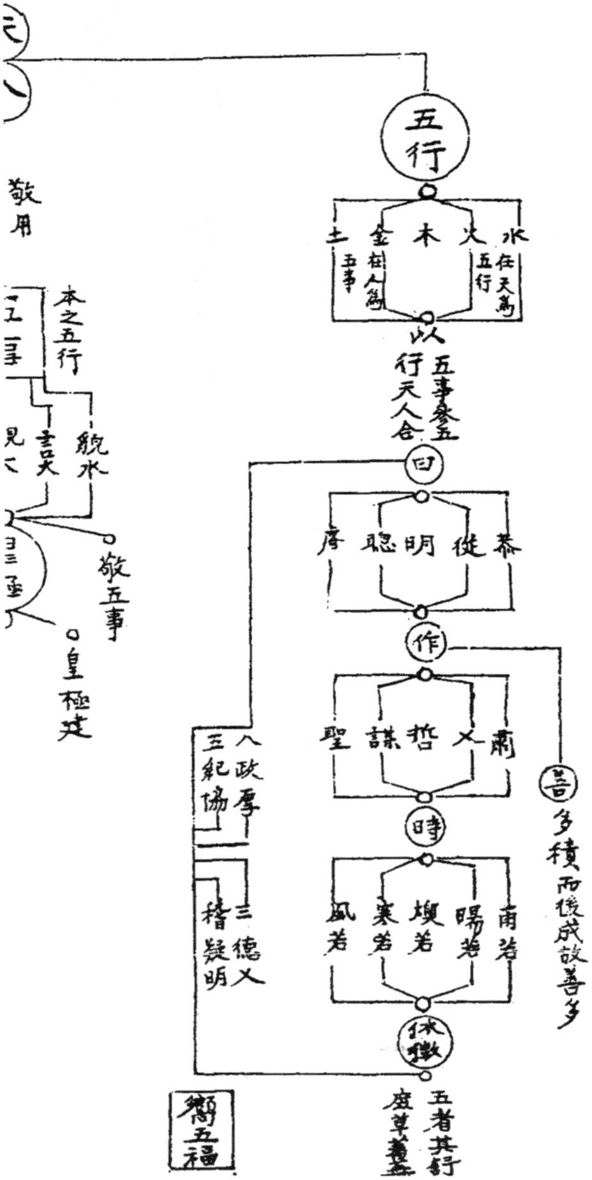
五行
土
金
木
火
水
五事
在人爲
五行
在天爲
以五事參五行天人合
曰
厚
聰
明
從
恭
作
聖
謀
哲
乂
肅
時
風若
寒若
燠若
暘若
雨若
休徵
五者來備各以其敘庶草蕃廡
善
多積而後成故善多
八政厚
三紀協
三德乂
稽疑明
嚮用五福
敬用
本之五行
敬五事
皇極建

無逸之圖

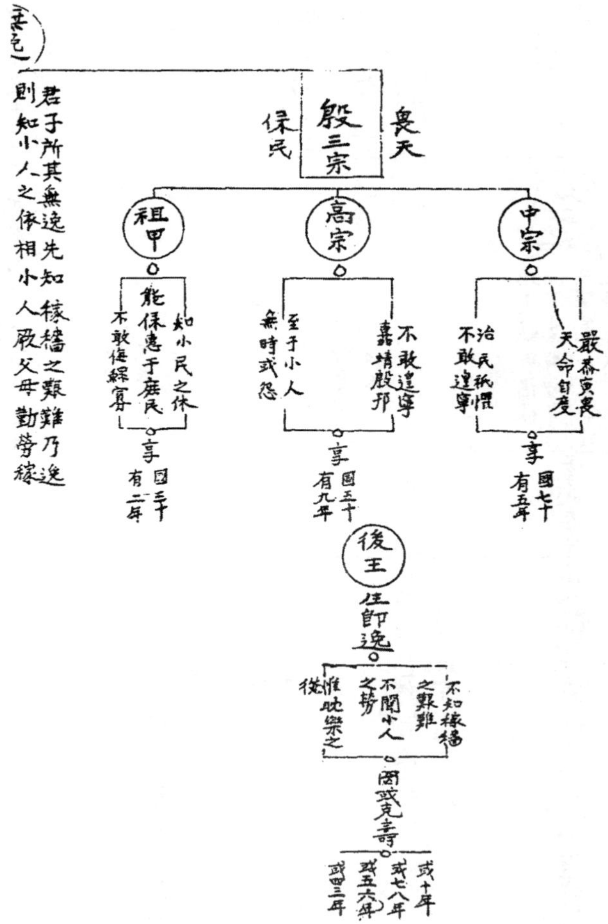

殷三宗
畏天
保民
君子所其無逸先知稼穡之艱難乃逸
則知小人之依相小人厥父母勤勞稼
中宗
嚴恭寅畏
天命自度
治民祇懼
享國七十有五年
高宗
嘉靖殷邦
至于小人
無時或怨
享國五十有九年
祖甲
知小民之依
能保惠于庶民
不敢侮鰥寡
享國三十有二年
後王
生則逸
不知稼穡之艱難
不聞小人之勞
惟耽樂之從
或十年
或七八年
或五六年
或四三年

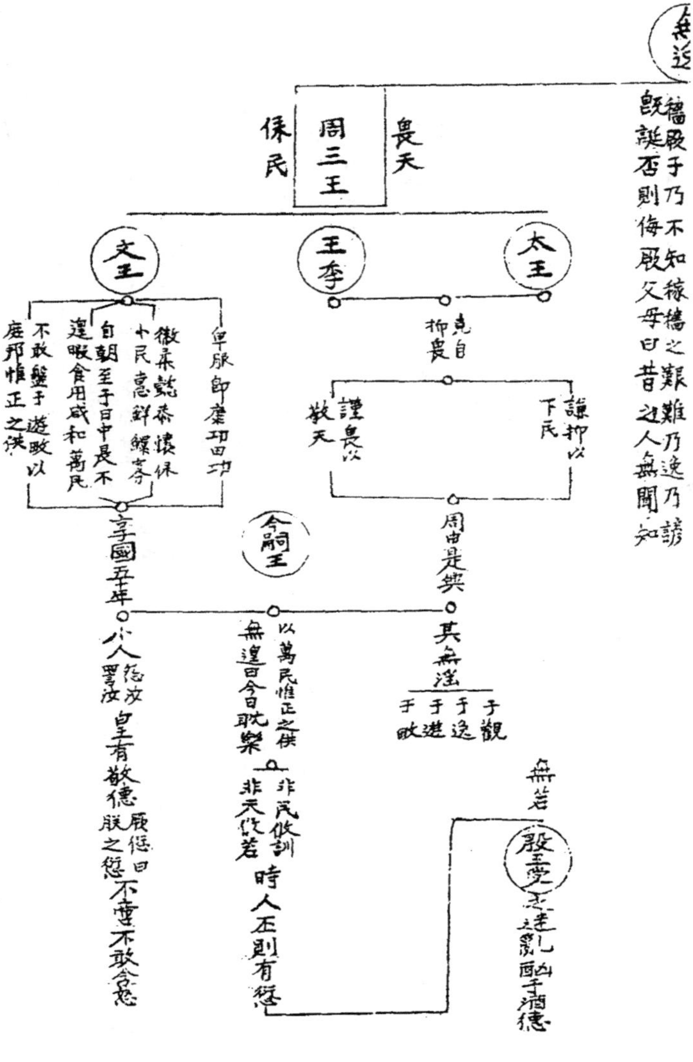
無逸
穡厥子乃不知稼穡之艱難乃逸乃諺
旣誕否則侮厥父母曰昔之人無聞知
周三王
畏天
保民
太王
王季
文王
克自抑畏
謙抑以下民
謹畏以敬天
周由是興
卑服即康功田功
徽柔懿恭懷保小民惠鮮鰥寡
自朝至于日中昃不遑暇食用咸和萬民
不敢盤于遊畋以庶邦惟正之供
享國五十年
今嗣王
其無淫
于觀
于逸
于遊
于田
以萬民惟正之供
無皇曰今日耽樂
乃非民攸訓非天攸若
時人丕則有愆
小人怨汝詈汝
皇自敬德
厥愆曰朕之愆
不啻不敢含怒
無若
殷王受
迷亂酗于酒德

《尚書》學文獻集成・朝鮮卷　第三十四册

堯典説・禹貢説

魏伯珪　著
單殿元　整理

提要

《堯典説》、《禹貢説》，作者魏伯珪（一七二七——一七九八），字子華，號存齋，長興人，是屏溪尹鳳九的門生，晚年以其學問修爲，被舉薦擔任玉果縣監。其著作涉及天文、地理、卜筮等多方面内容。此兩篇收録於《存齋集》卷之十一。作者采用講章體，對於《堯典》篇和《禹貢》篇所包含的意義，逐句依次給以詳細的解釋説明。其所解説詞義、句意，頗有可采之處。如説《堯典》篇『以孝烝烝』：『火之蒸物，熟氣自下漸上，故「烝烝」爲漸意。以子而化父母，蓋如火氣蒸物也。』既與『烝』字本義相符，比喻也形象生動。對於篇中遣詞造句之規律，亦有所揭示。如説《禹貢》篇『荆、岐既旅，終南、惇物，至于鳥鼠』三句：『終南至鳥鼠，蒙上「旅」字也。』説法與《孔疏》一致。《禹貢》篇有『橘柚錫貢』和『錫貢磬錯』等句，『錫貢』所處的語法位置不同。對於這一現象，作者解釋説：『篇中有三「錫」字。揚州之橘柚，便是常貢，而非一貢便已。每乎祭祀燕饗，則錫命而貢之，一歲之中不止一二。荆州之大龜，非年貢，得則貢，不得則不貢。但國之元龜，爲物至重，故以自下錫上爲辭，隱然有靈瑞之意。預州之磬錯，比橘柚爲稀，比大龜爲頻數，故橘柚則「錫貢」字在下，磬錯則「錫貢」字在上，此作文之妙也。』或許有的讀者不贊同這樣解釋，但作者能夠發現异同，并予以辨析，也屬難能可貴。《堯典説》偶用今諺解釋古語，亦頗有趣。如釋『黎民於變時雍』句：『其曰「黎民」者，若今之諺「頭向天」之謂也。猶曰無論燕越戎夷，苟頭戴黑者皆化也。到此，則德盛業大，欲贊其美，諺所謂「一口難説」，不得不下「於」字。這「於」字，若鄙人卒觀極美之事，不暇有言，但稱曰「嘘」也。』以口語中表示感嘆的『嘘』字來類比經文中的『於』字，也體現了作者用語平易的風格。《禹貢説》後面所附《禹貢圖》，作爲《寰瀛志叙圖》裏的一張圖表，簡潔地整理和記録了《禹貢》篇中出現的有關九州的土地等級、土質、貢物、位置等内容。

《堯典》説

曰若，發語辭。是爲《書》之，初頭上無所襲，故必以虚字發之，如呼人者，欲疾聲長呼，則必先引虚聲而皋之也。史作於帝殂之後，故又必曰『稽古』。放，至也；勛，功也。然不直曰『至功』，而必曰『放勛』。『放』之爲言推致而至其極之義也，至之至也；『勛』之爲言成功而極其大之義也，功之有成效者也。主於心而爲敬，主於事而爲慎，主其敬事而爲謹，主於接人而爲恭。欽者，統敬慎謹恭，合内外包大小之名也。欽敬則純乎天理，而無一毫人私，故心虚而明生，明則照外而爲文。既文明矣，而非如佛氏之空寂，則必有思。思而勉强，則非天德，故安安，是天道不已而成變化之妙也。恭非聲音笑貌，故曰『允恭』；讓非退揖辭遜，故曰『克讓』。德之體本明，而人人之所同具也。然而惟賢者明之，進一等者克明之，惟上聖能明之，而致其峻。克者，能而有用功之意。德之峻，則所謂盡心知性知命也，非吾性分上加一毫也，此則人與堯舜同者也。德既克明，則在己者盡矣。推己而親親，則有些過接，有些工夫，故特着『以』字，曰『以親』。九族既睦，則行於家者盡矣。國與天下，舉此措之而已，故特着『既』字，曰『既睦』。既者，前端了畢，將繼起後端之事也。睦者，親之效也。以齊家之道，施於百姓，則只是平章而已。平，平之也，皇極『蕩蕩』、『平平』之義也。章，明之也，明之有效爲章。昭明，昭而又明也。『昭』字各屬百姓之身，一『明』字盡之乎百姓也。國既治矣，天下亦一體也，故更無別字，但曰『協和萬邦』。會極缺。同用，是德便自協和。『協』字，屬帝；『和』字，屬萬邦。其曰『黎民』者，若今之諺『頭向天』之謂也。猶曰無論燕越戎夷，苟頭戴黑者皆化也。到此，則德盛業大，欲贊其美，諺所謂『一口難説』，不得不下『於』字。這『於』字，若鄙人卒觀極美之事，不暇有言，但稱曰『嘘』也。心悦意欣，體感神駭，口張氣吐，頭仰目盱，而發『於』聲者也。《詩經》諸『於』字，皆此意。既『於』然後方稱『變時雍』，便是杜詩所謂『驚定乃始哭』之義也。這『變』字，即《易》『品物流形』之『流』字也；『時』字，即《孟子》所謂『使自得之』也，《論語》所謂『動之斯行』之『斯』字也，《大學》所謂『興仁興讓』之『興』字也，大禹所謂『丕應』也；『雍』字，即《中庸》所謂『篤恭天下，平之氣象』也。

到此，則人事畢矣，方始若天，故以『乃』字繼之。若，順也。若曰『欽順昊天』，則只是『順』字，更没意味，必用『若』字，然後包敬謹循理無違之義。《書》中『若』字皆此意。主廣大而言曰昊。昊天者，若曰如彼廣大難測之天道，我則若之也。《書》以記之爲曆，物以象之爲象，既曆而又象，體欽而無差也。『敬授』之『敬』字，有殷勤謹慎之義，便包愛民若保之意。『授』字，有丁寧指教之意。長養收藏之時，是人之大用，故曰『人時』。宅，有居而不遷之義。嵎夷，極海之濱。中國接東海，故東表在極海濱。陽，與『陽』同，而從『日』者，主日而言。谷，主日出而言，故稱谷。谷，物出入之地。當言『平秩春作』，而曰『東作』者，兼羲仲之職而言也。殷，盛也，凡物中爲盛，故《春秋》皆言『殷』。『析』字，包自然意，即不識不知順帝則之影像也。『申』字，既命仲而又不已之意也。當時唐虞之地，南不盡于交趾，而不如嵎夷之濱東海，故特着『南』字而標舉『交』字。日所過而但取平廣意，故曰『都』。訛，化也。若直言『南化』，則意止於『化』一字。變言『訛』，則包無所不化之義。夏至，則識日北至之影而屬陽事，故必言『敬致』。冬則屬陰事，故不言『日』。夏仲，大火加於南方，則亦爲陽旺之運。虛星加於卯方，則是火旺而木虛之理也。朱鳥加於酉方，則有收歸之漸。畢星加於北方，則爲務畢閉藏之義。到此，陽極陰生。若言『極』，則物極而衰，故只曰『正』，而言其壯。希革，火變物之象也。毛羽脱，則與人服單衣理同。唐虞之地，西不盡西域，故只言『西』。『昧谷』之『谷』，亦物所入也。『西成』之『西』，與『東』、『南』、『朔』義同。仲秋，虛星加午方，萬物極盛，火氣暢於外，其中皆虛也。毛毨，物之自成也。變化言『朔』，扶陽之義也。『在』字，時無作爲，而但鑒察其成功而已也。『易』字，即『朔』字意也。昴星加午方，是成實者再生之理也。昴是西方之宿，而主成實也。氄毛，人服繒裘之義也。將統命則典憲昭揭，精彩彯灑，特以『帝曰』起頭，而『咨汝』以警動之也。『以閏月』之『以』字，甚占義諦有萬斤之重焉。自今年正月至明年正月爲年，自今年立春至明年立春爲歲，年爲紀而歲爲功，用閏月然後歲與年不甚參差，而民功乃成也。熙，廣也，包『明』字意。凡《詩》、《書》『熙』字皆同，蓋廣故明，明故廣也。

以帝堯知人之明，中心固有所擬議。而不咨於衆而擅斷，則不可，故必咨於衆，然不專一臣。而必曰『疇咨』者，大公不偏之義也。不曰『國事』、『天下事』，而曰『若時』者，朕已倦勤，未得繼明之人，此何等時也。此『時』字，便是《孟子》所謂『以不得舜爲憂』之『憂』字也。丹朱之不直曰『朱』，而必加『胤子』者，其意若曰『若無子則已，朱既啓明，况是嗣子』云也。不肖，似不可以『嚚訟』二字盡之。人之存乎心者，好争發乎口者。不忠信，則其餘無足觀。雖小有才，只是小人之尤者也。萬古小人，都是『嚚訟』二字爲不善之根而已。既曰『吁』而斥其嚚訟，則已盡矣。而必申之以『可乎』二字，甚言不可矣。以對『胤子』二字，絶其亂源也。既咨若時，而廷臣不解其意。舉以胤朱，則又泛咨曰『若予采』，其意若曰：誰人可如我而事事者？采，事也。若曰『若事』，則『事』字甚單；變『事』爲『采』，則盡天下之事而事之也。既舍胤子，而又泛咨，故驩兜特稱『都』而對之。鳩，聚也。若直言『聚』，則只是聚而已。『鳩』字，黽勉勤力之義，便似拮据二字義。僝，見也。若直言『見』，則只是『見』字而已。『僝』字，便有勞心效績之義。静而能言，則才辯可以壓人。庸違，則猜拗之情，拂人自用者也。象恭，此正巧言令色者也，是自欺欺人之大惡也。蓋人之不善，莫大於此二字。上自四凶，下至南衮、沈貞，而都不外此六字。萬古帝王之惑於小人而亡其天下者，都爲此六字所誤也。帝堯當日之憂，莫大於洚水。若得若時之人，則治水之人次第可得。而一誤於胤朱，再違於共工，决不可泛咨而得之也。遂全咨四岳，先陳洪水之害。蕩蕩，概言水盛貌也。變『害』言『割』，則害之甚者也。蕩蕩，便是傍潰逆流之貌，下應『懷襄』二字。浩浩，便是波濤泛起高大之意，下應『滔天』二字。『其咨』二字，便見帝堯若患在身之意。僉曰『於！鯀哉』，鯀之言辯才藝，人皆歆服，不覺其爲小人，非帝堯不能卞也。帝曰『吁』一字，便有驚心駭聽咄嘆之意。『方命圮族』四字，萬古小人之傳神。許多小人，爲惡不同，其本則只是四字也。君子，則堯之『允恭』，舜之『與善』，湯之『好問』，文之『徽柔』，武之『弗泄』，周公之『吐握』，孔子之『某未能一』，皆方命圮族之反對也。蓋人之惡莫甚於方命圮族，苟有是性，妻子不可保，況治國乎？帝既明知其惡，則便當斥之，而以四岳之賢，猶有『試可』之言，則是國人猶不皆曰可殺也，故姑聽而命之。是堯之所以不圮族也，正是上文『疇咨』

之意也。雖其命之，而心則不信，故不曰『俞』，而但曰『往，欽哉』。

既不得於泛咨，故又全咨四岳，而歷舉倦勤之由，直示禪位之意。『否德忝帝位』五字，便是唐虞時世影像。非德不可御天下，帝位非一人之私也，蓋言有德然後可當作君師之任也。後世此義都亡，故只爲以天下奉一人，而亂逆接迹也。岳之言允愜帝意，而揚側之意爲急，故即曰『明明揚側』。史氏諦其意，而不更下『帝』字，直以『曰』字承起者，妙哉妙哉！帝心自有虞舜，而廷臣之心皆不出於在位者，故不得已而言曰：明者明之，固其所也，側陋者亦當揚之。廷臣非不聞虞舜之德，而不知帝心之果如何。及聞揚側之教，則不相期而衆口齊發，此所謂『師錫帝』也。『師錫帝』三字，非聖於文者不能道也。『有鰥』之『有』字，便有殷勤丁寧之意。『在下』二字，應上『側陋』二字。帝心元有此人，師錫者允合，則不覺曰『俞』之出於口，不覺『予聞』之吐其情。又復問之曰『如何』，這『如何』二字，便見蓂階光風，茅檐瑞日，八彩和氣，四海春意，七十年於變時雍，太虛浮雲。舉天下胥薦其人，三杯酬酢，堯舜至德氣象，心事風味，都在此『予聞如何』四字。『曰』字承上，師錫而萬口一談也。火之蒸物，熟氣自下漸上，故『烝烝』爲漸意。以子而化父母，蓋如火氣蒸物也。格，至也。謂『不格奸』者，言不甚至於奸也。格，極至也。予之素聞誠如此，不必更爲可否也，是以不復曰『俞』，以直曰『我其試哉』。師錫既如此，而又必試之者，便是《孟子》所謂『國人皆曰可，而又自察其可』也。治平之本在家，彼既諧其父母兄弟，則已可矣。然又復觀於造端處，然後可爲人倫之至也。『釐降』以下，至『曰欽哉』，讀者宜想像其氣象如何，意思如何，始得見活堯舜。且看詩人興體如何。『桃之夭夭，灼灼其華。之子于歸，宜其室家。』『何彼穠矣，常棣之華。曷不肅雝，王姬之車。』這數句，認得和風慶雲、四海春光氣象方得。

《禹貢》説

敷，分也。直曰『分土』，則只是畫野分州而已，『敷』字，包陳布羅列之意。有其害乃去，茫然風沙意思。凡用『既』字者，用功輕處也。這『既』字，有略略修治，非久畢事之意。『及』字，經過用功之意，亦用功之輕者也，便是戰伐時『略』字義也。治水之法，每疏其下流，而太原則平原廣野，亦必防其泛濫，故因鯀之堤而修之也。至者，亦用功輕者也。水患平地爲甚。覃懷，平地用功大，故曰『底績』〔一〕。底者，極其力致其成也。績者，幸其成而紀其效也。底績，難之之辭也。從，輕之之辭也。大陸平地而可作則，幸之辭也。冀州東北之民，浮于遼海，入于河，則碣石正夾在右腋也。

河水最爲患，而疏之爲九，則海邊平地，比之鑿開龍門，用功稍异，故着『既』字。疏平

〔一〕今按：『底績』的『底』，經典中當『致』講的『底』，皆應作『厎』。

陸之水，則深者自爲澤，而無別功，故但曰『既澤』。略，海濱地遠而只是略定而已，輕辭也。其道，小水自定之辭也。乂，平地治田之辭也。藝，崖坂種穀之辭也。東原亦平地，故曰『底』。漸苞，但言遂其性，而非如曩時之暢茂，爲蟲獸之藪也。『陽鳥攸居』，便是冷句，鼓作詠嘆，有無限意思。不曰『鴻雁』而曰『陽鳥』者，水患既去，風氣順行，彼鴻雁亦遂隨陽之性，便是《堯典》所謂『鳥獸孳尾』意思。萊夷則牧蓄，彭蠡則雁居，九州一例也。既敷，非如曩時之暢茂，而爲有用之物也。楊州東南〔一〕，海濱之民，浮江而下，沿海而上，以浮淮、泗也。

衡山之南，有七閩、百越，後世爲廣東、廣西等地，既爲闊遠，而姑不畫以爲徼，故但曰『衡陽』，是未盡之辭也，《傳》所謂『唐虞之地，南不盡衡山』者是也。水莫大於江、漢，而順流而入海。便是倔强諸侯，賓服于天子，則曰『朝宗』，亦幸辭也。九江，亦害人者而既平，則得地中行之正性，故曰『殷』，亦有幸意。曰『孔』，則言念曩時之害，今喜甚得其平也。雲藪土見，何等快活；夢邊耕作，何等喜幸。龜，非常貢，苟得大龜則上，不得則不上，故特以『納錫』二字別之。逾于洛，既到于河，則更無連溯，而津頭已是帝京，故至于南河。菏澤，

〔一〕今按：『楊州』，今作『揚州』。

非常流于孟潴者，而傍溢爲患，故但作堤丘而備之，使其勢漲則自被于孟潴也，故不言『入』字、『道』字、『從』字。磬錯，非常貢，而但值造磬時，則錫命於預州而貢之也。

梁州地高山多，水害最輕，故蔡、蒙記『旅平』，亦經辭也〔一〕。旅于高山，亦九州之通例也。和夷地平，故亦曰『底』。弱水之西域闊遠，不見弱水入海處，而但使西之而已，其末則在所略之也。漆沮既從，則比豐水而稍難。豐水攸同，比漆沮而爲易也。終南至鳥鼠，蒙上『旅』字也。原濕平原，故曰『底』。篇中有三『錫』字。楊州之橘柚，便是常貢，而非一貢便已。每乎祭祀燕饗，則錫命而貢之，一歲之中不止一二。荆州之大龜，非年貢，得則貢，不得則不貢。但國之元龜，爲物至重，故以自下錫上爲辭，隱然有靈瑞之意。預州之磬錯，比橘柚爲稀，比大龜爲頻數，故橘柚則『錫貢』字在下，磬錯則『錫貢』字在上，此作文之妙也。織皮，出於西戎，爲中國之用。而崑崙、析支、渠搜，雖貢織皮，不入於版籍。其地則雍州之外界，故記于雍州。田賦之外，而不書『貢』字。三邦既貢，則其外西戎不記名號者，皆『即叙』。以『西戎即叙』結之，是《益稷》篇外，薄四海之義也。且記陽鳥而九州之飛鳥可知也，記降丘而九州之民居可例也，記西戎而冀州之北狄、青州之東夷、荆州之南蠻皆可知

〔一〕今按：『經辭』，當爲『輕辭』。

也。『渠搜』下諺吐흘은，非妙解於文者不能預也。經傳諺解，不可泛看，皆如此。

導水自水源者，先舉所出之山；自其中流，先舉水而次舉山。彎曲而北勢重而東勢者，言『北東』；東勢重而北勢輕者，言『東北』。『祇台德先』兩句，八年胼胝之餘，便記無爲之意。《武成》篇末章、《平淮西碑頌》末句，皆自此出。

甸服三百里有『納』字，二百里無『納』字。將輸之事，五百里皆同，而獨言『秸服』，其必有意。而《蔡傳》不明言之，豈四百里、五百里粟米，以其道遠，故但致于三百里，而三百里之民納于京師耶？若如《注》説，則諺解當曰『秸乙納하고服하고』，而今曰『秸服乙納하고』，不成文理，未知其可也。冀州之南，歷預州、楊州、荆州，而後方爲夷方。自衡陽至平陽，里數不只爲二千五百里而已。冀州之北，直接北荒，若晝二千五百里，則都是漠磧耳。然則冀北但止甸服，亦已過塞外矣；冀南自預州南境，已爲要服矣。注疏有所云云，而皆未允，當時未可知也，讀者不以辭害意可也。

中國東海在域内，故先言『東漸于海』。漸者，親近浸漬之謂也。西方流沙之外，但襲德化餘韵，故曰『被』。而以上『西戎即叙』，觀之比朔南稍温藉，故曰『被』。朔與南則皆不毛之地，而風聲所暨，則薄于海而無外，故只以『暨』字統之，寓其不可限量之意。此文章下字之妙也。字意斟酌，即《堯典》『光四表，格上下』之義也。蓋四表則遠而無外，故言

『光』；上下則雖高厚而有限，故言『格』。『格』字，神祇咸若之義也。『光被』二字，便有越裳黄耇『海不揚波』之義。『錫玄』之『錫』字，便是歸功于上之『歸』字義，結兩句極有體統。退之《平淮西碑》，皆熟讀《禹貢》者也。

附録

《禹貢》圖（《寰瀛志叙》圖）

禹貢圖

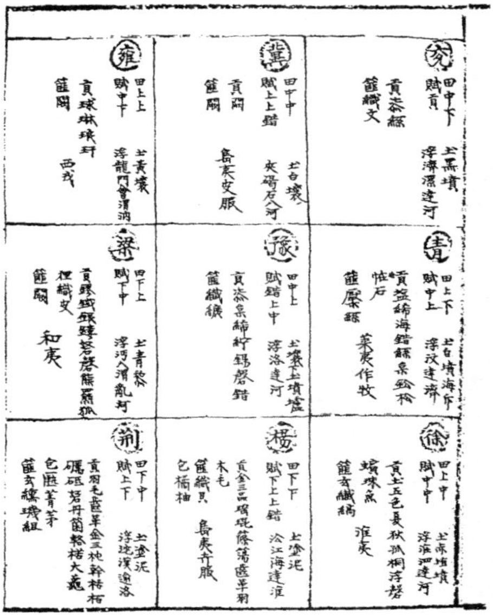

《尚書》學文獻集成·朝鮮卷 第三十四册

《洪範》傳

黄景源 著
郭愛濤 整理

提要

《洪範傳》，黃景源（一七〇九—一七八七）著，收入其文集《江漢集》卷十一，今據奎章閣藏本點校。景源，長水人，字大卿，號江漢遺老。李宰的門人，精通於禮學和古文，歷任大提學、禮曹判書。

《洪範傳》以自問自答形式闡明《洪範》九疇之義。其釋《洪範》卷首『十有三祀』爲商王十三年，以爲武王伐殷紂王前拜訪箕子而不從《蔡傳》武王伐殷紂王後拜訪箕子之説法。又由《洪範》爲禹效法《洛書》而作推論《洪範》爲古代帝王治天下的大法，故皇極之妙不在日月、星辰、歲時、歷數等，而在人主之一心。至於九疇之序，則以爲五行於人爲五事，而五事爲修身之本，由五事爲八政，由八政爲五紀，此爲人事合於天道；皇極爲盡性之至，由皇極爲三德，由三德爲稽疑，此爲盛德化民性；至誠通神明，由稽疑爲庶徵，由庶徵爲五福、六極，此爲休咎由於人，殃慶本於天。其説上掛下聯，頗有義理。

《洪範》傳

『惟十有三祀，王訪于箕子。』何也？其曰『十有三祀』者，商王之十有三祀也，非武王之十有三年也。商王之十有三祀，武王何以訪箕子也？蓋文王囚于羑里，至商王之十有三祀，自羑里釋歸岐陽，故武王訪于箕子亦在是年歟？《易》曰：『河出圖，洛出書，聖人則之。』始文王囚于羑里，繫《彖辭》而《河圖》明。及武王訪于箕子，得《洪範》而《洛書》行，此天也，非人力也。于斯時也，商未亡，由湯而下，至中宗、高宗之廟，崇牙不輟，玉豆楹鼓、大輅白馬陳於鹿臺而不移。則武王之所以訪箕子，與箕子之所以傳《洪範》者，於盛德豈不有光哉！曰商王之十有三祀非武王之十有三年，則孔子何以録之於《周書》而繫之於《武成》之下也？其所謂訪于箕子者，武王也，非商王也，故《洪範》繫於《周書》而不繫於《商書》也。《孔氏傳》曰：『箕子稱祀，不忘本也。』然武王既有天下，則箕子雖不忘本，必不以周十三年稱商之祀也。《詩》曰：『殷士膚敏，祼將于京。厥作祼將，常服黼冔。』黼冔者，不忘本也，與《洪範》十有三祀無以异也。然《清廟》祼將之禮，凡萬國助祭之士各以其服執豆籩，故殷之士有冔者而周之士有冕者，未嘗同也。若年也者，易商祀於天下也。正朔已改，則人人無不稱年，海内外未嘗不同也。武王踐阼十三年，箕子何爲而稱祀也？夫商俗以年爲祀，故周公因商之俗而稱之。《多方》所謂五祀是也。箕子稱祀亦然也。然《武成》曰：「一戎衣天下大定。』此武王十有三年也。箕子之義，其可以陳《洪範》於武王歟？蘇氏曰：『天以是道界之禹，傳至於我，不可使自我而絶。』非也。夫《洪範》自夏禹氏至箕子千有餘歲猶未絶也，是《洪範》五行之道流行於天地之間，亘萬世而常不絶也。箕子以亡國之臣，雖不陳焉亦可也。何論其道之絶與不絶邪？且《書》曰：『商其淪喪，我罔爲臣僕。』言商室雖淪且亡，我不能爲人臣僕也。箕子之志，誠不能爲人臣僕，則安能爲人傳道乎？由此觀之，商室既亡不爲武王陳洪範者可知矣。故《易》曰：『能正其志。』又曰：『箕子之貞明，不可息也。』此之謂歟？經既稱十有三祀，則是歲之爲商王受十有三祀者，固無疑也。而孔氏以武王克商之年爲之傳，至於稱祀求其説而不得，則遂謂之不忘本。何其謬也！故學者不信於經而信於傳，以私智穿鑿爲説，至于今箕子之志不章也！

『王乃言曰：「嗚呼！箕子，惟天陰騭下民，相協厥居。我不知其彝倫攸叙。」箕子乃言曰：「我聞在昔，鯀堙洪水，汩陳其五行。」帝乃震怒，不畀洪範九疇，彝倫攸斁。鯀則殛死，禹乃嗣興，天乃錫禹洪範九疇，彝倫攸叙。』何也？

《漢·西域傳》稱『河有兩源，一出葱嶺，即崑崙山上流也。一出于闐，入蒲昌海，潛行地中，出積石。』武帝時，齊人延年上書天子，請自崑崙導葱嶺所出之源注大漠，以防中國無窮之患。然潤下水之性也，顧安能激河之流逆鈎盤而上胡蘇哉？鯀之所以治水者，無异於延年之議也。《蔡氏傳》言逆水性，而不言水性之所以逆。然《書》曰：『方命圮族。』安有方命而不逆水性者乎？故九川皆失其道而四瀆無不潰亂，不獨崑崙逆河之性而已也。其曰汩陳五行者，水不潤下不可以生木之氣，故水之性不壞者未之有也；木不曲直不可以生火之氣，故木之性不壞者未之有也；火不炎上不可以生土之氣，故火之性不壞者未之有也；土不稼穡不可以生金之氣，故土之性不壞者未之有也；金不從革不可以生水之氣，故金之性不壞者未之有也。武王之所謂彝倫者，本之以五教之常而問之也。箕子之所謂彝倫者，演之以九疇之常而答之也。然問答皆以彝倫爲言者，抑又何哉？《泰誓》曰：『天有顯道，厥類惟彰。今商王受狎侮五常，荒怠不敬，自絶于天。』嗚呼！武王之問箕子者，與《泰誓》無以异也。然則所謂我不知彝倫攸叙者，豈非爲商而發也歟？夫人臣之事其君也，君雖無道而不忍斥言其惡。故詩人知厲王之將亡，而托於文王之所以嗟嘆殷紂者以刺厲王。其詩曰：『咨女殷商，如蜩如螗，如沸如羹。小大近喪，人尚乎由行。内奰于中國，覃及鬼方。』箕子不忍言商王之斁彝倫，故言鯀之所以汨陳五行者以對武王，亦詩人忠厚之意也。

其曰錫禹洪範者，《曾氏傳》論之詳矣。然《洪範》，自古帝王治天下之大法也。天下既治，則《洛書》雖不告祥而可知大法之修也。蓋《洪範》皇極之妙，不在於日月星辰風雨寒燠歲時曆數，而在於人主之一心也。故《虞書》曰：『惟精惟一，允執厥中。』執中者，會極之謂也。《洪範》在虞，雖謂之上帝錫舜固可也。《商書》曰：『懋昭大德，建中于民。』建中者，建極之謂也。《洪範》在商，雖謂之上帝錫湯亦可也。何待神龜出於洛，然後爲瑞哉？然則《洪範》不離於言貌視聽之内，不可他求也。世之人君知《洪範》之爲九疇，而不知九疇之道本於一心也。故君臣父子夫婦長幼朋友之倫，日斁於下而莫之叙也。

『初一曰五行，次二曰敬用五事，次三曰農用八政，次四曰協用五紀，次五曰建用皇極，次六曰乂用三德，次七曰明用稽疑，次八曰念用庶徵，次九曰嚮用五福，威用六極。』何也？

五行於人爲五事。五事者，修身之本也。自五事而爲八政，自八政而爲五紀，此人事之合於上而天道之應於下也。皇極者，盡性之至也。自皇極而爲三德，自三德而爲稽疑，此盛德之化民性而至誠之通神明也。自稽疑而爲庶徵，自庶徵而爲五福六極，此休咎之由於人而殃慶之本於天也。《歸氏傳》曰：『吾之所爲即天之道，天之變化昭彰皆吾之所爲。』此之謂也。然學者徒見《洛書》之各爲一疇而不究五事五紀之與相流通也；徒見皇極之特立五位而不究三德五福之與相聯絡也。人之於天，其相去如彼其遠，而容貌言語視聽思慮之間，其相應如此其速。故《詩》曰：『昊天曰明，及爾出王。昊天曰朝，及爾游衍。』《傳》曰：『淵淵其淵，浩浩其天。』由此觀之，天亦人也，人亦天也，夫豈有毫釐之差哉？然而學者求上帝於五行之天，不求上帝於五事之天，惡知天人渾合之妙也哉！

『一、五行：一曰水，二曰火，三曰木，四曰金，五曰土。水曰潤下，火曰炎上，木曰曲直，金曰從革，土爰稼穡。潤下作鹹，炎上作苦，曲直作酸，從革作辛，稼穡作甘。』何也？《王氏傳》論五行者誠得之。然《易·繫辭》稱：『天一地二，天三地四，天五地六，天七地八，天九地十。天數五地數五，五位相得而各有合。天數二十有五，地數三十，凡天地之數五十有五。此所以成變化而行鬼神也。』言『一變生水而六化成之，二化生火而七變成之，三變生木而八化成之，四化生金而九變成之，五變生土而十化成之。』〔一〕《易》之五行與

〔一〕今按：此乃朱熹之言，非《繫辭》語。

《洪範》所叙五行未之有殊也。而王氏未能推本文王、周公、孔子之言，亦且淺矣。

夫五行之於聲也，羽者北方之聲也，徵者南方之聲也，角者東方之聲也，商者西方之聲也，宫者中央之聲也。五行之疇，著其味而不著其聲者，舉一隅而反三隅也。夫虞舜昭明之德鼓舞天下而《九歌》興，然《九歌》出於九叙，而九叙出於九功。九功者，六府三事之功而五行爲其綱領。蓋以謂水無不修然，後能成澤萬物之功也。火無不修，然後能成烜萬物之功也。木無不修，然後能成繁，物之功也。金無不修，然後能成裁萬物之功也。土無不修，然後能成育萬物之功也。五行之所以爲用者，不亦盛乎？

『二[一]、五事：一曰貌，二曰言，三曰視，四曰聽，五曰思。貌曰恭，言曰從，視曰明，聽曰聰，思曰睿。恭作肅，從作乂，明作哲，聰作謀，睿作聖。』何也？

凡五事由貌而始，必致恭以端其心，故《傳》曰：『君子篤恭而天下平，此之謂也。』孔子曰：『貌思恭，言思忠，視思明，聽思聰。』與《洪範》所謂五事未嘗异焉。而思也，亦在其中矣。顔淵問仁，孔子曰：『克己復禮爲仁。一日克己復禮，天下歸仁焉。爲仁由己，而由人

[一] 今按：『二』，原誤作『一』，今改。

乎哉？』顔淵曰：『請問其目。』孔子曰：『非禮勿視，非禮勿聽，非禮勿言，非禮勿動。』顔淵曰：『回雖不敏，請事斯語矣。』此聖人傳心之妙也。非惟孔子授之於顔淵也，始自箕子告之於武王也。動也者，内動於思、外動於貌也。其曰勿動，兼思、貌而言之也。曾子有疾，孟敬子問之。曾子曰：『鳥之將死，其鳴也哀。人之將死，其言也善。君子所貴乎道者，三動容貌，斯遠暴慢矣。正顔色，斯近信矣。出辭氣，斯遠鄙倍矣。』暴慢非禮也，鄙倍亦非禮也。曾子之言，豈有所受於孔子歟？河南程氏作視、聽、言、動四《箴》以自警焉。其《視箴》曰：『制之於外以安其内，貌之謂也。』其《動箴》曰：『哲人知幾誠之於思，思之謂也。』是程氏四《箴》之中有五事也。昔子貢問於孔子曰：『夫子聖矣乎？』孔子曰：『聖，則吾不能。我學不厭而教不倦也。』然則四德，可能也。惟聖，不可能也。

『三、八政：一曰食，二曰貨，三曰祀，四曰司空，五曰司徒，六曰司寇，七曰賓，八曰師。』何也？

王者之道，宜有以厚於民事。故八政謂之農用。食也，貨也，祀也，賓也，師也，著其事而不著其官。司空也，司徒也，司寇也，著其官而不著其事。此三疇之所以變化也。《書》稱：『司空掌邦土，居四民，時地利。司徒掌邦教，敷五典，擾兆民。司寇掌邦禁，詰奸慝，刑暴亂。』此三者見於三疇也。『宗伯掌邦禮，治神人，和上下。司馬掌邦政，統六師，平邦國。』此二者不見於三疇也。然食貨宜屬司徒，賓祀宜屬宗伯，師宜屬於司馬，名爲八政，而其實五官之事也。

昔虞舜之亮天功也，首之以食，其次曰禹作司空，其次曰契作司徒，其次曰臯陶作士。八政先後於虞官，略有斟酌。則箕子之所欲施爲者，亦可見矣。然《記》曰：『冢宰制國用，必於歲之抄五穀皆入然後制國用。用地大小，視年之豐秏。以三十年之通制國用，量入以爲出，祭用數之，仂仂也者。』謂一年經用之數，用其什一也。然則八政所謂食也、貨也、祀也，無非冢宰之所統領也。故司徒斂其財賦以均齊天下之政，而宗伯禋祀上帝血祭社稷以烝嘗裸享先王而已矣。安知冢宰制國用者不在於八政之首哉？故周公始建周官，必有以折中八政而損益二王之制也。惜乎周官未及成而周公遽已薨矣！

『四、五紀：一曰歲，二曰月，三曰日，四曰星辰，五曰曆數。』何也？

歲、月、日、星十二辰，天官之書蓋亦詳矣。而惟其所謂曆數，誠不可推也。《律曆志》稱：『十九歲爲一章，四章爲一部，二十部爲一統，三統爲一元。』則一元有四千五百六十歲。初入元一百六歲有陽九，爲旱九年；次三百七十四歲有陰九，爲水九年。凡灾歲通爲四千六百一十七年，而天地一元之氣於是乎終。此陰陽水旱之數，自然相乘，雖聖人亦不可得而免也。况天下國家之命，或長焉，或不長焉，孰能識予奪之機也哉？

夫聖人不卜不筮，而能知上帝之心。故舜之告禹曰：『天之曆數在汝躬。』何其神也！禹曰：『枚卜功臣，惟吉之從。』舜曰：『官占惟先，蔽志昆命于元龜，朕志先定詢謀，僉同鬼神。』其依非天下之至精，其孰能與於此哉？然所謂天之曆數，於三王則與其子；於二帝則不與其子。何其予奪之頗僻不中若是哉？自古天子惟堯舜最爲懿德，故《傳》曰『天之所覆，地之所載，日月所照，霜露所墜，凡有血氣者，莫不尊親堯舜』是也。而子孫不得繼世有天下，甚非上帝報施之義也。方簫韶九成、鳳皇來儀之時，虞賓在位，與群后揖讓於庭。爲群后者，思堯之仁，慕堯之德，見帝子降爲虞賓，安得不喟然而嘆乎？《孟子》曰：『丹朱之不肖，舜之子亦不肖。舜之相堯，禹之相舜也，歷年多，施澤於民久。啓賢，能敬承繼禹之道。益之相禹也，歷年少，施澤於民未久。舜、禹、益相去久遠，其子之賢不肖，皆天也，非人之所能爲也。』然堯之子、舜之子雖皆不肖，豈不若夏之太康、商之武乙、周之穆王乎？夫上帝不以太康絶禹之世，不以武乙絶湯之世，不以穆王絶文武、成康之世，而獨於堯舜之子以其不肖使不得繼父之世，則曆數甚不中也。且聖人所貴乎命者，尊爲天子，富有四海，宗廟饗之，子孫保之也。已矣！堯舜至聖而流澤不及子孫，豈曆數不在於德，而上帝亦莫能移者歟？

『五、皇極：皇建其有極！斂時五福，用敷錫厥庶民，惟時厥庶民，于汝極，錫汝保極：凡厥庶民，無有淫朋，人無有比德，惟皇作極。凡厥庶民，有猶有爲有守，汝則念之；不協于極，不罹于咎，皇則受之。而康而色，曰予攸好德，汝則錫之福。時人斯其惟皇之極。無虐煢獨，而畏高明。人之有能有爲，使羞其行，而邦其昌。凡厥正人，既富方穀，汝不能使有好于而家，時人斯其辜。于其無好德，汝雖錫之福，其作汝用咎。』何也？

皇之爲言，猶帝也。蓋言上帝既建庶民所有之極，使天下之爲人子者知其爲孝，天下之爲人臣者知其爲忠，天下之爲人弟者知其爲敬，然後集五福之祥而敷錫之。故聖人爲天下君，以上帝所建之極與庶民而保守之，錫上帝所集之福所以代天工也。孔氏曰：『皇，大也。極，中也。施政教，治下民，當使大得其中。』蔡氏曰：『皇，君。極，猶北極之極，至極之義，標准之名。』然孔氏以皇爲大，則所謂『惟皇作極』者何也？而蔡氏以皇爲君，則所謂『于帝其訓』者何也？箕子之於《洪範》，稱天則或謂之皇，或謂之帝。稱君則或謂之汝，或謂之王，未嘗以王謂之皇也。夫庶民有猶有爲有守者，人君之所當念也。而況其不協于極不罹于咎者，上帝未嘗不受之也。苟或有康和之色，而又有好德之言，則人君錫之以福，此所謂『惟皇之極』也。

凡正人宜與之禄，以責其勇於爲善。而人君不能使其和好于家，將陷於罪，反使其不好德者與之禄，故曰『汝雖錫之福，其作汝用咎。』此之謂也。

古之王者治國家必立皇極，皇極不立不足以化成天下也。昔周成王既踐位，武庚先叛而管叔蔡叔霍叔爲之黨以助其亂。周公受命討武庚，遂戮管叔、囚蔡叔、降霍叔于庶人。居未幾，奄人繼叛，成王出師往討之，盡滅奄人。然殷民思先七王如父母，武庚雖誅，而妹土不靖之民不心服，謀爲大亂者久矣。周公患之，與召公始營洛邑，遷殷民於四百里外。召公卜宅，定城郭溝洫之㓝，而殷民相率攻位。周公用書命邦伯以役侯甸，而殷民無不丕作。此所謂『惟時厥庶民，于汝極，錫汝保極』也。

周之御事，苟不與殷之御事相親比，則殷之御事不變也。故《召誥》曰：『予小臣敢以王之讎民百君子越友民，保受王威命明德。』讎民者，殷之御事，仇讎之民也。友民者，周之御事，友順之民也。蓋成王既立皇極，使卿士無敢朋比，不可以王之讎民而惡之也。亦不可以王之友民而好之也。此所謂『凡厥庶民，無有淫朋人，無有比德』也。

殷之賢者，猶，足以贊王之謀；能，足以輔王之政；守，足以貞王之化，則王者宜不忘之。故《洛誥》曰：『其大惇典殷獻民，亂爲四方新辟。』獻民，賢者也。成王念殷之賢者而大厚之，此所謂『凡厥庶民，有猶有爲有守，汝則念之』也。

及蔡仲克庸祗德，周公嘉之，以爲卿士。已而叔死，乃告成王封于蔡而命之曰：『惟爾率德改行，克慎厥猶。肆予命爾侯于東土，往即乃封。』此所謂『而康而色，曰予攸好德，汝則錫之福』也。

王者之政，必無虐於至微之民，無畏於至盛之位，然後皇極可立也。故《酒誥》曰：『乃湎於酒，勿庸殺之，姑惟教之。』又曰：『不蠲，乃事時，同于殺。』此所謂『無虐煢獨，而畏高明』也。

夫皇極，或主於威，或主於恩，非一道也。武王時，獨夫無道，天下大亂，故皇極在於伐殷也。成王時，妹土不服，天下將亂，故皇極在於化殷也。伐之者，所以用威；化之者，所以用恩。由聖人所遇之時有所不同也。《詩》不云乎：『予羽譙譙，予尾翛翛。予室翹翹，風雨所漂搖。』其意曰，王室新造，予不知羽之譙譙而尾之翛翛也，今王室又爲風雨所漂搖翹翹而危也。使殷民不改其心，必欲踵武庚之亂，則王室朝夕將亡，安能饗國八百年乎？故周公懷柔殷民而輯和之，進其賢能，貴之以卿士大夫；撫其煢獨，富之以土田車服，與豐邑、岐陽之民偕饗太平。於是殷民感周公惻怛之仁，始悔其從亂之謀，思文武如先七王，與周士奔走肅雍，聞清廟朱絃之聲，俯仰咏嘆而不能已。則皇極化民之功不可掩也。故《畢命》曰：『既歷三紀，世變風移，四方無虞，予一人以寧。』此之謂也。

方殷民遷洛之始，周之御事必以爲管蔡之黨從武庚而爲之亂，是周人百世之讎也。雖伏斧鉞，不忍與殷之御事偕搢笏於明堂之上，以忘其百世之讎也。然《周頌》曰：『未堪家多難，予又集于蓼。』凡殷民如不從化，則成王不堪多難而又將集于蓼也。故召公稽首奉幣以保合殷，周諸臣爲祈天永命之本，成王受之。此殷民之所以歸極者歟？自成王至于康王，垂拱者凡三十年，能陶鑄於皇極之中，人人好德，孰知殷士之爲讎民而周士之爲友民也？嗚呼，盛矣！

其曰：『無偏無陂，遵王之義；無有作好，遵王之道；無有作惡，遵王之路。無偏無黨，王道蕩蕩；無黨無偏，王道平平；無反無側，王道正直。會其有極，歸其有極。曰「皇極之敷言，是彝是訓，于帝其訓。凡厥庶民，極之敷言。是訓是行，以近天子之光。」曰「天子，作民父母，以爲天下王。」』何也？

人君之心，有所偏陂，則非所以遵王之義也；有所私好，則非所以遵王之道也；有所私惡，則非所以遵王之路也；有所偏黨，則王道不蕩蕩也、不平平也；有所反側，則王道不正直也。偏也者，頗僻之謂也。黨也者，私邪之謂也。言人君無有頗僻私邪也。凡王之義，如能極天下之正，則四方無不蕩蕩如也。凡王之道，如能極天下之直，則四方無不平平如也。王之義，猶王之道也。王之道，猶王之路也。人君之心無私好，無私惡，然後偏者、陂者、黨者、反側者可得而去也。何患庶民之不歸極乎？夫偏也者，爵賞不均也；陂也者，刑政不平也；好也者，好人之所惡也；惡也者，惡人之所好也；偏也者，聲色之殉也；黨也者，便嬖之昵也；反側也者，畔天命而蹈傾邪也。故王者，之其所偏而中焉，之其所陂而平焉，之其所好而惡焉，之其所惡而好焉，之其所偏而黜焉，之其所黨而遠焉，之其所反側而正焉。則天下莫不從化，又焉有不格之民哉！

『六、三德：一曰正直，二曰剛克，三曰柔克。平康正直，彊弗友剛克，燮友柔克。沉潛剛克，高明柔克。』何也？

所以作人也。夫《周官》作人之法，於其德，則知仁聖義忠和是也；於其行，則孝友睦姻任恤是也；於其藝，則禮樂射御書數是也。然君子不能切之如大斧之治骨焉，磋之如巨鑢之治角焉，琢之如槌鑿之治玉焉，磨之如沙礫之治石焉。則剛者無以爲柔，而柔者無以爲剛也。雖欲作人，其可得乎？故《詩》曰：『追琢其章，金玉其相。勉勉我王，綱紀四方。』

蓋文王作人之盛，最詳於《詩》。《周南》則《關雎》、《葛覃》所以見后妃性情之正，雖已貴而能勤己、富而能儉也。《樛木》所以見后妃逮下而能無嫉妒之心，子孫衆多也。《兔罝》

所以見野人之才，皆可爲公侯干城也。《漢廣》所以見游女端莊静一，非復如前日之俗也。《麟趾》所以見子孫宗族之皆化於善也。《召南》則《鵲巢》、《采蘩》所以見諸侯夫人承后妃之化，而又有純一之德也。《小星》所以見諸侯夫人承后妃之化，能不妒忌以惠其下也。《羔羊》所以見大夫節儉正直也。《行露》所以見女子貞信自守，而不爲强暴所污也。《騶虞》所以見仁心之不由勉强也。豈非三德之效歟？故洲鳩常性有别，而谷鳥和聲相聞，則平康正直之實可知也。送之於諸侯之國，車皆百兩；祭之於公侯之宫，首有餘竦。則燮友柔克之實，又可知也。葛藟縈於下上，而能無射；參昴横於三五，而能無怨。則沈潛剛克之實又可知也。武夫能變，而皆有腹心之用；大夫能化，而皆有委蛇之美。則高明柔克之實又可知也。江漢之水，既不可泳，又不可方，男子能變其疆梗不順之性，望其女子而嘆，其終不可求；厭浥之露，蚤必多濕，夜亦多濡，女子能變其淫亂不正之心，絶其男子而示其終不可從。則不友剛克之實又可知也。子孫宗族皆仁厚，與麟無异；諸侯之子孫宗族亦皆仁厚，與騶虞而無异。則三德乂用之實又可知也。

然文王不誠其意，則無以正其心也。况能正萬民之心乎？不正其心，則無以修其身也。况能修萬民之身乎？不修其身，則無以齊其家也。况能齊萬民之家乎？不齊其家，則無以治其國也。况能治天下之國乎？故《詩》曰：『刑于寡妻，至于兄弟，以御于家邦。』此之謂也。

夫人君明德於上悠久不息，則至治無不融液，而太和無不周遍，天下皞皞而不自知也。三德之效不亦大乎？然所謂正直之用居其一焉，而所謂剛柔之用居其四焉。以柔克柔，此其一也；以剛克柔，此其二也；以柔克剛，此其三也；以剛克剛，此其四也。名爲三德，而其實則四德也。與正直而爲五也，明矣！

其曰：『惟辟作福，惟辟作威，惟辟玉食。臣無有作福作威玉食。臣之有作福作威玉食，其害于而家，凶于而國。人用側頗僻，民用僭忒。』何也？

章君臣之義也。夫君臣、父子、夫婦、長幼、朋友，此五者生民之彝倫也，而君君臣臣之義爲最大。子路曰：『長幼之節不可廢也。君臣之義如之何其廢之。』定公問：『君使臣、臣事君如之何？』孔子對曰：『君使臣以禮，臣事君以忠。』孟子曰：『未有義而後其君者也。』然則臣之於君也，烏可以不盡其義乎？故《傳》曰：『建諸天地而不悖，質諸鬼神而無疑，百世以俟，聖人而不惑。』此之謂也。

至於後世彝倫斁滅，君不君臣不臣，威福下移，大夫玉食而無所懼。孔子於是作《春秋》以明大義。故成公八年七月《經》曰：『天子使召伯來錫公命。』《穀梁傳》曰：『禮有受命，無來錫命。錫命非正也。曰天子何也？曰見一稱也。』昭公三十有一年《經》曰：『黑兮以濫來奔。』《公羊傳》曰：『顔夫人，嫗盈女也。淫九公子于宮中，因以納賊。臧氏之母負孝公訴天子，天子爲之誅顔，反孝公于魯。公扈子曰：「誅顔之時，天子蚧，叔術致國于夏父邾。婁人常被兵于周，曰何故死吾天子。」』桓公十有四年秋八月《經》曰：『壬申，御廩灾。乙亥，嘗。』《穀梁傳》曰：『甸粟而内之三宮，三宮米而藏之御廩。壬申御廩灾，乙亥嘗，以爲未易灾之餘而嘗也。』文公十有六年夏五月《經》曰：『公四不視朔。』《公羊傳》曰：『公曷爲四不視朔？公有疾也。自是公無疾不視朔，曷爲不言公無疾不視朔？有疾猶可言也，無疾不可言也。』僖公三年春正月《經》曰：『城楚丘。』《穀梁傳》曰：『其曰城，何也？封衛也。其不言衛之遷，何也？不與齊侯專封也。其言城之者，專辭也。』定公元年春三月《經》曰：『晉人執宋仲幾于京師。』《公羊傳》曰：『仲幾之罪何？不蓑城也。其言于京師何？伯討也。伯討則其稱人何？不與大夫專執也。五年夏《經》曰：『歸粟于蔡。』《穀梁傳》曰：『諸侯無粟，相歸粟，正也。孰歸之？諸侯也。不言歸之者，專辭也。』《記》所稱屬辭比事者，其是之謂乎？孟子曰：『王者之迹熄而《詩》亡，《詩》亡然後《春秋》作。晉之《乘》，楚之《檮杌》，魯之《春秋》，一也。』孔子亦云：『其事則齊桓晉文，其文則史，其義則丘竊取之。』然君君臣臣之義不待《春秋》而明者，其惟《洪範》乎？故曰『臣之有作福作威玉食，其害于而家，凶于而國。』凡天下之爲人臣者，讀《洪範》三德之疇，孰敢有作福作威玉食之心乎？然則《洪範》，其可謂《春秋》之源也！

『七、稽疑：擇建立卜筮人，乃命卜筮。曰雨，曰霽，曰蒙，曰驛，曰克，曰貞，曰悔。凡七：卜五，占用二。衍忒。立時人，作卜筮。三人占，則從二人之言。汝則有大疑，謀及乃心，謀及卿士，謀及庶人，謀及卜筮。汝則從，龜從，筮從，卿士從，庶民從，是之謂大同。身其康疆，子孫其逢，吉。汝則從，龜從，筮從，卿士逆，庶民逆。吉。卿士從，龜從，筮從，汝則逆，庶民逆。吉。庶民從，龜從，筮從，汝則逆，卿士逆。吉。汝則從，龜從，筮逆，卿士逆，庶民逆。作内吉，作外凶。龜筮，共違于人。用静吉，用作凶。』何也？

《周官》曰：『凡國之大事先筮而後卜，其兆有三，其體有一百二十。』孔子曰：『聖人立象以盡意，設卦以盡情僞，繫辭焉以盡其言。』故王者立卜筮人以稽大疑。然《易》曰：『神以知來，知以藏往。』蓋聖人洗心齋戒，未嘗有一塵之累，及有事神知之，用隨所感而應焉。故曰無思也，無爲也。寂然不動，感而遂通天下之故。此之謂也。

昔武王有疾，不預。太公、召公曰：『我其爲王穆卜。』周公曰：『未可以戚我先王。』公乃自以爲功，爲三壇同墠。爲壇於南方，北面，周公立焉。植璧秉珪乃告太王、王季、文王。

史乃册祝，曰：『惟爾元孫某，遘厲虐疾。若爾三王是有丕子之責于天，以旦代某之身〔一〕。王爾之許我，我其以璧與珪歸俟爾命；爾不許我，我乃屏璧與珪。』乃納册于金縢之匱中。王翼日乃瘳。是周公神明之誠格于上帝，而武王乃瘳其疾，非卜筮感通之功也。故曰『大人與天地合其德，與日月合其明，與四時合其序，與鬼神合其吉凶。先天而天不違，後天而奉天時。』豈所謂盛德之至者邪？

『八、庶徵：曰雨，曰陽，曰燠，曰寒，曰風，曰時。五者來備，各以其叙。庶草，蕃廡。一極備，凶；一極無，凶。』何也？

庶徵，自思慮達之，視聽惡可謂由外而至哉？考諸《月令》，於孟春行夏之令，則雨水不時，草木蚤落，是所謂雨之不時也；於孟秋行春之令，則其國乃旱，陽氣復還，是所謂陽之不時也；於季秋行春之令，則暖風來至，民氣解惰，是所謂燠之不時也；於季春行冬之令，則寒氣時發，草木皆肅，是所謂寒之不時也；於季夏行冬之令，則風寒不時，鷹隼蚤鷙，是所謂風之不時也。由五事不得其叙，而令不順於四時也。

〔一〕今按：『旦』，原文避諱作『朝』，今回改。

『曰休徵：曰肅，時雨若；曰乂，時陽若；曰哲，時燠若；曰謀，時寒若；曰聖，時風若；曰咎徵：曰狂，恒雨若；曰僭，恒陽若；曰豫，恒燠若；曰急，恒寒若；曰蒙，恒風若。』何也？

所以明五事也。

夫貌也者，屬於水也。而貌之所以爲恭，與恭之所以爲肅者，人之所爲也。然肅之所以爲雨者，天之所應也。而雨不時歸於狂者，貌之失也。

言也者，屬於火也，而言之所以爲從，與從之所以爲乂者，人之所爲也。然乂之所以爲陽者，天之所應也。而陽不時歸於僭者，言之失也。

視也者，屬於木也。而視之所以爲明，與明之所以爲哲者，人之所爲也。然哲之所以爲燠者，天之所應也。而燠不時歸於豫者，視之失也。

聽也者，屬於金也。而聽之所以爲聰，與聰之所以爲謀者，人之所爲也。然謀之所以爲寒者，天之所應也。而寒不時歸於急者，聽之失也。

思也者，屬於土也。而思之所以爲睿，與睿之所以爲聖者，人之所爲也。然聖之所以爲風者，天之所應也。而風不時歸於蒙者，思之失也。

《傳》不云乎：『致中和，天地位焉，萬物育焉。』故君子如致中和，則天地可得而位也，萬物可得而育也。何憂五事之不得其敘乎？

『曰王省惟歲，卿士惟月，師尹惟日。歲月日時無易，百穀用成，乂用明，俊民用章，家用平康。日月歲時既易，百穀用不成，乂用昏不明，俊民用微，家用不寧。庶民，惟星。星有好風，星有好雨。日月之行，則有冬有夏。月之從星，則以風雨。』何也？

所以明五紀也。

『王省惟歲』，何謂也？《春秋》隱公元年：『春，王正月。』《公羊傳》曰：『元年者何？君之始年也。曷爲先言王而後言正月？王正月也。何言乎王正月？大一統也。』

『卿士惟月』，何謂也？《春秋》定公元年，《公羊傳》曰：『定何以無正月？正月者，正即位也。定無正月者，即位後也。即位何以後？昭公在外，得入不得入未可知也。曷爲未可知？在季氏也。』

『師尹惟日』，何謂也？《春秋》隱公三年：『二月己巳日有食之。』《穀梁傳》曰：『日有食之，何也？吐者外壤，食者内壤，闕然不見其壤，有食之者也。其不言食之者，何也？知其不可知知也。

『庶民惟星』，何謂也？《春秋》莊公七年：『夏四月辛卯，夜，恒星不見；夜，中星隕如雨。』《穀梁傳》曰：『《春秋》著以傳著，疑以傳疑，中之幾也。而曰夜中著焉爾，其不曰恒星之隕，何也？我知恒星之不見而不知其隕也。凡休咎有大有小，而其言歲月日星者，欲使人君察其徵也。然則灾异皆有徵乎？蓋《春秋》所記二百四十二年灾异甚多：雩二十一，日食三十六，大旱二，雨雪三，大水九，地震五，山崩二，饑三，晦二，有年二，無冰三，星孛三，大雨雹三，不雨七，大雨震電一，隕霜殺菽一，無麥苗一，大無麥禾一，隕霜不殺草一，李梅實一，星隕一，隕石一，雨木冰一，鸜鵒來巢一，六鷁退飛一，鼷鼠食郊牛角二，螽十，螟三，蝝二，世室屋壞一，宫室灾一，多麋一，有蜮、有蜚、蝝生各一。』

嗚呼！人君上不能協於五紀，下不能敬於五事，故上帝降之灾异而警之也。然班固作《五行志》，傳會《洪範》而遂有灾异之學。豈不謬哉！《歸氏傳》稱『前四疇責之於己，後四疇取之於外』，是不然。夫五紀以歲爲首，故《書》曰：『期三百有六旬有六日，以閏月定四時成歲。』是唐堯命羲和也，不可謂責之於己也。夫八政以食爲首，故《書》曰：『食哉惟時，柔遠能邇，惇德允元而難任人，蠻夷率服。』是虞舜咨十二牧也，不可謂責之於己也。於三德，則所以見有時而剛克，有時而柔克也。故虞舜之時竄三苗于三危，此剛克也；舞干羽于兩階，此柔克也。不可謂取之於外也。於庶徵，則所以見天人之際也。貌之不恭不足以雨天下也；言之不從不足以陽天下也；視之不明不足以燠天下也；聽之不聰不足以寒天下也；思之不睿不足以風天下也。不可謂取之於外也。

『九、五福：一曰壽，二曰富，三曰康寧，四曰攸好德，五曰考終命。六極：一曰凶短折，二曰疾，三曰憂，四曰貧，五曰惡，六曰弱。』何也？

《書》曰：『黎民於變時雍。』黎民既變，然後天錫之以祉五福是也。而所謂攸好德者，在于人不在于天。何以列於五福之中也？夫能得天下之壽而不好德者，蓋鮮矣能致天下之富；而不好德者，又鮮矣能饗天下之康寧。而不好德者又鮮矣，况能好德而不得考終命乎？《詩》曰：『爾受命長矣，茀禄爾康矣。豈弟君子，俾爾彌爾性。』言既受萬年之命，又有千鍾之禄，而百體永世康寧者，由君子豈弟之德，得其令終也。夫斂五福而下之者，天也；凝五福而來之者，人也。然而人不能協于皇極者，降之以咎六極是也。而惡與弱，非上帝之所敷錫也。何以列於六極之中也？剛者之過而爲惡；柔者之過而爲弱。與凶短折者疾者憂者貧者比而論之，以警不協皇極者，不亦嚴乎？然《易傳》曰：『顔氏子殆庶幾乎？有不善未嘗不知，知之未嘗復行。』蓋所謂擇乎中庸也。故孔子謂顔淵曰：『用之則行，舍之則藏，惟我與爾有是夫。』及問爲邦，告之以『行夏之時，乘殷之輅，服周之冕，樂則韶舞』。予之也，可謂至矣。而一簞食一瓢飲，不堪其憂；其死也，不幸短命。何哉？豈上帝主五福之理，而予奪出於自然，非上帝之所可私者邪？豈君子得攸好德，則貧者勝於富貴，短折者賢於壽考者邪？豈於君子錫萬世無窮之聞，區區五福不足以易其大名者邪？

《尚書》學文獻集成·朝鮮卷 第三十四册

天人一理圖説——洛書書傳序説

尹思進 著
郭愛濤 整理

提要

《洛書書傳序説》，尹思進（一七一三—一七九二）著，收入其著作《篁林先生井觀痴説》。思進字退甫，號篁林，坡平人。思進少年即志不在科舉，其傳承家學，埋首學問，尤精《周易》，頗能辨析前代諸説之誤而獨創新説。本文以『心』爲《書經》之大綱，以爲三代帝王之心在《洛書》皇極之中，主張《洪範》九疇中第五皇極雖無『心』字，但皇極就是『精一執中』之心，都在『無偏無陂』、『無有作好』裏。本文立論精宏，極有理據，頗正前賢之失，又能啓迪來思。

天人一理圖説——洛書書傳序説

竊取《集傳》以究經旨，而又參考序文之義，則經文大綱都繫一『心』字。拈此心字，玩索書數妙用之本，則二帝三王治天下之道不外乎此數大方之體。而心字所繫處，亦可得以指的而言之矣。何者？竊嘗觀邵子之説曰：『先天之學，心法也。』蓋先天太極，實中爲皇極之心，具五德之全體，統十數之對待，自成十五。十五者，堯蓂開落之數也。天地日月之運，風雲霜露之教，無非此數。屈伸相感之妙，而其所以然者，皇極中一圈心是太極故也。據此玩究，則帝王之心，體用之妙，亦庶可得而道統相傳。執中之中，豈非此『中五』、『中一圈』之『中』也耶？且『建中』、『建極』之『建』，亦豈非此『極之建乎中』者耶？然則曰德、曰仁，德中五德也。仁，《易》曰：『安土敦乎仁。』此心建中之基本也。曰敬、曰誠，此心執中之節度也。是故，言天則嚴其心之所自出；心法出於天，故曰嚴。言民則謹其心之所由施。而至如心之發、心之著、心之推者，言此心之盛德大用，無物不遺，無遠不屆。其禮樂教化之美，典章文物之焕，爲天下之道者也大。然則其功業之廣博，如《易》所謂『直方大，不習，無不利』之

『利』。而於《洛書》大方之體，正得聖王治道之大矩也歟？《大學》『絜矩』章注，朱子云：『矩者，心。』據此而歷考是書所載，三代治亂興亡之機，則都繫皇極中。此心之中存不何如耳？欲求三代帝王之心者，舍《洛書》『皇極之中』而何以哉？是故《序》文亦曰『聖人之心見於《書》』，如化工之著妙於物』。此所謂妙，即所謂道妙而太極之妙用也。且《書》之《洪範》，天之所錫禹，而禹乃則之以平天下。至周代商箕子又推而衍之傳之武王。其爲平天下之大經大法，莫大於此也。然而皇極章無『心』字，則欲求是心者，似不無起疑之端。讀是書者，當深究《蔡傳》之義，然後皇極所以精一執中之心，可得於第六節所謂『無偏無陂，無有作好，無有作惡』之中。若曰本章既無『心』字，此說無所依據云爾，則恐失聖經之宗旨也。《中庸》天命章雖無『心』字，其中戒懼謹獨，皆存心省察底事。夫《洛書》之體，虛中則《易》，實中則《範》。而虛者太極之本體，實者太極之實理。是故，虛含中至實之理，實中又有本虛之體。此體即中五中最中一圈太極爲皇極之心者也。故敢據邵子心法之説妄此推衍焉。愚竊以爲二帝三王之心，非但得之於二帝三王之書，亦可得之於《洛書》。皇極中心含太極之妙處也歟！《詩》、《書》執禮，夫子之所雅言。而今以禮次於《詩》而先於《書》者，依伯魚所聞之序，而且爲學次第似當如此耳。

《尚書》學文獻集成・朝鮮卷　第三十四册

《禹貢》讀法

吴達運　著
郭愛濤　整理

提要

《〈禹貢〉讀法》，吴達運（一七〇〇—一七四七）著，收入其文集《海錦集》卷二，今據奎章閣藏本點校。達運，字伯通，號海錦，同福人，因一年五中狀元而揚名全國，歷任成均館學諭、承政院史官，後職嫠樹察訪時病死。《〈禹貢〉讀法》專論《書經·禹貢》山水，其據《禹貢》將中國山勢大略分爲三脉，即雲中山、崑崙山和岷山，皆從西北向東南伸展；又將水勢大略分爲三流，即在北混同江、在中黄河、在南岷江，皆爲東流而入海。然後詳細説明九州的位置和形勢。文章認爲不知《禹貢》則不知中國山川，不知中國山川則不知古今人才輩出之靈氣，亦不知英雄豪杰制利之策略。

《禹貢》讀法

《禹貢》之篇，卞之難矣！生乎其地、長乎其地者猶不能詳，况生海隅又千載，欲以講明乎目未嘗、足未曾之地，豈不難乎？然而不明乎《禹貢》之篇，則中華山川不可得以知；不知乎中華之山川，則古今人物釀出之靈、英雄豪杰制利之策，終亦不得以窺矣。嗚呼，其亦懼矣哉！愚嘗着肚於是篇久矣，不知閫奥之攸在，而亦以先儒之論著抄於此，以便考閲焉。

蓋天之下，水也；水之上，土也。而山者，水之聚也；川者，山之分也。故兩山夾行必有其水川之流，兩水夾流必有其山岳之峙。而山以西北爲宗，水以東海爲歸者，艮生於水之一，而位於西北；兑生於金之四，而位於東南。四者，水之宅也；一者，山之根也。赴乎其宅護乎其根者，有不庸不已者。

是用九州之山水，雍、冀、梁、預多山，荆、青、徐、楊、兖多水。而之水也、之山也，固未分之而二也。何以言之？天下之山有三脉：冀州、河北之地則自雲中；雍、預、徐、青則自崑崙；梁、荆、楊則自岷山。天下之水有三大水：其最北者曰混同江，遼東、遼西之所分，而經繞醫無閭山，逶迤南入于海；其流於中者曰黄河；其流於南者曰岷江，皆東流入于海。試嘗説焉：

冀州山脉則自雲中高脊而來，分爲四支：其西一支則轉出其西南，爲壺口、爲吕梁、爲太岳、爲狐岐。所謂壺口者，與雍州之山，枝麓相糾，雍遏河道，唐張仁源東受降城即在此山之北。而至龍門則乃吕梁北枝也，山石皆崇竦，而狐岐一麓又西走而塞下流。故禹之治水也，自壺口北疏鑿山脚，斫斷巖石，通道千餘里，然後河得其道也。至夫太岳，則乃堯之所都，而晋之曲沃、周之㲋邑皆其境也。其中一支則直出而南爲析城。所謂析城者，山上峰嶽湊合如城也。屹立河邊孟津之西，而一脚直西而轉包汾水之入河者，而爲雷首於河東。其次東一支則出東南而爲太行山，山下即顓頊所都，而西一脚溯河而上爲王屋。王屋山者，山四壁如屋也，爲砥柱在河中流，其形如柱，所謂三門山也。東一脚移上黨，爲大黽谷，即清漳所出也。爲鹿谷，即濁漳所出也。其東一支則直東而爲恒山，又轉而爲常山，又轉而爲碣石。碣石者，負海當河、屹立於水口者也。此其山脉之大概。

而至於水川，則所謂汾水者，出於太原，蓋勝水之下流。而勝水則出於狐岐山，東北流入于河也。漳水則見於前，而東南流入於河。恒水、衛水則出於恒常之山，而或入於滹沱，或入於易水矣。至於沇水則出王屋山，既見而伏東，出於孟諸。其源有二，合流至温縣，是爲濟水。歷虢公臺西南入于河，伏而溢出於河南爲滎澤。又東出於陶丘，合苛澤而流，合汶水入海。至於河水，則或自葱嶺，及于闐，東注莒蒲海，一名鹽澤，潛行地中，南出積石。或自閼磨山，其山四高中下，即崑崙山也。東北流，與積石河合，逶迤行三萬餘里，至安國嶺。而兩崖峭立，大河盤束於石壁間千數百里，至崖斷中開後，怒氣噴風聲如萬雷，合受衆流，逶漫東注，而播爲九道之河矣。周漢時，河南徙，或合于濟，或合于淮。及金之王也，河自開封直入于淮，則濟水以上諸水各自入海。而東坡之聞河復而喜者，豈無其由耶？至於雍、梁、預諸山，則自積石山，而曰積石、曰鳥鼠。而岐山即太王之居也，驪山即文王之臺也。岍山之陽，涇水出焉。荆山之麓東轉而爲子午嶺，而沮水出焉。西麓之下，漆水出焉，而合流注渭。灃水則出終南，渭水則出鳥鼠，即青雀山也。終南即太一山，而在渭南者也。秦家百二之府，斯謂於斯乎？及夫西傾之山，桓水出焉。南注於江，而朱圉即白巖山皆在。積石以東，至㹀物山，則所謂《左傳》之首山。而太華山又爲預州之雄鎮，伊水出於熊耳山，東入洛。瀍水出河南北山入洛，澗水出新安白石山入洛。而所謂洛水，則出洪農之冢嶺山入河。於大伾之南，所謂周南之地也。且夫嶓冢之山，在隴西，而漾水出焉。自是而爲潁川之崇高，即外方山也。又爲陶丘山，滎澤出。而暾山之陽，即漢陳留俊儀渠也。又轉而爲魯之泰山。泰山之麓，縣艾山，沂水出焉，西南入泗。一派則出尼丘山，徑魯之雩門，即曾點所浴處也。泰山之東，又有齊之蔡山、羽山。羽山即鯀所殛處。有鄒嶧山，即秦皇立石山。而淄水則出於原山之陰，汶水則出於原山之陽，東流入海。而睢水則出琅琊，所謂琅琊臺也。此齊之形勝，爲東秦者乎？至於外方之南，有桐柏。桐柏之北，有胎簪山者，淮水出焉。而過桐柏，東會于泗。又東會于沂，東入于海，所謂齊、魯之南紀也。至於預州之波水，則出婁琢山，注于穀。若茍澤則出定陶茍山下，而孟諸則在梁國，皆外方之支流也。而漾水則陪尾、大别之山，則皆桐柏之支流也。且如嶓冢之東南有荆，即所謂内方章山。而三澨水則出郢州磨石山，東南入漢，有二源，合流爲潙，至漢中爲漢，又東行爲滄浪水。而三澨水則出郢州磨石山，東南入漢，合流至大别山下入江，此漢水之川也。且夫崑崙一支南入爲岷山，而岷山之險，連峰接宙，不詳遠近。所謂青城、天彭，其第一峰也。北一支則爲衡山，盡於洞庭之北。南一枝則度桂嶺，徑袁筠之地，而江水從中出，穿峽東流，東坡所謂巫峽三千里者，此也。所謂蔡山、蒙山，皆此山之裔，而蒙山則上合下開，沬水徑其間。所謂潛水者，出宕渠縣，潛入大穴，通四正山而入於江。而沱水也，和水也，夷水也者，皆出蜀郡而入於江。江水合衆流而東至長沙，會澧水而至九江。九江者，杜子美所謂『昔聞洞庭水』者也。巴陵瀟湘之淵，實在其中，而沅、澧、湘、潯，九水之所匯也。七百平湖，浩無涯岸，君山一髮，横翠其中，真形勝之區，而恨不得乘清風而浩往也。自是而下有所謂雲土夢澤者，彌亘八九百里而當江漢之間，默想起立有若吞吐於胸中也。過此之後，即與漢水合流，過七百餘里，西南控彭蠡之波，所謂彭蠡者。東合江西北十餘州之水，東北入江而地勢北高，江水勢盛，涵渰瀰漫數十百里。秋冬水落之時，相持以東，所以南康渡頭，有舟南北，清濁之觀也。東陵之下，有敷淺源，即廬山。而其下廬江之北有巢湖，湖大而源淺，四五月蜀山雪消之後，水淤入於湖，俟秋冬而泄，先儒以此爲小，謂不入於導水之科，而考之東迤北會之説，甚有吻合。則恐不可捨此而佗求彭蠡。此愚之不能無疑者也。至於兖州，則北阻河，西南阻濟，山脉中斷而不入，則既無阜陵之陟起，亦無大水之可紀。雷夏之澤，灉沮之水，或爲河之分，或鍾水而瀦，何必縷縷也。至於要服之外，弱水則自窮石山至合黎山，與張掖河合，西入于流沙瀚海之波。黑水則出張掖鷄山過三危，南入于海。

此《禹貢》山川之大概也。

至於隨山之例，則非謂山脉之必自是而行，如水之有源也。但尋一條高山，以爲之綱，故有中、北、南三條之説，有正、次、陰、陽四條之説，而皆不若蔡氏南、北二條之説爲精矣。自岍岐至碣石者，北條而河爲之紀；自岷山至敷淺源者，南條而江爲之紀者，蔡氏之言。而以此推之，則嶓冢至于荆山者，南條之小條而淮爲之紀；西傾至于陪尾者，北條之小條而濟爲之紀矣。是用朱夫子有言曰，山者水之經，水者山之紀也。無水則無山，無山則無水者。比如天地之相，須陰陽之相持，而山與水通氣之象。推此可知也。故九州風氣人物皆隨山水之殊，而冀州爲天下好風水者，朱子論之於書矣。雍州土厚水深，其民厚重質直者，朱子著之於詩矣。而洛陽背華面洛爲帝王之畿，徐魯負岱襟淮爲聖賢之域，則其餘可推而知也。至於五服之設，至五千之例，則先儒固當疑之。而無亦一州之間，各設五服，使方伯爲帥，而制其貢耶？此則一州之大，或未知五千而但推其壤地之賦耶？或五服之間爲隙土而爲天子之地，或爲附庸之國如畢命申畫郊畿之類耶？經殘法湮，難以臆中者也。至於地力運移，則當時冀州上腴之土，今反荒落。荆楊深險之藪，反爲士大夫窟穴，繁華物産，甲於天下，抑亦天時之使然耶？况帝王郊畿亦不得過河北一片土，使三代興隆之地委於犬羊之手，而吕兒長城，鎮搤上流，宜其中土之屢奪於胡虜也。愚於是尤有感焉。黄河之水，天地之中流也。其發源長，其流波遠，應治亂之候，而占聖賢之興。故皇明受命之日，乃有七日之清。今四百年，河清何日？噫！

《尚書》學文獻集成·朝鮮卷　第三十四册

洪範五傳

徐命膺　著
郭愛濤　整理

提要

《洪範五傳》，徐命應（一七一六—一七八七）著，收入其《保晚齋剩簡》，今據奎章閣藏本點校。命應，字君受，號澹翁，後由正祖賜號保晚齋，謚號文靖，達城人，吏曹判書徐宗玉之子，領議政徐命善之兄。命應于一七五四年考中增廣文科丙科，歷經大司憲、大司諫以及觀察使、判書等職，後任守禦使、奉朝賀。正祖即位，即設立奎章閣，被任命爲第一位提學，并任是官直到離世，爲奎章閣的發展發揮了無可替代的作用。命應學問廣博，不但精於《易》學，且對實學頗感興趣，被稱爲北學派第一人。其『利用厚生』的學術思想被子浩修、孫有榘繼承而成爲家學傳統。命應著有《保晚齋集》、《保晚齋業書》、《保晚齋剩簡》等，代表作有《〈易〉學啓蒙集傳》、《耆社慶會曆》、《皇極一元圖》、《箕子外紀》、《啓蒙圖説》等，此外，還編撰了《奎章閣韵書》、《大邱徐氏世譜》等書。

命應家居曾將平時記録的材料編成《保晚齋叢書》，又將該書未收録的材料按經、史、子、集撰成《保晚齋剩簡》，其中《經簡》收有《洪範五傳》和《〈周易〉四箋》。命應爲探求《洪範》篇的深意以揭示箕子之道，曾編撰《洪範集傳》，并將其收録在《箕子外紀》裏。其因《洪範》與其他故事放在一起編輯頗感不便，故另編成一書。又考慮到若不參照先儒傳注來讀《洪範集傳》，則不能理解其隱含之義，故將漢孔安國、宋蔡沈、宋金履祥、元吴澄之傳注按時代順序附記於《洪範集傳》後，此即是《洪範五傳》。作者廣泛稱引四家之説，不僅于取捨中顯現自家《書》學思想，且能不時彰顯己説。然只加注釋不注出處，則于讀者頗爲不便。另外，其於篇首特設《箕子世家》一項，對箕子系譜、生平以及後代介紹詳盡，頗便徵引。

洪範五傳序

《洪範五傳》輯古今傳《洪範》之言，以明箕子之道。箕子之道具於《洪範》，《洪範》明則箕子之道明矣。蓋《洪範》爲書，其文奥，其理微，其數隱，故先儒傳注各得其一偏，甚或顛倒經文以就己意。故愚嘗折衷群言撰成《洪範集傳》，編入於《箕子外紀》。既而病《洪範》雜厠衆説之中，殊非尊經之義，特表出別爲一書。又恐不參互先儒傳注以博其識，則其於理數之隱微未必得其要領，且非恭畏前輩之道，故孔、蔡、金、吴四先儒之所傳注者各以世代附於《集傳》之後，名曰《洪範五傳》。

夫《河圖》出而《易》卦畫，《洛書》出而《範》疇叙，則解《範》疇必本於《洛書》，當如解《易》卦必本於《河圖》。而孔、蔡二《傳》既不以《洛書》爲本，金、吴二《傳》雖本《洛書》，亦不順《洛書》自然之理，往往泥字句，割經文。讀是書者須知此意，先味《集傳》，次觀傳注。即夫同异之際，辨其得失之分，則朱子所謂無疑使之有疑，有疑使之無疑者將於是乎在。而禹、箕、武三聖授受之大法，必有恍然覺悟於俯讀仰思之際，豈孤守一説之比哉！達城徐命膺謹書。

箕子世家

箕子，子姓，名胥餘，一曰須臾，商之宗室也。馬融、王肅以爲紂之諸父，服虔、杜預以爲紂之庶兄，未詳孰是。箕子當殷之時，食采於箕，故稱箕子。箕即今河南之西華縣，縣有箕子臺、洪範堂，春秋俎豆，至今不廢云。

初帝乙欲立紂。箕子諫曰：『微子長且賢，宜立微子。』帝乙不從。及紂立，始爲象箸。箕子嘆曰：『彼爲象著，必爲玉杯；爲玉杯，則必思遠方珍貴之物而御之矣！輿馬宫室之漸自此始，不可振也！』紂爲無道日甚，箕子知殷之將亡，與微子、比干講定出處，語在《商書·微子》篇。於是微子抱祭器逃之宋，以存宗祀。箕子、比干諫紂，紂怒殺比干，囚箕子。箕子乃被髮佯狂爲奴，使人知被囚之以狂也。時鼓琴自悲，故傳之曰《箕子操》。操者，言遇灾遭害猶守禮義不改其操也。周武王元年己卯師帥滅殷，入殷都，釋箕子囚，訪以《洪範》。箕子雖不欲臣僕於周，以武王之聖而不傳其道，則其道且將絶矣。乃具告九疇之道，語在《商書·洪範》篇。箕子既釋，逃之朝鮮。武王仍其地封之，不臣也。明年，箕子放三恪之義，賓于周，過殷故都，痛宗國之淪亡，爲作《麥秀歌》。

方箕子之逃也，率中國五千人，《詩》《書》禮樂之文，醫巫卜筮之流，百工技藝之徒，皆從焉。都平壤，稱爲後朝鮮。始至，言語不通，譯而後知。乃經晝井田，七十而助，衣冠悉同中國，教以農蠶織作。施八條之禁：曰相殺以命償；曰相傷以穀償；曰相盜者，男没入爲其家奴，女爲婢，欲自贖者，雖免爲民，俗猶羞與之嫁娶。餘五條無傳焉。自是朝鮮之俗崇信義，篤儒術，民不相盜，門户不閉，女不淫辟，飲食皆以籩豆，禮俗大興，朝野無事，鄰國慕其風，人民歡悦。以大同江比黄河，永明嶺比崇山，作歌頌禱其君，後世寫之爲《西京曲》。

箕子之生，實以丙戌。其東來時，年五十四。在侯位四十年，戊午薨，壽九十三，與武王同墓，在平壤府北七里兔山。傳祚四十世至否，畏秦服屬。否子准，以漢惠帝元年丁未失國，南遷金馬郡，國號馬韓。歷十一世至諒，又爲百濟所侵，避居龍岡烏石山，國號黄龍，然亦不復振，八世竟爲高句麗所滅。後朝鮮九百二十有八年，馬韓二百年，共一千一百二十有餘年。

高麗明孝王七年，求箕子墳塋，立祠以祭。忠肅王十二年，立箕子祠于平壤内城之仁里。本朝世宗十一年，以舊祠隘陋，命增修之，祭以中祀。史臣卞季良撰碑立之。宣祖三年，以箕子之後鮮于氏爲之監。鮮于氏者，箕子既封朝鮮，箕子之子仲又食采於遼東之于，故子孫合鮮于二文以爲姓。後加置守護民户十人。今去箕子之都平壤二千八百有九十有餘年，故迹一無存者，惟遺像儼然于仁賢書院。井田遺址宛在，中城之内川，外城之外川、興土二部。故老相傳，箕子宫基在正陽門外，民往往掘地得石礎之屬。英宗乙巳，道臣建請設壇立碑，然宫殿不當在井田中。或曰二畝半在野之廬，或曰東明王宫基也。

贊曰：有明洪武年間，國子司業宋濂撰《釋奠儀》有曰，罷七十子及鄭玄、馬融等從祀，以伏羲、神農、黄帝、堯、舜、禹、湯、文王、箕子、武王、周公、孔子祀於太學。其意以爲，古者合國之子弟，使有道德者教焉。死則以爲樂祖，祭於瞽宗。而并祭受教者，亡於禮也。且文王以《易象》傳《河圖》之學，箕子以《洪範》傳《洛書》之學，由武王、周公迄於孔子集其大成。則箕子之統於道，不在文王下也。是其爲論不亦偉矣乎！然今學制行之千有餘年，不可一朝驟改。唯以箕子之平壤，視猶孔子之闕里，修飾廟宇，復井田遺址，子孫世襲封爵，則其於崇奉殆庶幾矣！列朝之眷眷表章者，此也。古之學舍有米廪焉，有東膠西序焉，有黨庠家塾焉，不必其太學然後爲學也。

卷一

洪範

《漢志》曰：『禹治洪水，錫《洛書》法而陳之，《洪範》是也。』此以《洪範》爲禹之《洪範》也。《史記》曰：『武王克殷，訪問箕子以天道，箕子以《洪範》陳之。』此以《洪範》爲箕子之《洪範》也。蓋禹之《洪範》，《洪範》之經也，即第四節『初一曰』止『威用六極』是也。箕子之《洪範》，《洪範》之傳也，即第五節以下『一五行』止『六曰弱』是也。

惟十有三祀，王訪于箕子。

殷曰祀，周曰年。史臣將記武王箕子之問答，而年數則從周，以示武王大一統之義。年稱則從殷，以明箕子罔臣僕之志。抑以見是時乃武王即天子位之前，箕子之傳道自有斟酌也。

王乃言曰：『嗚呼！箕子，惟天陰騭下民，相協厥居。我不知其彝倫攸叙。』

『乃言』者，沉默良久然後始爲之言也。蓋武王征伐之君也，箕子亡國之臣也。以亡國之臣見征伐之君，掩抑悲切不能自已，故武王亦沉默良久以俟箕子之稍定然後始爲之言。不惟待忠臣之禮固當如此，抑以其將問大道必先慰安其心也。騭定協合，彝常倫理也，所謂秉彝人倫也。武王將問大道，必先嘆息而呼箕子曰，上天默能安定其下民，使去紂之亂，又能輔相保合其居止，使聽周之治，是亦莫非天意，非人之所能爲也。今我將承天命爲民君師，則凡下民日用之間，常行之事，條理粲然，各有次序者，其可不知所本哉？是以必欲聞大法九疇之道於箕子也。然語意婉委，不露幾微，謙恭和順，所包廣大，真聖人之言哉！

箕子乃言曰：『我聞在昔，鯀堙洪水，汩陳其五行。帝乃震怒，不畀洪範九疇，彝倫攸斁。鯀則殛死，禹乃嗣興，天乃錫禹洪範九疇，彝倫攸叙。』

箕子之『乃言』，亦沉思其可以傳道與否，然後始爲之言也。蓋是道也，天畀之於禹，禹畀之於箕子。而箕子遭時艱危，身若不死，迹必滅於中州。是道也，至箕子且將絶矣。乃今武王忽問是道於箕子，箕子雖不欲臣僕於周，以武王之聖而不傳是道，則天下無可傳之人。於是沉思良久，先言是道之所由廢興也。堙，塞；汩，亂；陳，列也。帝，天之主宰也。震怒云者，以象類求之，誠有至理存焉。蓋天圓之中，流行升降者，五行之理氣也。心虚之中，動静出入者，亦五行之理氣也。故人或震怒，則心中五氣撓蕩，汩亂不能循其本。然方鯀之堙洪水，造化闕於上，土性失於下，六府三事不得允治者，亦豈非天中五氣撓蕩，汩亂不得循其本然者乎？故曰震怒也。畀者，與也。洪，大；範，法；疇，類也。斁，亦敗也。洪範九疇，本出於玄龜《洛書》。玄龜《洛書》，又出於五行之氣。氤氲冲和，而鯀之汩陳五行如此，洪範九疇何由而與之哉？錫，賜也。禹嗣鯀治水，地平天成，於是玄龜負書出於洛，禹因以第之以爲大法九類，如下文所云也。

初一曰五行，次二曰敬用五事，次三曰農用八政，次四曰協用五紀，次五曰建用皇極，次六曰乂用三德，次七曰明用稽疑，次八曰念用庶徵，次九曰嚮用五福，威用六極。

此一節先引大禹叙《洪範》之經。而『初一』至『次九』，《洛書》之本數也。『曰五行』以下，《洪範》之本文也。協，合也。言以人合天也。乂，治也。建，立也。念，省驗也。嚮，所以勸而威，所以懲也。大抵《洪範》之則《洛書》，其大有三：對待也，流行也，始中終也。

何謂對待？《河圖》有十，《洛書》無十。然《洛書》對待，實含十數。故北一對南九爲十，西南二對東北八爲十，東三對西七爲十，東南四對西北六爲十，至於中五無與爲對，自含五爲十，合成大衍五十之數，而虚其中五之一以象太極。故《洪範》一五行與九五福六極相對，以五行乃萬事萬物之所由始，而福極又人事氣運之所已終。終與始對也。二五事與八庶徵相對，以五事乃天則之工夫，而庶徵又人事之效。驗工與效對也。三八政與七稽疑相對，以八政爲人謀，稽疑爲神謀，必人謀有未決然後斷之於神。謀人與神對也。四五紀與六三德相對，以五紀在天成象者，三德在地成質者。象與質對也。至若皇極居八疇之中，而前後諸疇莫不統於皇極。故皇極可以順五行，可以敬五事，可以厚八政，可以協五紀，可以乂三德，可以念庶徵，可以嚮五福、威六極也。

何謂流行？《河圖》左旋主生，對待主克。《洛書》右旋主克，比耦主生。主克，故一六水右旋克二七火，二七火右旋克四九金，四九金右旋克三八木也。主生，故一六比居於北而一生水，六成之；二七比居於西而二生火，七成之；三八比居於東而三生木，八成之；

四九比居於南而四生金，九成之。蓋於相克之中有相生之機也。故洪範六三德爲一五行之成。以五行之雜糅凝聚，莫有著於人之氣質、世之俗尚，而其氣質、俗尚或偏於剛，或偏於柔者，必用三德克之、治之，以反五行之本。然是三德即五行之權衡也。七稽疑爲二五事之成。以人君敬用五事，則於天下之萬理可以沛然無疑矣。然事變無窮，或有非人謀所能決者，則求諸卜筮以斷其志，是稽疑即五事之通變也。八庶徵爲三八政之成。以八政皆國家大事，凡有得失輒見災祥，不徒爲五事之休咎而已。是庶徵即八政之考驗也。九福極爲四五紀之成。以日月星辰章明順叙，則泰和肹蠁五福畢至；俶擾錯亂，則時氣乖舛。六極備至是福極，即五紀之要終也。至若皇極居八疇之中，察五行以乂三德，敬五事以明卜筮，厚八政以念庶徵，協五紀以錫福除極，而前後諸疇莫不因於皇極也。

何謂始中終？曰有朝午暮，人有少壯老，物有首腹尾，事有始中終。夫圖書之數，何獨不然。《河圖》體圓而用方，四正去其隅非所謂體圓也乎？天數始於一，地數始於二，爲二始。天數中於五，地數中於六，爲二中。天數終於九，地數終於十，爲二終。皆兩其始中終，凡兩必耦，凡耦必方，非所謂用方也乎？《洛書》體方而用圓，四正有其隅非所謂體方也乎？一居北爲數之始，五居中爲數之中，九居南爲數之終。皆一其始中終，凡一必奇，凡奇必圓，非所謂用圓也乎？故洪範五行，居初一之位者，以初一爲衆數之所由始，而五行亦爲衆用之所由始。蓋五事乃五行之凝聚爲形身者，八政乃五行之雜糅爲事物者，五紀乃五行之運行爲曆象者，三德乃五行之粹駁爲氣質者，稽疑乃五行之動静爲卜筮者，庶徵乃五行之順逆爲灾祥者，福極乃五行之得失爲應驗者。縱横上下，無往非五行之用。此即《洛書》一與一爲二，與二爲三，與三爲四，與四爲五，雖至十百千萬，無不始於一者。故以五行配初一，而諸疇皆言用五行。獨不言用，以見諸疇之用，皆始於此也。皇極居中五之位者，以中五爲衆數之所由本，而皇極亦爲諸疇之所由本。蓋皇極者乃人君之心，天下萬事無一不本於人君之心，故五行得皇極而順五事，得皇極而敬八政，得皇極而厚五紀，得皇極而協三德，得皇極而乂稽疑，得皇極而明庶徵，得皇極而念五福、六極，得皇極而嚮威。此即《洛書》五居中一得五爲六，二得五爲七，三得五爲八，四得五爲九。諸數莫不本於五，故以皇極配中五。而諸疇皆言數，皇極獨不言數，以見諸疇之數，皆本於此也。至若五福、六極，其人事之相因，氣化之相乘，五運六氣之推遷，極其調和順適，則民躋於仁壽之域，而爲五福之應，如堯舜之世是也。人事之相因，氣化之相乘，五運六氣之推遷，極其乖舛拂戾，則民值乎札瘥之氣，而爲六極之應，如桀紂之世是也。蓋至此，則善惡之驗判爲兩塗，治亂之分便成天壤。故以五福、六極係之於終，而兩言其用。蓋凡事莫不有兩於終，四德之終貞固爲兩，四方之終龜蛇爲兩，四時之終既成今歲之事又始來歲之事亦爲兩也。

一、五行：一曰水，二曰火，三曰木，四曰金，五曰土。水曰潤下，火曰炎上，木曰曲直，金曰從革，土爰稼穡。潤下作鹹，炎上作苦，曲直作酸，從革作辛，稼穡作甘。

自此以下，皆是箕子演《洪範》之傳。而『一五行』三字，大禹之叙疇綱也。『一曰水』以下，箕子之叙疇目也。

叙五行於水一者，水爲四氣之始，輕清圓活不滯於一隅。五行爲萬事之始，錯綜交運不限於一物也。文凡三轉，始之以五行之次第，中之以五行之性質，終之以五行之功用。以次第言之，則五行有始生之次第，有相克之次第。天一水，地二火，天三木，地四金，天五土，此始生之次第。水克火，火克金，金克木，木克土，此相克之次第。然有生然後有克，而相克之次第，皆原於始生之次第，故此但叙其始生之次第也。

以性質言之，則潤下者潤而又下，炎上者炎而又上，曲直者曲而又直，從革者從而又革。爰，於也。謂於是稼穡而已，非所以名也。然性質亦非一端，推類以長，知水之潤，則火燥、木濕、金清、土黏可知也。知火之炎，則水冽、木温、金寒、土溽可知也。知木之曲直，則水平、火銃、金棱、土方可知也。知金之從革，則水和、木削、火燎、土埴可知也。知土之稼穡，則水井泉、火爨炊、木宫室、金器用可知也。

以功用言之，則作之言爲也。始未必然而末乃然也。水未嘗鹹，及其流而至海，停蓄既久，然後味鹹焉，則鹹乃潤下之所作也。火未嘗苦，及其炎而燎物焦灼既久，然後味苦焉，則苦乃炎上之所作也。以至木之實乾壞而酸，金之質鍛鍊而辛，稼穡之味炊熟而甘，皆所謂作也。

或疑五行有聲，水羽、火徵、木角、金商、土宫是也。五行有色，水黝、火赤、木青、金白、土黄是也。今皆不之及。何也？曰：木之聲固爲角，金之聲固爲商。然龍門之桐，絙而鼓之，五音備矣；衡陽之金鑄而擊之，五音備矣。豈可以五音而别五行哉？水之色固爲黝，土之色固爲黄。然洞庭之湖，其緑如天；淮海之地，厥土赤埴。是又可以五色而别五行哉？大抵五行乃是聲色之所禀，而不可以聲色紀五行也。

二、五事：一曰貌，二曰言，三曰視，四曰聽，五曰思。貌曰恭，言曰從，視曰明，聽曰聰，思曰睿。恭作肅，從作乂，明作哲，聰作謀，睿作聖。

叙五事於火二者，火但有光氣臭味，非如木金之凝結重濁；而貌言視聽思亦但有色相聲氣，非如耳目手足之有體質堅固也。五事之文亦凡三轉。貌澤水，言揚火，視散木，聽收金，思通土，此五事之名目也。恭敬從順，明無不見，聰無不聞，睿通乎微，此五事之工夫也。肅嚴整，乂條理，哲智，謀度，聖無不通，此五事之效驗也。

然貌不止於顔色而已，凡威儀動作皆極其恭敬，則氣象整肅，使人起敬也。言不止於酬酢而已，凡號令訓戒皆順其道理，則要之可法，使人自治也。視不止於辨黑白、審長短而已，凡見事見人見義皆欲其透徹，則人情物理洞照無蔽，爲天下之大明也。聽不止於聞言語、聽音聲而已，凡訟獄之決、是非之別、异端之辨一入於耳，皆得其所當然與夫所以然，則推之所往裁處不亂，爲天下之善謀也。至於思，則在貌爲貌之事，在聽爲聽之事，通幽撤微，存神入妙，非聖者不能。蓋耳目之官，各專一事，而心之官則無所不通也。

三、八政：一曰食，二曰貨，三曰祀，四曰司空，五曰司徒，六曰司寇，七曰賓，八曰師。

叙八政於木三者，木必得水之潤、感火之熱以成其性質。而八政亦必因在天之五行與在人之五事，然後以人之五事察天之五行，立經陳紀以厚用八政也。自一至四皆用五數，然獨八政乃用八數者，天三生木，地八成之，故於此舉一以例其餘，俾見生成之交位也。然食、貨、祀三者，以事言；司空、司徒、司寇三者，以官言。至於賓、師，兼言事與官，而俾見食、貨、祀合之於賓、師，則爲五；司空、司徒、司寇合之於賓、師，亦爲五。蓋五數之中，八數寄之；八數之中，五數寓之也。大抵畎、澮、溝、洫、食之事也。通工、易事、貿遷、有無貨之事也。天神、地祇、岳瀆、宗廟，以至公卿大夫之先，莫不有享以報本，反始祀之事也。以京則都城九區，王宫、朝匝居中，民居左右；以都鄙則二十五家爲里，五百家爲鄉，二千五百家爲黨，司空之事也。八歲入小學，十五歲入大學，以三物賓興其德行賢能，司徒之事也。五服三就，五流三居，鞭作官刑，扑作教刑，司寇之事也。朝覲會同，往來交接，以親邦國，以綏遠人，賓之事也。統率六軍，習其坐作，以征不享，以戢奸宄，師之事也。八政之事，姑舉一二，周禮六典不能外焉。豈武王得斯道於箕子，周公又得斯道於武王，遂演爲周禮六典也歟？

四、五紀：一曰歲，二曰月，三曰日，四曰星辰，五曰曆數。

敘五紀於金四者，金必得火之燥，感水之濡，以成其性質。而五紀亦必因在天之五行，與在人之五事，然後以人之五事察天之五紀，治曆明時，以協用五紀也。今詳三、四兩疇之立文，皆不用三轉之法，與初二兩疇不同者，抑以木金皆稟受於水火，各有定質，而不若水火之流動閃爍變化不窮也歟？歲月日者，一歲分爲十二月，一月分爲三十日，一日分爲十二時，此曆法之經也。星辰者，考初昏之中星以定日宿之度，察十二次之分度以知日月之會，此曆法之緯也。以經推緯，以緯准經，可以得曆之正，然術數不明，又豈能保其無差乎？故以曆數終之，曆數即渾儀、蓋天、周髀、句股之類皆是也。

五、皇極：皇建其有極！斂時五福，用敷錫厥庶民，惟時厥庶民，于汝極，錫汝保極。凡厥庶民，無有淫朋，人無有比德，惟皇作極。凡厥庶民，有猷有爲有守，汝則念之；不協于極，不罹于咎，皇則受之。而康而色，曰予攸好德，汝則錫之福。時人，斯其惟皇之極。無虐煢獨，而畏高明。人之有能有爲，使羞其行，而邦其昌。凡厥正人，既富方穀，汝弗能使有好于而家，時人斯其辜。于其無好德，汝雖錫之福，其作汝用咎。無偏無陂，遵王之義；無有作好，遵王之道；無有作惡，遵王之路。無偏無黨，王道蕩蕩；無黨無偏，王道平平；無反無側，王道正直。會其有極，歸其有極。曰皇極之敷言，是彝是訓，于帝其訓。凡厥庶民，極之敷言，是訓是行，以近天子之光。曰天子作民父母，以爲天下王。

叙皇極於土五者，土居四行之交，生成四行，故水行於土，火麗於土，木敷於土，金生於土。

皇極居八疇之中，總攝八疇，故五行由皇極而治五事，由皇極而敬八政，由皇極而厚五紀，由皇極而協三德，由皇極而乂稽疑，由皇極而明庶徵，由皇極而念福極，由皇極而嚮威也。皇極者，何也？君心也。故此一疇專象君心，而立文自『皇建其有極』止『惟皇作極』爲關軸。於上自『曰皇極之敷言』止『以爲天下王』爲關軸。於下然後『凡厥庶民，有猶有爲有守』止『其作汝用咎』，皆君心之用也；『無偏無陂』止『歸其有極』，皆君心之體也。先用而後體者，體立於用，用見於外也。凡此皆所以象中國在天下之中，邦畿在中國之中。中國之人，四面環向於邦畿，視君心之體用爲之趣舍焉；天下之人，四面環向於中國，視君心之體用爲之趣舍焉。古文辭約而意該，多由於立象也。

皇，君也。建，立也。極，極至之義，標准之名。中立而四方之所取正，猶太極、北極、屋極之極也。太極中于陰陽剛柔，而陰陽剛柔莫不樞紐于太極。北極中于三垣四象，而三垣四象莫不環拱于北極。屋極中于棟宇堂室，而棟宇堂室莫不輻輳于屋極。夫皇極之極亦由是也。時與是通。敷，布也。必舉五福者，所以見第九疇之五福爲第五疇皇極之成效。極，功也。君心收斂五福以布賜於庶民，則太和所感，君亦自享其五福，殆無异庶民反以此五福獻之於其君，使其君長保五福，所謂錫保也。淫朋，邪黨也。人，有位之人也。比德，私相比附也。無淫朋比德，即斂時五福之樞機。蓋人君雖欲斂福錫民，然若民若臣剛與剛朋比，弱與弱朋比，好利者朋比於匝，貪權者朋比於朝。階庭之内，水火胥分，堂室之中，戈戟相尋。則福反爲殃，不能從其君之欲矣。雖然，君者圭也，民者影也，圭端則影直；君者源也，民者流也，源清則流潔。人君以至公無私之心臨于上，則天下之爲臣爲民者消其狹陋之質，忘其偏側之念，以卒歸於廣大公平之域。此又皇極之應驗，故又曰惟皇作極。蓋不特以兩皇極爲始終於一段文勢也。

有猷，有謀慮者也。有爲，有施設者也。有守，有操守者也。念，謂留心致察也。福，爵禄也。天之錫福於人者，壽富康德命是也。君之錫福於民者，高爵厚禄以榮其身是也。其爲福則一也，故稱爵禄爲福也。煢獨，庶民之至微者也。高明，世家之尊顯者也。言福民之道，凡有五等。其謀猷可以有濟，施爲可以有功，行誼可以有守。如此之人，當留心致察，以備器使也。雖不協于皇極之道，能不罹陷於不義之科。如此之人，亦當歸斯受之不棄斥外也。至若安於心而無鮠甈生澀之意，和於色而有見面盎背之驗。使立極之君見之，曰是真我所好之德云爾，則其於極可謂協合矣！如此之人，必尊之以爵，厚之以禄，與共錫福於民，則爵禄者人君所以風勵一世之大柄。是民孰不咸歸於皇極之道哉？於是，又言其用人之節度，曰必無虐視於煢獨之殘氓，亦無畏憚於高明之世家，不以弱凌，不爲勢奪，惟其人之是取，然後方可以得人也。

有能，有才能而不足於識量也。有爲，有施爲而未至於成就也。即向之留心致察者也。羞，進也。謂長其識量盡其成就也。上文兼擧民人，此但言人，惟指有位者言也。蓋有能有爲者，向既留心致察而特未及任用，今乃益加培埴進其才能，使朝廷之上賢才衆多，則邦雖欲不昌得乎？

穀，善也。凡厥所用之正人，必忠信重禄然後方能善於事。若不能使其家和好，而禀禄不繼，衣食不足，父母兄弟妻子互相怨訾，則正人之心不能自安，必陷於非辟矣！

夫德者，得於心也。人君徒信其外，不度其心，一或寵之位而錫之禄，則其所以闕皇極之化爲皇極之咎者，庸有既哉？偏，不中也。陂，不平也。作好作惡者，好惡非出於天理之公，而作於人爲私智也。黨，朋比也。反，倍常也。側，不正也。蕩蕩，廣遠也。平平，坦易也。會者，合而來也。歸者，來而至也。古人言有盡而意無窮，則必爲詩語以反復咏嘆，使人自得於意象之表。況皇極之體，乃人君之心法。言其廣大，則可以與天地參；言其精密，則可以與造化侔。是豈區區言説所可盡哉？故一篇之中，獨此一節爲詩語以諷咏之。曰偏曰陂曰黨曰反曰側，何其名之不一乎？私即人欲，千塗萬轍，如人人各异其面也。曰義曰道曰路，何其言之反復一轍乎？公即天理，坦夷寬廣，無有許多委折也。

至若好惡二者，在其中央。《大學》誠意章之好惡，在毋自欺、謹其獨之間。其源蓋出於此。大抵人君一心，萬化之所由本。天下之事，妍媸美惡日應於前。天下之人，賢邪忠佞日接於前。天下之欲，聲色臭味日交於前。天下之幾，安危存亡日決於前。苟不以大公至正之心處之，如天地之無私覆，日月之無私照，而所好或背於義理之正，所惡或出於氣質之偏，則用舍之間，人必窺見其端倪，去取之分，人必較量其淺深。爲臣者，各就志尚之相似互相比昵，水火既分，玄黄愈力。爲民者，各就習性之相近，千百成群，朝合暮歧，向背無常。雖欲納民生於軌則，一天下於同道，得哉？故皇極一疇，以民之有爲有守、人之有能有爲爲君心之用；而又以蕩蕩平平、會極歸極爲君心之體。蓋欲人君以天地日月之心正朝廷，以正萬民，使天下皆如吾心之廣大公平，以歸于吾之極也。

曰者，更端之辭。疇末必舉兩曰字，亦以兩終之之義。《大學》誠意章之末兩言是故，蓋本諸此也。敷言，即上文敷衍之言也。光者，道德之光華也。人臣若於君心所敷衍之言作爲經常之心法、經常之謨訓，則凡其心法、謨訓非徒本原於君心而已，實乃上帝之所謨訓。此又以人而言之也。庶民若於君心所敷衍之言，雖不能如人臣之作爲心法，然亦能誦訓於口、服行於身，則可以進其才能，終乃登庸以昵近天子道德之光華。且雖不然，亦得咸囿於五福之中，莫不愛戴天子如仰父母。此又以民而言也。《大學》誠意章之末兩言誠其意、謹其獨，蓋本諸此。

六、三德：一曰正直，二曰剛克，三曰柔克。平康正直，彊弗友剛克，燮友柔克。沉潛剛克，高明柔克。惟辟作福，惟辟作威，惟辟玉食。臣無有作福作威玉食。臣之有作福作威玉食，其害于而家，凶于而國。人用側頗僻，民用僭忒。

叙三德於水六者，水六乃水一之成數，三德乃五行之流行，賦與爲人之氣質，世之俗尚也。《洛書》自一至四在數爲生數之不雜，在氣化爲繼之者，善純粹至美，在元會爲午會以前，剛柔不偏，威福不下移。自六至九，在數爲成數之紛糅錯雜，在氣化爲成之者，性清濁粹駁至不齊焉。在元會爲午會以後，剛柔多偏，威福多下移。故《洪範》自一至四，其爲數皆五，惟八政獨舉成數，然其實五而已，其爲事皆有善無惡，極其純粹。自六至九，其爲數三，八七五至不整焉，其爲事皆善惡兩道，至不純焉。引而伸之，可以准古今之始終；斂而約之，可以驗一世之升降；退而藏之，可以爲學問之修治，殆與《易》書相爲表裏。嗚呼！大哉正直，謂無纖毫矯拂而循其本然也。克，治也。剛克，謂以剛猛之道而治之也。柔克，謂以柔順之道而治之也。蓋正直、剛克、柔克三者，乃所云三德者也。平康正直，言當平康之時一循其本然而無纖毫矯拂也。彊弗友者，彊梗弗順也。燮友者，和柔委順也。此主勵世言而教人在其中也。沉潛者，沉深潛退不及乎中也。高明者，高亢明爽過乎中也。主教人言而勵世在其中也。蓋王者御世酬物，必當視習俗之不齊、氣禀之不一，抑揚與奪以爲治道之權衡。不然，而欲以藥石之攻代粱肉之治，優游之工矯褊駁之質，則施非其宜，鮮能有效矣。福即爵禄，慶賞是也；威即刑罰，懲討是也。玉食，凡車輿冕服所以示上下名分之類皆是也。大抵三德之治人，乃是權柄不下，治機在上，故欲人君審時識勢以爲之操縱焉耳。其或不幸而值委靡衰弱之世，强臣在朝，主勢孤弱，則既不可剛克以召亂，又不可柔克以致侮。故此疇前一半之後不可無後一半，而前一半如秤，後一半如錘，錘所以正秤者。欲人君知威福玉食不可以假人，收權綱于等威之辨，抑奸謀於堂陛之嚴，以行其三德也。孔子惜樊纓亦此意爾。

今按，九疇約之於心法，則自一至四，此心未發之前，氣不用事，一性湛然，故四疇所言皆純一不雜。自六至九，此心既發之後，剛柔斯判，善惡异應。故言剛柔於六，言福極於九，至於皇極，乃心之統性情者也。所謂退而藏之，爲學問之修治者，然也。

七、稽疑：擇建立卜筮人，乃命卜筮。曰雨，曰霽，曰蒙，曰驛，曰克。曰貞，曰悔。凡七：卜五，占用二。衍忒。立時人，作卜筮。三人占，則從二人之言。汝則有大疑，謀及乃心，謀及卿士，謀及庶人，謀及卜筮。汝則從，龜從，筮從，卿士從，庶民從，是之謂大同。身其康彊，子孫其逢，吉。汝則從，龜從，筮從，卿士逆，庶民逆。吉。卿士從，龜從，筮從，汝則逆，庶民逆。吉。庶民從，龜從，筮從，汝則逆，卿士逆。吉。汝則從，龜從，筮逆，卿士逆，庶民逆。作内吉，作外凶。龜筮，共違于人。用静吉，用作凶。

叙稽疑於火七者，火七爲火二之成數，稽疑爲五事之通變。蓋人君敬用五事，則於天下之萬理可以沛然無疑矣。然事變無窮，或有非人謀所能决者，則求諸卜筮以斷其志，此稽疑所以爲五事之通變也。稽，考也。言有所疑則卜筮以考之也。龜曰卜，蓍曰筮。卜筮之人，必其心至公無私，而其知通幽察微，然後可以假兆卦决嫌疑，所以先擇立卜筮之人也。

雨、霽、蒙、驛、克五者，皆是鑽灼之後兆象之名。雨即水兆，其狀如水下然也。霽即火兆，其狀如既雨而開霽然也。蒙即木兆，其狀如草木之冒土而出也。或云取木氣蒙昧也。

驛即金兆，古文驛作圛，其狀圛轉絡驛，累累如金錯也。克即土兆，其狀如土之黏泥，累高交加相上。交加相上曰克也。凡此皆所謂卜兆也。

內卦爲貞，外卦爲悔；静卦爲貞，動卦爲悔。蓋天下之悔，多生於動，而動又多在於外，故以動卦、外卦爲悔也。凡此皆所謂筮卦也。筮卦起於《河圖》，《河圖》主乎陰陽，故貞悔但舉其二卜兆立於《洛書》。《洛書》主乎五行，故雨、霽、蒙、驛、克并舉其五也。

忒，朱子以爲推衍卜筮之變，蔡氏以爲推衍人事之差，當以朱子之言爲正。蓋卜之法，經兆百有二十，其頌千有二百，而皆卜其頌也。筮之法，經卦六十四，其變四千九十六卦，而皆筮其變也。『立時人』以上，乃卜筮之體也；以下，乃卜筮之用也。作內謂祭祀等事，作外謂征伐等事。静指守常言，作指動作言。有龜從庶逆，而無筮從龜逆者。卜之決疑，直捷簡易，不若筮之委曲難曉。故《記》曰『大事卜，小事筮』，《傳》曰『筮短龜長』也。

八、庶徵：曰雨，曰陽，曰燠，曰寒，曰風，曰時。五者來備，各以其叙。庶草蕃廡。一極備，凶；一極無，凶。曰休徵：曰肅，時雨若；曰乂，時陽若；曰哲，時燠若；曰謀，時寒若；曰聖，時風若；曰咎徵：曰狂，恒雨若；曰僭，恒陽若；曰預，恒燠若；曰急，恒寒若；曰蒙，恒風若。曰王省惟歲，卿士惟月，師尹惟日。歲月日時無易，百穀用成，乂用明，俊民用章，家用平康。日月歲時既易，百穀用不成，乂用昏不明，俊民用微，家用不寧。庶民惟星，星有好風，星有好雨。日月之行，則有冬有夏。月之從星，則以風雨。

叙庶徵於木八者，木八爲木三之成數，庶徵爲八政之應驗。蓋八政即人事之修于下也。庶徵即天道之示于上也。其一休一咎，相爲貫通，殆無异影響之捷，則庶徵之爲八政，應驗明矣。

庶者，非一之謂也。徵，亦驗也。雨屬水，陽屬火，燠屬木，寒屬金，風屬土。風屬土，故土囊之口生風也。五者，庶徵之經；時者，庶徵之緯，而自五者來。備止一極無凶，皆所以釋時之義也。備，無缺少也。叙應節侯也。各以其叙庶草蕃廡，順言應時之爲休徵也。『一極備，凶；一極無，凶。』反言違時之爲咎徵也。是蓋以曰雨與曰時分兩端開説於一疇之首，爲下文『曰休徵』、『曰王省』張本，而每一更端必以『曰』字加之，示條例焉。『曰休徵』以下，皆所以明《洛書》木八爲火二之對位，範疇庶徵爲五事之應驗，而終疇首『曰雨』以下之義也。貌自容止坐立，以至出入居處，極其温恭整肅，則血氣循軌，敬德潤身，而時雨之澤物者應之矣。言自論道經邦，以至發號施令，極其修治章明，則人心開霽，機務炳朗，而時陽之，烜物者應之矣。視自燭理炳幾，以至識賢辨邪，極其昭融宣著，則幽隱畢達，人心悦服，而時燠之和物者應之矣。謀自運量裁處，以至綱紀綳綸，極其精密完固，則萬事收斂，百爲整飭，而時寒之藏物者應之矣。

至若聖者，妙萬物而無迹，神萬化而無滯，瞻之在前，忽焉在後。故五日一風，風不鳴，條動而感，雨止而感，陽噓而感，燠吸而感寒者，誠以聖於四德無不通，土於四行無不寄也。

或疑五徵之分屬五事，近於穿鑿，是不然。且以聖學言之，雖同禀仁義禮智之性，同得仁義禮智之功，而及其成德之後，則氣象規摹有温恭剛毅清和時中之別，非固有偏於四德也。况天氣之應于人哉？狂妄、僭差、預怠、急迫、蒙昧也咎徵，即休徵之反也。

『曰王省』以下，皆所以明《洛書》木八爲木三之成數，範疇庶徵爲八政之應驗，而終疇首『曰時』以下之義也。王卿士尹之省，以大小不同者，《周禮》太宰歲終受百官之會而詔王廢置，所謂王省惟歲也；小宰月終受群吏之要，所謂卿士惟月也。宰夫旬終正日成，所謂師尹惟日也。周制之本原範疇，此亦可驗其一端矣。

言休徵，則先歲次月次日；言咎徵，則先日次月次歲者，祥惟在人君之所感召；而灾雖小，臣亦足以致之也。庶民惟星，謂庶民但當占星宿知風雨以爲農作之候，而非如王卿師尹布政施令。其一得一失，輒著見於庶徵也。蓋野人之風俗澆漓，惟係君子所導之如何，故縱有休咎，亦不出王卿士尹所省之内，而獨其一風一雨以爲農作之候，則上之人豈能日日示其占於民哉？欲使婦孺卒隸莫不學習星文，即其田野之中，荷鋤執耒仰觀于天相，與指點以爲某星入于某度，某日必風，某星離于某躔，某日必雨，以之或載南畝，或載西疇，故言惟星特加詳焉。星有好風，星有好雨，所以明箕畢二星之性情也。日月之行，有冬有夏，所以明日月躔次之循環也。然後結之以月之從星，則以風雨，蓋箕畢雖有所好，若無月以從之，則未必風雨；日月雖有運行，若無星以離之，則未必風雨。語雖簡約，意已獨至，可使田野愚夫自有得於風雨之候，以爲旱澇之備。君子在朝，既盡其時叙之道；野人在野，又盡其備無之禦，則其爲八政之厚，豈少補也哉？

又按，後世天文志，人君休咎之徵，可見於天與日月者多矣。今《洪範》乃不概見，獨以雨、陽、燠、寒、風爲言，何也？於此可得造化精微之蘊矣！今夫天有變色於上，日有蕩戛於中，月有墮魄於下。從古灾异，此類甚多。使其真體果如此，則天與日月，亦有時弊矣。豈能亘萬古常然哉！蓋天地之間，只有雨、陽、燠、寒、風五者。而五者之氣，感遇聚結，是生游氣，自成象形，如虹霓抱珥之屬。掩映于天，天變其色；掩映于日月，日月變其形。皆自下仰之，見其如此，而真體實未嘗變。嗚呼！此所以洪範休咎之徵，但以五者爲言者。其旨深哉，後世或以日行遲疾爲君行緩急之徵，蓋由範學不明而然也！

九、五福：一曰壽，二曰富，三曰康寧，四曰攸好德，五曰考終命。六極：一曰凶短折，二曰疾，三曰憂，四曰貧，五曰惡，六曰弱。

叙五福六極於金九者，金九爲金四之成數，五福六極亦爲五紀之要終。蓋日月星辰章明順序，則泰和肸蠁五福畢至；日月星辰僭擾錯亂，則時氣乖舛六極備至。此福極所以爲五紀之要終也。五福屬陽，故紀之以五。五者，天之中數也。至治之世，風氣調和，民值是氣而生者，禀質完固，精力不愆。春秋皆過百歲，豈非所謂壽耶？勞心者食於人，勞力者食人。含哺鼓腹，耕食鑿飲，以帝力爲何有於我。豈非所謂富耶？五運六氣，咸循其軌；虐癘瘟疫，不行於閭。井民有終身不病者。豈非所謂康寧耶？申庠序之教，修之以孝悌忠信之道，斑白者不負戴焉。豈非所謂攸好德耶？刑戮不及，刀鋸不加，生長老死，皆盡其天年。豈非所謂考終命耶？凡此皆建極之成效極功，故曰五福，曰富，曰攸好德。第五、第九疇互相照綴，《大學》誠意章、平天下章以好惡二字照綴之者，其原蓋出於此云。

六極屬陰，故紀之以六。六者，地之中數也。衰亂之世，刑罰繁苛，殺戮肆行，民，有死非其命者。豈非所謂凶短折耶？風氣乖沴，寒暑愆伏，癍疹瘟疫無歲無之。豈非所謂疾耶？在朝者憂讒説，在野者憂徵斂；賢者憂時，不肖者憂亂。豈非所謂憂耶？富者連阡陌，而庶民無立錐之地，樂歲終身飢，凶年轉於溝壑。豈非所謂貧耶？强者恃其力，任其質，而無矯揉向善之意。豈非所謂惡耶？柔者欲爲善，而不能振作；欲去惡，而無所懲創。豈非所謂弱耶？

大抵此疇以九含十，以老陽含少陰，而有兩之義。故以五福六極兩終之。《堯典》之末終之以兩『欽哉』，《周易》之末終之以『既、未濟』，與此互相發，其旨深哉！

卷二

洪範 漢孔氏安國傳

洪，大。範，法也。言天地之大法。

惟十有三祀，王訪于箕子。

商曰祀。箕子稱祀，不忘本。此年四月，歸宗周，先告武成，次問天道。

王乃言曰：『嗚呼！箕子，惟天陰騭下民，相協厥居。』

騭，定也。天不言而默定下民，是助合其居，使有常生之資。

『我不知其彝倫攸叙。』

言我不知天所以定民之常道理。次叙問何由。

箕子乃言曰：『我聞在昔，鯀堙洪水，汩陳其五行。』

堙，塞。汩，亂也。治水失道，亂陳其五行。

帝乃震怒，不畀洪範九疇，彝倫攸斁。

畀，與。斁，敗也。天動怒鯀，不與大法九疇。疇，類也。故常道所以敗。

鯀則殛死，禹乃嗣興。

放鯀，至死不赦。嗣，繼也。廢父興子，堯之道。

天乃錫禹洪範九疇，彝倫攸叙。

天與禹，洛出書，神龜負文而出列於背，有數至于九。禹遂因而第之，以成九類常道，所以次叙。

初一曰五行。

九類，類一章，以五行爲始。

次二曰敬用五事。

五事在身，用之必敬，乃善。

次三曰農用八政。

農，厚也。厚用之政，乃成。

次四曰協用五紀。

協，和也。和天時，使得正，用五紀。

次五曰建用皇極。

皇，大。極，中也。凡立事當用大中之道。

次六曰乂用三德。

治民必用剛、柔、正直之三德。

次七曰明用稽疑。

明用卜筮考疑之事。

次八曰念用庶徵，次九曰嚮用五福，威用六極。

言天所以嚮勸人用五福，所以威沮人用六極。此已上，禹所第叙。

一、五行：一曰水，二曰火，三曰木，四曰金，五曰土。

皆其生數。

水曰潤下，火曰炎上。

言其自然之常性。

木曰曲直，金曰從革。

木可以揉曲直，金可以改更。

土爰稼穡。

種曰稼。斂曰穡。土可以種，可以斂。

潤下作鹹。

水，鹵所生。

炎上作苦。

焦氣之味。

曲直作酸。

木實之性。

從革作辛。

金之氣味。

稼穡作甘。

甘味生於百穀。五行以下，箕子所陳。

二、五事，一曰貌。

容儀。

二曰言。

詞章。

三曰視。

觀正。

四曰聽。

察是非。

五曰思。

心慮所行。

貌曰恭。

儼恪。

言曰從。

是則可從。

視曰明。

必清審。

聽曰聰。

必微諦。

思曰睿。

必通於微。

恭作肅。

心敬。

從作乂。

可以治。

明作哲。

照了。

聰作謀。

所謀必成當。

睿作聖。

於事無不通謂之聖。

三、八政：一曰食。

勤農業。

二曰貨。

寶用物。

三曰祀。

敬鬼神以成教。

四曰司空。

主空土以居民。

五曰司徒。

主徒衆教以禮義。

六曰司寇。

主奸盜使無縱。

七曰賓。

禮賓客無不敬。

八曰師。

簡師所任必良，士卒必練。

四、五紀：一曰歲。

所以紀四時。

二曰月。

所以紀一月。

三曰日。

紀一日。

四曰星辰。

二十八宿迭見以叙氣節，十二辰以紀日月所會。

五曰曆數。

曆數，節氣之度。以爲曆，敬授民時。

五、皇極，皇建其有極！

大中之道，大立其有中，謂行九疇之義。

斂時五福，用敷錫厥庶民。

斂是五福之道，以爲教用。布與衆民，使慕之。

惟時厥庶民，于汝極，錫汝保極。

君上有五福之教，衆民於君，取中與君，以安中之善言從化。

凡厥庶民，無有淫朋，人無有比德，惟皇作極。

民有安中之善，則無淫過朋黨之惡。此周之德，惟天下皆大爲中正。

凡厥庶民，有猶有爲有守，汝則念之。

民戢有道，有所爲，有所執守，汝則念録叙之。

不協于極，不罹于咎，皇則受之。

凡民之行，雖合於中而不罹于咎惡，皆可進用大法受之。

而康而色，曰予攸好德，汝則錫之福。

汝當安汝顔色，以謙下人。人曰我所好者德，汝則與之爵禄。

時人，斯其惟皇之極。

不合於中之人，汝與之福，則是人，此其惟大之中，言可勉進。

無虐煢獨，而畏高明。

煢，單無兄弟也。無子曰獨。單獨者，不侵虐之；寵貴者，不枉法畏之。

人之有能有爲，使羞其行，而邦其昌。

功能有爲之士，使進其所行，汝國其昌盛。

凡厥正人，既富方穀。

凡其正直之人，既當以爵禄富之，又當以善道接之。

汝不能使有好于而家，時人斯辜。

不能使正直之人有好於國家，則是人斯其詐取罪而去。

于其無好德，汝雖錫之福，其作汝用咎。

於其無好德之人，汝雖與之爵禄，其爲汝用惡道，以敗汝善。

無偏無陂，遵王之義。

偏，不平。陂，不正。言當循先王之正義以治民。

無有作好，遵王之道；無有作惡，遵王之路。

言無有亂爲私好惡動，必循先王之道路。

無偏無黨，王道蕩蕩。

言開闢。

無黨無偏，王道平平。

言辯治。

無反無側，王道正直。

言所行無反道不正，則王道平直。

會其有極，歸其有極。

言會其有中而行之，則天下皆歸其有中矣。

曰皇極之敷言，是彝是訓，于帝其訓。

曰者大其義言，以大中之道布陳言教。不失其常，則人皆是順矣。天且其順，而況于人乎？

凡厥庶民，極之敷言。是訓是行，以近天子之光。

凡其衆民，中心之所陳言，凡順是行之，則可以近益天子之光明。

曰天子，作民父母，以爲天下王。

言天子布德惠之教，爲兆民之父母，是爲天下所往，不可不務。

六、三德：一曰正直。

能正人之曲直。

二曰剛克。

剛能立事。

三曰柔克。

和柔能治，三者皆德。

平康正直。

世平安，用正直治之。

彊弗友剛克。

友，順也。世强禦不順，以剛能治之。

燮友柔克。

燮，和也。世和順，以柔能治之。

沈潛剛克。

沈潛謂地雖柔，亦有剛能出金石。

高明柔克。

高明謂天。言天爲剛德，亦有柔克。不干四時，喻臣當執剛以正君，君亦當執柔以納臣。

惟辟作福，惟辟作威，惟辟玉食。

言惟君得專威福，爲美食。

臣無有作福作威玉食，臣之有作福作威玉食，其害于而家，凶于而國。人用側頗僻，民用僭忒。

在位不敦平，則下民僭差。

七、稽疑：擇建立卜筮人，乃命卜筮。

龜曰卜。蓍曰筮。考正疑事，當選擇知卜筮而建立之。

乃命卜筮。

建立其人，命以其職。

曰雨，曰霽。

龜兆形有似雨者，有似雨止者。

曰蒙。

蒙陰闇。

曰驛。

氣落驛不連屬。

曰克。

兆相交錯。五者卜筮之常法。

曰貞，曰悔。

内卦曰貞，外卦曰悔。

凡七。

卜筮之數。

卜五，占用二。衍忒。立時人，作卜筮。三人占，則從二人之言。

立是知卜筮人使爲卜筮之事。夏殷周卜筮各异，三法并卜，從二人之言，善勻從衆。卜筮各三人。

汝則有大疑，謀及乃心，謀及卿士，謀及庶人，謀及卜筮。

將舉事，而汝則有大疑，先盡汝心以謀慮之，次及卿士、衆民，然後卜筮以决之。

汝則從，龜從，筮從，卿士從，庶民從，是之謂大同。

人心順，龜筮從之，是謂大同於吉。

身其康彊，子孫其逢，吉。

動不違衆，故後世遇吉。

汝則從，龜從，筮從，卿士逆，庶民逆。吉。

三從二逆，中吉，亦可舉事。

卿士從，龜從，筮從，汝則逆，庶民逆。吉。

君臣不同，决之卜筮，亦中吉。

庶民從，龜從，筮從，汝則逆，卿士逆。吉。

民與上异心，亦卜筮以决之。

汝則從，龜從，筮逆，卿士逆，庶民逆。作内吉，作外凶。

三從三逆，龜筮相違，故可以祭祀、冠、婚，不可以出師征伐。

龜筮共違于人。

皆逆。

用静吉，用作凶。

安以守常則吉，動則凶。

八、庶徵：曰雨，曰陽，曰燠，曰寒，曰風，曰時。

雨以潤物，陽以乾物，暖以長物，寒以成物，風以動物。五者各以其時，所以爲衆驗。

五者來備，各以其叙。庶草蕃廡。

言五者備至，各以次序，則衆草蕃滋廡豐也。

一極備，凶；一極無，凶。

一者備極過甚，則凶；一者極無不至，亦凶。謂不時失叙。

曰休徵。

叙美行之驗。

曰肅，時雨若。

君行敬，則時雨順之。

曰乂，時陽若。

君行政治，則時陽順之。

曰哲，時燠若。

君能照哲，則時燠順之。

曰謀，時寒若。

君能謀，則時寒順之。

曰聖，時風若。

君能通理，則時風順之。

曰咎徵。

叙惡行之驗。

曰狂，恒雨若。

君行狂疾，則常雨順之。

曰僭，恒陽若。

君行僭差，則常陽順之。

曰預，恒燠若。

君行逸預，則常燠順之。

曰悉，恒寒若。

君行悉，則常寒順之。

曰蒙，恒風若。

君行蒙闇，則常風順之。

曰王省惟歲。

王所省職，兼所總群吏，如兼四時。

卿士惟月。

卿士各有所掌，如月之有別。

師尹惟日。

衆正官之吏分治其職，如日之有歲月。

歲月日時無易。

百穀用成，乂用明。

各順常。

歲月日時無易，則百穀成。君臣無易，則政治明。

俊民用章，家用平康。

賢臣顯用，國家平寧。

日月歲既易。

是三者已易，喻君臣易職。

百穀用不成，乂用昏不明，俊民用微，家用不寧。

君失其柄權，臣擅命。治闇，賢隱，國家亂。

庶民惟星，星有好風，星有好雨。

星，民象。故衆民惟若星。箕星、好風、畢星、好雨，亦民所好。

日月之行，則有冬有夏。

日月之行，冬夏各有常度。君臣政治大小，各有常法。

月之從星，則以風雨。

月經於箕，則多風；離於畢，則多雨；政教失常，以從民欲，所以亂。

九、五福：一曰壽。

百二十年。

二曰富。

財豐備。

三曰康寧。

無疾病。

四曰攸好德。

所好者，德福之道。

五曰考終命。

各成其短長之命，以自終，不横夭。

六極：一曰凶短折。

動不遇吉，短未六十折二十，言辛苦。

二曰疾。

常抱疾苦。

三曰憂。

多所憂。

四曰貧。

困於財。

五曰惡。

醜陋。

六曰弱。

尫劣。

卷三

洪範 宋蔡氏沉傳

《漢志》曰：『禹治洪水，錫《洛書》，法而陳之，《洪範》是也。』《史記》：武王克殷，訪問箕子以天道，箕子以《洪範》陳之。按篇内曰『而』、曰『汝』者，箕子告武王之辭，意《洪範》發之於禹，箕子推衍增益以成篇歟？

惟十有三祀，王訪于箕子。

商曰祀，周曰年。此曰祀者，因箕子之辭也。箕子嘗言『商其淪喪，我罔爲臣僕。』《史記》亦載箕子陳《洪範》之後，武王封于朝鮮而不臣也。蓋箕子不可臣，武王亦遂其志而不臣之也。訪，就而問之也。箕，國名，子，爵也。

○蘇氏曰：『箕子之不臣周也，而曷爲爲武王陳《洪範》也？天以是道畀之禹，傳之於我，不可使自我而絶。以武王而不傳，則天下無可傳者矣。故爲箕子之道者，傳道則可，仕則不可。』

王乃言曰：『嗚呼！箕子，惟天陰騭下民，相協厥居。我不知其彝倫攸叙。』

『乃言』者，難辭，重其問也。箕子稱舊邑爵者，方歸自商，未新封爵也。騭，定。協，合。彝，常。倫，理也。所爲秉彝，人倫也。武王之問，蓋曰：天於冥冥之中，默有以安定其民，輔相保合其居止，而我不知其彝倫之所以叙者如何也。

箕子乃言曰：『我聞在昔，鯀堙洪水，汩陳其五行。帝乃震怒，不畀洪範九疇，彝倫攸斁。鯀則殛死，禹乃嗣興，天乃錫禹洪範九疇，彝倫攸叙。』

『乃言』者，重答也。堙，塞。汩，亂。陳，列。畀，與。洪，大。範，法。疇，類。斁，敗。錫，賜也。帝以主宰言，天以理言也。洪範九疇，治天下之大法，其類有九，即下文『初一』

至『次九』者。箕子之答，蓋曰：洪範九疇，原出於天。鯀逆水性，汩陳五行。故帝震怒，不以與之。此彝倫之所以敗也。禹順水之性，地平天成，故天出書于洛。禹别之以爲洪範九疇，此彝倫之所以叙也。彝倫之叙，即九疇之所叙者也。

○按，孔氏曰：天與禹，神龜負文而出，列於背，有數至九。禹遂因而第之，以成九類。《易》言：『河出圖，洛出書，聖人則之。』蓋治水功成，洛龜呈瑞，如《簫韶》奏而鳳儀。《春秋》作而麟至，亦其理也。世傳戴九履一，左三右七，二四爲肩，六八爲足，即書之數也。

初一曰五行，次二曰敬用五事，次三曰農用八政，次四曰協用五紀，次五曰建用皇極，次六曰乂用三德，次七曰明用稽疑，次八曰念用庶徵，次九曰嚮用五福，威用六極。

此九疇之綱也。在天惟五行，在人惟五事。以五事參五行，天人合矣。『八政』者，人之所以因乎天。『五紀』者，天之所以示乎人。『皇極』者，君之所以建極也。『三德』者，治之所以應變也。『稽』者〔一〕，以人而聽於天也。『庶徵』者，推天而徵之人也。『福』者〔二〕，人感而天應也。五事曰敬，所以誠身也。八政曰農，所以厚生也。五紀曰協，所以合天也。皇極曰建，所以立極也。三德曰乂，所以治民也。稽疑曰明，所以辨惑也。庶徵曰念，所以省驗也。五福曰嚮，所以勸也。六極曰威，所以懲也。五行不言用，無適而非用也。皇極不言數，非可以數明也。本之以五行，敬之以五事，厚之以八政，協之以五紀，皇極之所以建也。乂之以三德，明之以稽疑，驗之以庶徵，勸懲之以福極，皇極之所以行也。人君治天下之法，是孰有加於此哉？

一、五行：一曰水，二曰火，三曰木，四曰金，五曰土。水曰潤下，火曰炎上，木曰曲直，金曰從革，土爰稼穡。潤下作鹹，炎上作苦，曲直作酸，從革作辛，稼穡作甘。

此下九疇之目也。水、火、木、金、土者，五行之生序也。天一生水，地二生火，天三生

〔一〕今按：『稽者』，當爲『稽疑者』之誤。

〔二〕今按：『福者』，當爲『福極』之誤。

木，地四生金，天五生土。唐孔氏曰：萬物成形，以微著爲漸；五行先後，亦以徵著爲次。五行之體，水最微，爲一；火漸著，爲二；木形實，爲三；金體固，爲四；土質大，爲五。潤下、炎上、曲直、從革，以性言也。稼穡，以德言也。潤下者，潤而又下也。炎上者，炎而又上也。曲直者，曲而又直也。從革者，從而又革也。稼穡者，稼而又穡也。稼穡獨以德言者，土兼五行，無正位，無成性，而其生之德，莫盛於稼穡，故以稼穡言也。稼穡不可以爲性也，故不曰『曰』而曰『爰』。爰，於也。於是稼穡而已，非所以名也。作，爲也。鹹、苦、酸、辛、甘者，五行之味也。五行有聲、色、氣、味，而獨言味者，以其切於民用也。

二、五事：一曰貌，二曰言，三曰視，四曰聽，五曰思。貌曰恭，言曰從，視曰明，聽曰聰，思曰睿。恭作肅，從作乂，明作哲，聰作謀，睿作聖。

貌、言、視、聽、思者，五事之叙也。貌澤，水也。言揚，火也。視散，木也。聽收，金也。思通，土也。亦人事發見先後之叙。人始生，則形色具矣；既生，則聲音發矣；既又而後能視，而後能聽，而後能思也。恭、從、明、聰、睿者，五事之德也。恭者，敬也。從者，順也。明者，無不見也。聰者，無不聞也。睿者，通乎微也。肅、乂、哲、謀、聖者，五德之用也。肅者，嚴整也。乂者，條理也。哲者，智也。謀者，度也。聖者，無不通也。

三、八政：一曰食，二曰貨，三曰祀，四曰司空，五曰司徒，六曰司寇，七曰賓，八曰師。

食者，民之所急；貨者，民之所資。故食爲首，而貨次之。食貨，所以養生也；祭祀，所以報本也；司空掌土，所以安其居也；司徒掌教，所以成其性也；司寇掌禁，所以治其奸也；賓者，禮諸侯遠人，所以往來交際也；師者，除殘禁暴也；兵非聖人之得已，故居末也。

四、五紀：一曰歲，二曰月，三曰日，四曰星辰，五曰曆數。

歲者，序四時也。月者，定晦朔也。日者，正躔度也。星，經星、緯星也。辰，日月所會十二次。曆數者，占步之法，所以紀歲、月、日、星辰也。

五、皇極：皇建其有極！斂時五福，用敷錫厥庶民，惟時厥庶民，于汝極，錫汝保極。

皇，君；建，立也。極，猶北極之極，至極之義，標准之名，中立而四方之所取正焉者也。言人君當盡人倫之至。語父子，則極其親，而天下之爲父子者，於此取則焉。語夫婦，則極其别，而天下之爲夫婦者於此取則焉。語兄弟，則極其愛，而天下之爲兄弟者於此取則焉。以至一事一物之接，一言一動之發，無不極其義理之當然，而無一毫過不及之差，則極建矣。極者，福之本；福者，極之效。極之所建，福之所集也。人君集福於上，非厚其身而已，用敷其福以與庶民，使人人觀感而化，所謂敷錫也。當時之民，亦皆於君之極，與之保守，不敢失墜，所謂錫保也。言皇極君民，所以相與者如此也。

凡厥庶民，無有淫朋，人無有比德，惟皇作極。

淫朋，邪黨也。人，有位之人。比德，私相比附也。言庶民與有位之人，而無淫朋比德者，惟君爲之極，而使之有所取正耳。重言君不可不建極也。

凡厥庶民，有猶有爲有守，汝則念之；不協于極，不罹于咎，皇則受之。而康而色，曰予攸好德，汝則錫之福。時人，斯其惟皇之極。

此言庶民也。有猶，有謀慮者。有爲，有施設者。有守，有操守者。是三者，君之所當念也。念之者，不忘之也，帝念哉之念。不協于極，未合於善也；不罹于咎，不陷於惡也。未合於善，不陷於惡，所謂中人也。進之則可與爲善，棄之則流於惡，君之所當受也。受之者，不拒之也。歸斯受之之受，念之受之，隨其才而輕重以成就之也。見於外而有安和之色，發於中而有好德之言，汝於是則錫之以福。而是人斯其惟皇之極。福者，爵禄之謂。或曰『錫福』即上文『斂福錫民』之福，非自外來也。曰禄，亦福也。上文指福之全體而言，此則爲福之一端而發。苟謂非禄之福，則於下文『于其無好德，汝雖錫之福，其作汝用咎』，爲不通矣。

無虐煢獨，而畏高明。

煢獨，庶民之至微者也。高明，有位之尊顯者也。各指其甚者而言。庶民之至微者，有善則當勸勉之；有位之尊顯者，有不善則當懲戒之。此結上章，而起下章之義。

人之有能有爲，使羞其行，而邦其昌。凡厥正人，既富方穀，汝弗能使有好于而家，時人斯其辜。于其無好德，汝雖錫之福，其作汝用咎。

此言有位者也。有能，有才智者。羞，進也。使進其行，則官使者皆賢才，而邦國昌盛矣。『正人』者，在官之人，如《康誥》所謂『惟厥正人』者。富，禄之也。穀，善也。在官之人有禄可仰，然後可責其爲善。廩禄不繼，衣食不給，不能使其和好于而家，則是人將陷於罪戾矣。於其不好德之人，而與之以禄，則爲汝用咎惡之人也。此言禄以與賢，不可及惡德也。必富之而後責其善者，聖人設教，欲中人以上皆可能也。

無偏無陂，遵王之義；無有作好，遵王之道；無有作惡，遵王之路。無偏無黨，王道蕩蕩；無黨無偏，王道平平；無反無側，王道正直。會其有極，歸其極。

偏，不中也。陂，不平也。作好、作惡，好惡加之意也。黨，不公也。反，陪常也。側，不正也。偏、陂、好、惡，己私之生於心也；偏、黨、反、側，己私之見於事也。王之義、王之道、王之路，皇極之所由行也。蕩蕩，廣遠也。平，平易也。正直，不偏邪也。皇極正大之體也。遵義、遵道、遵路，會其極也。蕩蕩、平平、正直，歸其極也。會者，合而來也。歸者，來而至也。此章蓋《詩》之體，所以使人吟咏而得其情性者也。夫歌咏以協其音，反復以致其意。戒之以私，而懲創其邪思；訓之以極，而感發其善性。諷咏之間，恍然而悟，悠然而得，忘其傾斜狹小之念，達乎公平廣大之理。人欲消熄，天理流行，會極歸極，有不知其所以然而然者。其功用深切，與《周禮》大師教以六詩者，同一機而尤要者也。後世此意不傳，皇極之道不明於天下也宜哉！

曰皇極之敷言，是彝是訓，于帝其訓。

曰，起語辭。敷言，上文敷衍之言也。言人君以極之理，而反覆推衍爲言者，是天下之常理，是天下之大訓，非君之訓也，天之訓也。蓋理出乎天，言純乎天，則天之言矣。此贊敷言之妙如此。

凡厥庶民，極之敷言。是訓是行，以近天子之光。曰天子，作民父母，以爲天下王。

光者，道德之光華也。天子之於庶民，性一而已。庶民於極之敷言，是訓是行，則可以近天子道德之光華也。曰者，民之辭也。謂之『父母』者，指其恩育而言，親之之意；謂之『王』者，指其君長而言，尊之之意。言天子恩育君長乎我者，如此其至也。言民而不言人者，舉小而見大也。

六、三德：一曰正直，二曰剛克，三曰柔克。平康正直，彊弗友剛克，燮友柔克。沉潛剛克，高明柔克。

克，治。友，順。燮，和也。正直、剛、柔，三德也。正者無邪，直者無曲。『剛克』、『柔克』者，威福予奪，抑揚進退之用也。『彊弗友』者，彊梗弗順者也。『燮友』者，和柔委順者也。『沉潛』者，沉深潛退，不及中者也。『高明』者，高亢明爽，過乎中者也。蓋習俗之偏，氣禀之過者也。故平康正直，無所事乎矯拂，無爲而治是也。彊弗友剛克，以剛克剛也；

燮友柔克，以柔克柔也；沉潛剛克，以剛克柔也；高明柔克，以柔克剛也。正直之用一，而剛柔之用四也。聖人撫世酬物，因時制宜，三德乂用。陽以舒之，陰以斂之，執其端，用其中于民，所以納天下民俗於皇極者蓋如此。

惟辟作福，惟辟作威，惟辟玉食。臣無有作福作威玉食。

『福威』者，上之所以御下；『玉食』者，下之所以奉上也。曰『惟辟』者，戒其權不可下移。曰『無有』者，戒其臣不可上僭也。

臣之有作福作威玉食，其害于而家，凶于而國。人用側頗僻，民用僭忒。

頗，不平也。僻，不公也。僭，逾。忒，過也。臣而僭上之權，則大夫必害于而家，諸侯必凶于而國。有位者，固側頗僻而不安其分；小民者，亦僭忒而喻越其常。甚言人臣僭上之患如此。

七、稽疑：擇建立卜筮人，乃命卜筮。

稽，考也。有所疑則卜筮以考之。龜曰卜，蓍曰筮。蓍龜者，至公無私，故能紹天之明。『卜筮』者，亦必至公無私，而後能傳蓍龜之意。必擇是人而建立之，然後使之卜筮也。

曰雨，曰霽，曰蒙，曰驛，曰克。

此卜兆也。雨者，如雨，其兆爲水。霽者，開霽，其兆爲火。蒙者，蒙昧，其兆爲木。驛者，絡驛不屬，其兆爲金。克者，交錯有相勝之意，其兆爲土。

曰貞，曰悔。

此占卦也。内卦爲貞，外卦爲悔。《左傳》『蠱之貞風，其悔山』是也。又有以遇卦爲貞，之卦爲悔。《國語》「貞屯悔豫，皆入」是也〔一〕。

凡七：卜五，占用二。衍忒。

凡七，雨、霽、蒙、驛、克、貞、悔也。卜五，雨、霽、蒙、驛、克也。占二，貞、悔也。衍，推。忒，過也。所以推人事之過差也。

立時人，作卜筮。三人占，則從二人之言。

凡卜筮，必立三人，以相參考。舊説卜有玉兆、瓦兆、原兆，筮有《連山》、《歸藏》、《周易》者，非是。謂之三人，非三卜筮也。

汝則有大疑，謀及乃心，謀及卿士，謀及庶人，謀及卜筮。

〔一〕今按：「入」，當爲「八」之誤。

汝則從，龜從，筮從，卿士從，庶民從，是之謂大同。身其康彊，子孫其逢，吉。

汝則從，龜從，筮從，卿士逆，庶民逆。吉。

卿士從，龜從，筮從，汝則逆，庶民逆。吉。

庶民從，龜從，筮從，汝則逆，卿士逆。吉。

汝則從，龜從，筮逆，卿士逆，庶民逆。作内吉，作外凶。

龜筮，共違于人。用静吉，用作凶。

稽疑以龜筮爲重。人與龜筮皆從，是之謂大同，固吉也。人一從，而龜筮不違者，亦吉。龜從筮逆，則可作内，不可作外。内謂祭祀等事，外謂征伐等事。龜筮共違，則可静，不可作。静謂守常，作謂動作也。然有龜從筮逆，而無筮從龜逆者，龜尤聖人所重也。故《禮記》『大事卜，小事筮』，《傳》謂『筮短龜長』是也。自夫子贊《易》，極著蓍卦之德，蓍重而龜書不傳云。

八、庶徵：曰雨，曰陽，曰燠，曰寒，曰風，曰時。五者來備，各以其叙。庶草蕃廡。

徵，驗也。廡，豐茂。所驗者非一，故謂之『庶徵』。雨、陽、燠、寒、風，各以時至，故曰時也。備者，無缺少也。叙者，應節候也。五者備而不失其叙，庶草且蕃廡矣，則其他可知也。雨屬水，陽屬火，燠屬木，寒屬金，風屬土。吴仁杰曰：『《易》以坎爲水，北方之卦也。』又曰：『雨以潤之，則雨爲水矣。離爲火，南方之卦也。』又曰：『日以烜之，則陽爲火矣。』《小明》之詩首章云：『我征徂西，二月初吉。』三章云：『昔我往矣，日月方燠。』夫以二月爲燠，則燠之爲春、爲木，明矣。《漢志》引狐突『金寒』之言，顔師古謂：『金行在西，故謂之寒。』則寒之爲秋、爲金，明矣。又按，『稽疑』以雨屬水，以霽屬火。霽，陽也。則庶徵雨之爲水，陽之爲火，類例抑又甚明。蓋五行乃生數自然之叙，五事則本於五行，庶徵則本於五事。其條理次第，相爲貫通，有秩然而不可紊亂者也。

一極備，凶；一極無，凶。

極備，過多也。極無，過少也。唐孔氏曰：『雨多則澇，雨少則旱。是極備亦凶，極無亦凶。』餘准是。

曰休徵：曰肅，時雨若；曰乂，時陽若；曰哲，時燠若；曰謀，時寒若；曰聖，時風若。曰咎徵：曰狂，恒雨若；曰僭，恒陽若；曰預，恒燠若；曰急，恒寒若；曰蒙，恒風若。

狂，妄。僭，差。預，怠。急，迫。蒙，昧也。在天爲五行，在人爲五事。五事修，則休徵各以類應之；五事失，則咎徵各以類應之。自然之理也。必曰某事得，則某休徵應；某事失，則某咎徵應。則亦膠固不通，而不足與語造化之妙矣。天人之際，未易言也。失得之機，應感之微，非知道者，孰能識之哉？

曰王省惟歲，卿士惟月，師尹惟日。

歲、月、日，以尊卑爲徵也。王者之失得，其徵以歲；卿士之失得，其徵以月；師尹之失得，其徵以日。蓋雨、陽、燠、寒、風五者之休咎，有係一歲之利害，有係一月之利害，有係一日之利害，各以其大小言也。

歲月日時無易，百穀用成，乂用明，俊民用章，家用平康。

歲、月、日三者，雨、陽、燠、寒、風不失其時，則其效如此，休徵所感也。

日月歲時既易，百穀用不成，乂用昏不明，俊民用微，家用不寧。

日、月、歲三者，雨、陽、燠、寒、風既失其時，則其害如此，咎徵所致也。『休徵』言歲、月、日者，總於大也；『咎徵』言日、月、歲者，著其小也。

庶民惟星，星有好風，星有好雨。日月之行，則有冬有夏。月之從星，則以風雨。

民之麗乎土，猶星之麗乎天也。好風者，箕星；好雨者，畢星。《漢志》言軫星亦好雨，意者星宿皆有所好也。日有中道，月有九行。中道者，黄道也。北至東井，去極近；南至牽牛，去極遠；東至角，西至婁，去極中是也。九行者，黑道二，出黄道北；赤道二，出黄道南；白道二，出黄道西；青道二，出黄道東。并黄道爲九行也。日極南至于牽牛，則爲冬至；極北至於東井，則爲夏至；南北中東至角西、至婁，則爲春、秋分。月立春、春分，從青道；立秋、秋分，從白道；立冬、冬至，從黑道；立夏、夏至，從赤道。所謂『日月之行，則有冬、有夏』也。月行東北入于箕，則多風；月行西南入于畢，則多雨。所謂『月之從星，則以風雨』也。民不言省者，庶民之休咎，係乎上人之得失。故但以『月之從星』以見所以從民之欲者如何爾。夫民生之衆，寒者欲衣，飢者欲食，鰥寡孤獨者之欲得其所。此王政之所先，而卿士師尹近民者之責也。然星雖有好風、好雨之异，而日月之行，則有冬、有夏之常。以月之常行，而從星之异好；以卿士師尹之常職，以從民之异欲。則其從民者，非所以殉民矣。言日月而不言歲者，有冬、有夏，所以成歲功也；言月而不言日者，從星惟月爲可見耳。

九、五福：一曰壽，二曰富，三曰康寧，四曰攸好德，五曰考終命。

人有壽而後能享諸福，故『壽』先之。『富』者，有廩禄也。『康寧』者，無患難也。『攸好德』者，樂其道也。『考終命』者，順受其正也。以福之急緩爲先後。

六極：一曰凶短折，二曰疾，三曰憂，四曰貧，五曰惡，六曰弱。

『凶』者，不得其死也。『短折』者，横夭也。禍莫大於凶、短折，故先言之。『疾』者，身不安也。『憂』者，心不寧也。『貧』者，用不足也。『惡』者，剛之過也。『弱』者，柔之過也。以極之重輕爲先後。五福六極，在君，則係於極之建不建；在民人，則由於訓之行不行。感應之理微也。

卷四

洪範 宋金氏履祥傳

惟十有三祀，王訪于箕子。

蔡氏曰：商曰祀，周曰年。此曰祀者，因箕子之辭也。箕子嘗言『商其淪喪，我罔爲臣僕。』《史記》亦載箕子陳《洪範》之後，武王封于朝鮮而不臣，訪就而問之。箕，商舊封邑之名。子，爵也。

愚按，書『十有三祀』，則知箕子之不臣於武王；書『訪於箕子』，則知武王之不臣箕子。

王乃言曰：『嗚呼！箕子，惟天陰騭下民，相協厥居。我不知其彝倫攸叙。』

騭，升也，猶云生長也。協，合也。彝，常。倫，理。所謂『秉彝』，人倫也。武王之意，蓋謂天冥然生長下民，所以使之相安而不亂者，此必有彝常條理次第，而我不知其詳，爲此疑以發箕子之言。然義理無窮，武王之聖已能知之，其間節目之詳，則亦必講明而後盡也。

箕子乃言曰：『我聞在昔，鯀堙洪水，汩陳其五行。帝乃震怒，不畀洪範九疇，彝倫攸斁。鯀則殛死，禹乃嗣興，天乃錫禹洪範九疇，彝倫攸叙。』

此言《洛書》所爲出之意也。鯀禹相繼治水，《洛書》必待禹而後出者，蓋天不愛道，地不愛寶，必得其人然後畀。鯀堙洪水，逆水之性，所以五行皆汩亂其常。此帝之所以不畀鯀，而彝倫之所以不明也。禹則不然，故帝乃錫之書，出于洛而禹得之，遂推其類以爲《洪範》九疇，彝倫之所以叙也。蔡氏曰：『治水功成，洛龜呈瑞。如《簫韶》奏而鳳儀，《春秋》作而麟至，亦其理也。』

初一曰五行，次二曰敬用五事，次三曰農用八政，次四曰協用五紀，次五曰建用皇極，次六曰乂用三德，次七曰明用稽疑，次八曰念用庶徵，次九曰嚮用五福，威用六極。

此神禹所則，《洪範》之經也。《洛書》之數，以五居中，其餘八位，异數而縱横湊合。對則兩其五，參則三其五，而五數無不在焉。故以皇極居五，以樞紐乎九疇；以五行居一，以胎育乎衆。有所以皇極不言數，蓋數之體也；五行不言用，蓋用之大也。蔡氏曰：敬，誠身也。農，厚生也。協，合天也。建，立道也。乂，治民也。明，辨惑也。念，省驗也。嚮，勸；而威，懲也。子王子曰：『《洛書》縱横皆五，故九疇每疇，五亦在焉。五行、五事、五紀、庶徵五福，皆五也。八政雖八，而以三官統五政，司空統食貨，司徒統祀賓，司寇統師，是亦五也。三德雖三，而綱柔之用各二，是亦五也。稽疑雖七，而卜兆則五，從逆則亦五。六極雖六，然與五福相反：短、折，壽之反；貧，富之反；疾病，康寧之反；惡弱，好德之反；凶折，考終之反。是亦五也。』

愚按，二極同文而异義。『皇極』者，准極之極。『六極』者，窮極之極。今醫書亦有六極之證，謂氣、血、筋、骨、皮、肉皆竭也。義同此。或疑『六極』之『極』當作『殛』。

一五行。

漢石經無『一』字，餘傳首句并不言疇數。

一曰水，二曰火，三曰木，四曰金，五曰土。水曰潤下，火曰炎上，木曰曲直，金曰從革，土爰稼穡。潤下作鹹，炎上作苦，曲直作酸，從革作辛。稼穡作甘。

此下九疇之目，蓋大禹本經。其發明者，蓋禹之意，而箕子傳文也。朱子曰：『吴氏謂《洪範》乃五行之書。其下諸疇，各以序類相配，此《洪範》之傳也。後皆放此。』『水曰潤下』以下，言五行之性。『潤下作鹹』以下，言五行之味。五行者，造化之用，其功用甚廣。此獨言其性與味者，以切於民飲食器用言也。水之性氣潤而勢下，火之性氣炎而勢下〔一〕，木之性有曲而有直，金之性體從而用革，土無不生，此獨言稼穡者，重民用也。不言『曰』而言『爰』，蓋於此獨重也。種曰稼，以生言；斂曰穡，以成言。五者亦各有陰陽之分。

二、五事：一曰貌，二曰言，三曰視，四曰聽，五曰思。

此五事之目。其序全體五行，其功後配庶徵。皇極之所以爲極者，專本於是。朱子

〔一〕今按：『下』，當爲『上』之誤。

曰：在天爲五行，在人爲五事。五事以思爲主，蓋不可見而行乎四者之間也。然操存之漸，必自其可見者而爲之。

貌曰恭，言曰從，視曰明，聽曰聰，思曰睿。

此五事之則也。大禹敬用之言盡之，而箕子又各發明其則。從，順也。

恭作肅，從作乂，明作哲，聰作謀，睿作聖。

此推五則之功也。貌而能恭，則氣象嚴整，襲頑起惰，故肅；言而能從，則令行人順，故乂；視明，則知見必徹，故能哲；聽聰，則多聞善斷，故能謀；至於思能通微，則聖矣。周子曰：睿，通微也。能通微，則無不通矣。

三、八政：一曰食，二曰貨，三曰祀，四曰司空，五曰司徒，六曰司寇，七曰賓，八曰師。

食者，民之所本以生；貨者，民之所資以用。故食居上，貨次之。食貨所以養生，祭祀所以送死，所謂『養生喪事無憾，王道之始也』。司空掌土，所以定其居；司徒掌教，所以正其德；司寇掌禁，所以治其邪；賓所以交際，待諸侯、懷遠人；師所以除殘賊也。刑者，聖人不得已，故司寇居三官之後；兵者，聖人之大不得已，故師居八政之末。

四、五紀：一曰歲，二曰月，三曰日，四曰星辰，五曰曆數。

歲，四時也。月，晦朔也。日，躔度也。星有經、有緯。隨天者，經星；五緯者，緯星。辰，日月所會十二次也。曆數者，推步、占候之法也，所以紀歲、月、日、星辰也。八政者，周禮之綱；五紀者，羲和之職。

曰王省惟歲，卿士惟月，師尹惟日。歲月日時無易，百穀用成，乂用明，俊民用章，家用平康。日月歲時既易，百穀用不成，乂用昏不明，俊民用微，家用不寧。庶民惟星，星有好風，星有好雨。日月之行，則有冬有夏。月之從星，則以風雨。

東坡蘇氏、石林葉氏、無垢張氏、容齋洪氏皆曰：此五紀之傳。今從之。蓋歲、月、日、星、辰之度，具于曆數。箕子於此，特以其切於君臣政事者言之，以明調贊之本。『曰』者，箕子之辭也。省，察視也。王言省，卿士師尹不言者，冒上文也。一歲該十二月，王當視歲功之運，以總攬群綱；一月該三十日，卿士當視一月之運，以各率其屬。至於官師庶尹，又當視一日之運，而朝夕靡懈，修舉重務。蓋天之歲、月、日、時無易，則百穀用成，治象清明，賢俊俱出，民俗平康。易其序，則反是。君臣責任之修廢，其效如之。成功統歸於上，故無易者先言『歲月』；廢墜多起於微，故既易者先言『日月』。蓋自一日之差，則累累皆差也。星指經星。庶民之象，則如星之衆。而星之所尚有不同，有好風者，箕星是也；有好雨者，畢星是也。《漢志》言：『軫星亦好雨。』《星占》言：『東井好風雨。』日月之行，冬夏各有常度。月之從星，入箕則多風，離畢則多雨，宿軫則雨，宿井則風雨矣。日行黄道，而月有九行。每月周天，則又以日爲紀。日有常度，其從星者惟月耳。按，《占書》：『凡太陰所行，各有變异。』此但舉風雨者爲例爾。蔡氏曰：『日有中道，月有九行。中道者，黄道也。北至東井去極近，南至牽牛去極遠，東至角、西至婁，去極中是也。九行者，黑道二出黄道北，赤道二出黄道南，白道二出黄道西，青道二出黄道東，并黄道爲九行也。日極南至于牽牛，則爲冬至；極北至于東井，則爲夏至；南北中東至角、西至婁，則爲春、秋分。月立春、春分，從青道；立秋、秋分，從白道；立冬、冬至，從黑道；立夏、夏至，從赤道。所謂「日月之行，則有冬有夏」也。月行東北入于箕，則多風；月行西南入于畢，則多雨。所謂「月之從星，則以風雨」也。民不言省者，庶民之休咎係乎上人之得失，故但以月之從星以見所以從民之欲者何如爾？夫民生之衆，寒者欲衣，飢者欲食，鰥寡孤獨者之欲得其所。此王政之所先，而卿士師尹近民者之責也。然星雖有好風、好雨之异，而日月之行，則有冬有夏之常。以月之常行，而從星之异好；以卿士師尹之常職，而從民之异欲，則其從民者，非所以殉民矣。言日月而不言歲者，有冬有夏，所以成歲功也；言月而不言日者，從星惟月爲可見耳。』

五、皇極：皇建其有極。

朱子謂：皇者，君也。極者，至極之義，標准之名也，如所謂北極、星極、民極之謂也。建，立也。其有極，指人之所有之標准也。謂人君下布五行，上協五紀。端五事於上而躬行，言動皆可以爲民之標准；修八政於下，而法度政事皆有以爲民之標准。此所謂建其有極也。

無偏無陂，遵王之義；無有作好，遵王之道；無有作惡，遵王之路。無偏無黨，王道蕩蕩；無黨無偏，王道平平；無反無側，王道正直。會其有極，歸其有極。

傅氏子駿以爲此章乃古書韵語，與箕子前後書文不同。子王子是之。即以『繼皇建其有極』之下，以爲『皇極』經文。上文所謂『斂時五福』者，乃『五福』傳文。下文曰『皇極敷言』者，乃箕子此章傳文。今從之。偏，不中。陂，不平。作惡、作好，私意之增加也。黨，不公。反，倍常。側，欹傾也。蕩蕩，廣大也。平平，易直也。正直，公平正直也。偏陂好惡，己私之生於心也。偏黨，己私之見於事也。反側，己私之變於久也。王義、王道、王路，即皇極之所以爲教者，互文以諷咏耳。蕩蕩、平平、正直，即皇極之所以爲體者，亦互文以形容耳。此言人君會建其有極於上，使人皆有所標准，以爲遵行之的。故人皆不敢殉己之私，而從上之化；亦不必私意妄爲，而皆可安行於道化之中。遵義、遵道、遵路，所謂會其有極。會如『朝會』之『會』。蕩蕩、平平、正直，所謂歸其有極。歸如『安歸』之『歸』。此章咏嘆淫液，雖指民之叶極而言，然皇極四方八面公平正大之體，於此可見矣。信哉其爲古今相傳之語，爲皇極之經也。朱子曰：『「自無偏無陂」以下，乃是反覆贊嘆，正説皇極體段。』

曰皇極之敷言，是彝是訓，于帝其訓。凡厥庶民，極之敷言。是訓是行，以近天子之光。曰天子，作民父母，以爲天下王。

『曰』者，箕子傳辭也。『皇極之敷言』，蔡氏謂即上文敷衍之言也。言人主於皇極之敷言，以是爲常行，以早爲訓教。則人主之訓，即次之訓也。斯民以此敷言，以是訓而是行之，則亦可以近天子道德之光華矣。謂其賢德可以進用於君，然其心悟、其行同，亦如親而炙之也。『曰天子，作民父母，以爲天下王』，蓋於是民始知天子之所以恩育乎我、君長乎我者，其德大矣。

六、三德：一曰正直，二曰剛克，三曰柔克。平康正直，彊弗友剛克，燮友柔克。沉潛剛克，高明柔克。

正，公平而不偏尚也。直，如直道而行之，直無所矯，拂克治之也。友，順也。世俗平康，則正直而已，不必偏有所尚。强弗友，氣習之剛强也，則以剛治之。燮友，氣習之柔弱也，則以柔治之。此制之也。深沉潛退，氣稟之柔也，則以剛治之，使之有立。高尚明爽，氣稟之剛也，則以柔治之，使之不過此化之也。正直之用一，而剛柔之用四。聖人撫世酬物，因時制宜，大用如此。

七、稽疑：擇建立卜筮人，乃命卜筮。曰雨，曰霽，曰蒙，曰驛，曰克。曰貞，曰悔。

灼龜曰卜。揲蓍曰筮。蓍龜無心，吉凶自以類應。然而善推占之，則存乎人。故必擇其人立爲卜人、筮人，乃可命之卜筮，而龜兆蓍卦可推也。雨，水兆。霽，火兆。蒙，木兆，蓋冒上而出惠。驛，古文作圛。金兆謂圓圍，絡繹也。克，土兆，蓋句連相加也。或云，蒙，土兆。驛木，克金。五者皆龜兆，古自有其占法，而今不傳爾。貞、悔，即筮卦也。卦之不變者，以内卦爲貞，外卦爲悔。《傳》所謂『蠱之貞，風也；其悔，山也』。卦之變動也，以本卦爲貞，之卦爲悔。《傳》所謂『貞、屯、悔、預是也』。蓋貞之義，正也；悔之義，改也。又，《説文》：『悔，當作每。』

凡七：卜五，占用二。衍忒。立時人，作卜筮。三人占，則從二人之言。

卜五，雨、霽、蒙、驛、克也。占用二，貞、悔也。衍，推也。忒，差也。兆有定體，卦有定辭，自其有變動之差，而天下之至變生焉。故善卜筮者，推衍其差忒而已。必立如是善衍或之人以作卜筮之人。凡三人推占，則從二人之言，蓋衆則公也。

汝則有大疑，謀及乃心，謀及卿士，謀及庶人，謀及卜筮。

盡人謀，而後卜筮以决之。

汝則從，龜從，筮從，卿士從，庶民從，是之謂大同。身其康彊，子孫其逢，吉。汝則從，龜從，筮從，卿士逆，庶民逆。吉。

皆從，則龜筮在卿士、庶民之先，重神也。龜筮無心之物，故其吉凶，與天地神明同體。

卿士從，龜從，筮從，汝則逆，庶民逆。吉。庶民從，龜從，筮從，汝則逆，卿士逆。吉。

三從二逆者，皆吉。然或汝、或卿士、或庶民，各以其一在龜筮之上。其要亦以人謀爲主。

汝則從，龜從，筮逆，卿士逆，庶民逆。作内吉，作外凶。

内、外猶記言内事、外事。内謂祭祀之事，外如征伐之事是也。二從三違，吉凶如此。

龜筮，共違于人。用静吉，用作凶。

人謀能料其事之可否耳。若氣數推移之變，有出於意料之表者，此則非人謀所能逆之，惟龜筮知之耳。故龜筮共違，雖人謀皆從，而未可爲也。然箕子以龜先筮，又言龜從筮逆，而無曰筮從龜逆者，龜尤古人所重，故《禮記》『大事卜，小事筮』，《傳》謂『筮短龜長』亦一意也。蓋龜兆一成，所應久遠；筮則應在一時；而時日推遷，又須更筮。故曰筮短龜長。然龜則僭信皆應，若《易》之垂訓，則惟忠信之事應，否則有戒，不爲小人謀也。故自夫子以來，專以《易》垂訓，而龜書終廢云。

八、庶徵：曰雨，曰陽，曰燠，曰寒，曰風。

雨於五行，水也。陽，火也。燠，木。寒，金。四氣皆因風寒而成，亦由猶四行，皆由土而載，故風屬土。

曰時。五者來備，各以其叙。庶草蕃廡。一極備，凶；一極無，凶。

曰，傳文也。時，是也。是五者來備，無缺也。各以其叙，無舛也。庶草，猶言百種。蕃廡，豐茂也。一極備，氣過多也；一極無，氣過少也。如雨多，則澇；雨少，則旱。是極備與無，皆凶也。餘徵皆然。

曰休徵：曰肅，時雨若；曰乂，時陽若；曰哲，時燠若；曰謀，時寒若；曰聖，時風若；

休徵，謂嘉德之證驗也。肅、乂、哲、謀、聖，五事之德也。箕子以五事庶徵相感應，以見九疇之對義。舉一隅言之，餘疇皆然。時若，即所謂五者來備，各以其叙也。貌恭而肅，則敬德潤身；人心凝聚，故致時雨之順。言從而乂，則號令順理；人心開明，故致時陽之順。視明而哲，則陽明；内主，故時燠順之。聽聰而謀，則閉藏默運；好謀能斷，故時寒。順之至於思，睿作聖，則妙萬物而無迹，時風順之。此箕子各以其德之氣象，所似以明類應。

曰咎徵：曰狂，恒雨若；曰僭，恒陽若；曰預，恒燠若；曰急，恒寒若；曰蒙，恒風若。

咎徵者，惡德之證驗也。狂，縱。僭，差也。預，《大傳》作『荼』，《注》謂緩也。急，嚴急也。蒙，昧也。《大傳》作『雺』，《注》謂冒也。急恒寒若，猶所謂秦亡無煥年。蓋嚴迫，則常寒應之也。所謂恒若者，即所謂一極備之凶也。此言恒若以見極備之凶，而不明極無之凶，何也？蓋一極備，則一極無，可知如常雨則無陽，常燠則無寒也。凡此通上文大約以類配，至漢儒則門分户折，指某事致某應，其説始拘，又增入常陰一條，於五事無所配。殊不知常陰已在常寒、常雨、常風之内矣，非箕子之言未備也。

九、五福：一曰壽，二曰富，三曰康寧，四曰攸好德，五曰考終命。

人壽而後能享諸福，故壽爲首。富有廩禄。康寧無疾患。攸好德者，樂其道也。考終命者，順受其正也。古者上下有辨，人非廩禄，無自富者，故五福不言貴，言富則貴可知矣。攸好德者，自修之事，而以此爲福，何也？大抵人生而惡、弱、昏、愚者多矣。今其氣禀清明，知德義之美而樂之，豈非天下之至福也哉？使此心昏然所好，非德雖富壽安逸，祇以荒亡戕賊而已。且飽暖逸居而無教，則近於禽獸，又何足爲福哉？故好德居壽、富、康之後。

斂時五福，用敷錫厥庶民，惟時厥庶民，于汝極，錫汝保極。

子王子曰：『此五福之傳文也。』五福之下曰『斂時五福』，猶庶徵之下曰『時五者來備』也。或疑此章言『汝極惟皇作極』之語，故舊以爲皇極之傳，今以『受之五福』之下，則章内何以有皇極之説也？愚按，八疇皆與皇極相關，非獨五福一疇也。箕子於此，舉一隅而發之耳。且言爲君者，體天治民，當以天之所以福民者福之，使之仁壽安富知所向方，然後可以望其協極，使其救死不贍，奚暇治禮義？所謂『汝弗能使有好于而家』，則時人斯其辜者也。此猶《太學》『平天下』之傳，言興起感發之化，而又以絜矩爲言是也。又况章内曰『攸好德』、曰『既富方穀』、曰『錫福』，則爲五福之傳無疑。其間文義，朱子《皇極辨》詳之。

凡厥庶民，無有淫朋，人無有比德，惟皇作極。凡厥庶民，有猷有爲有守，汝則念之；不協于極，不罹于咎，皇則受之。而康而色，曰予攸好德，汝則錫之福。時人，思其惟皇之極。

此節言人之知所好德，而不溺於非德，必人君立之標准。然民之能好德者，與未有德而不爲惡者，與革面欲爲好德者，皆當念之、受之、錫之以福也。

無虐煢獨，而畏高明。

此節謂民有不幸而煢獨衰弱者，有幸而榮富者，人主又當扶之、抑之。

人之有能有爲，使羞其行，而邦其昌。

此節言人之才德，當榮富者進而福之，亦國之福也。

凡厥正人，既富方穀，汝弗能使有好于而家，時人斯其辜。

穀，善也。此節言人之趨正，亦必先有以養之。故錫福于民者，當以富爲先。不然，人無所養，下流則易，爲善或難矣。

于其無好德，汝雖錫之福，其作汝用咎。

此節又言非好德之人而錫之福，終爲國家之害而已。按，五福雖以好德居四，而傳則以好德爲重。蓋五福本係於天命，而人之所可勉者爲德。而已錫福，雖係於人主，而人主所可錫者，亦惟富而已。

六極：一曰凶短折，二曰疾，三曰憂，四曰貧，五曰惡，六曰弱。

凶折者，横死；短折者，夭死；疾者，身不康；憂者，心不寧；貧者，家不足。惡者，剛惡；弱者，柔弱。蔡氏曰：『五福六極，在君則由於極之建不建；在人民則由於訓之行不行。感應之理微矣。』

惟辟作福，惟辟作威，惟辟玉食。臣無有作福作威玉食。臣之有作福作威玉食，其害于而家，凶于而國。人用側頗僻，民用僭忒。

此五福六極之總傳也。五福六極，人君體之以威福，其民作福作威，所謂嚮用五福，威用六極也。玉食者，下之所以奉上，此又人主萬乘之福也。臣而僭之，則大夫必害于而家，諸侯必凶于而國，有位者固側頗辟而不安其分，小民者亦僭忒而逾越其常，則轉而趨於六極矣。甚言威福之不可下移，而人臣之不可上僭，以發明一義。

卷五

洪範　元吴氏澄傳

洪，大也。範，謂鑄金之模匣。禹治水之時，洛出神龜，龜背有文，自一至九。禹則之，第列三才之道，分爲九類，以配九數。其綱九，其目五十。凡天下之道，悉包括而無外，故曰洪範。

惟十有三祀，王訪于箕子。

十有三祀，武王克商之年。商謂年爲祀。訪，就而問之也。箕，國名。子，爵，紂諸父也，紂囚之爲奴。武王克商而釋其囚，以其素傳《洪範》之學，故下車之初，就問之也。此篇以箕子所陳，録而爲書。稱祀不稱年，見箕子不臣周之意。

王乃言曰：『嗚呼！箕子，惟天陰騭下民，相協厥居。我不知其彝倫攸叙。』

乃，難辭。嗚呼，嘆辭。而後言重其事也。陰，默。騭，定。相，助也。協，和也。相協厥居，謂重其生，利其用，正其德也。彝倫常道之次序，指洪範九疇而言也。叙謂各有條理也。凡九疇之序，皆天所以默定下民，而相協其居者也。

箕子乃言曰：『我聞在昔，鯀堙洪水，汩陳其五行。帝乃震怒，不畀洪範九疇，彝倫攸斁。鯀則殛死，禹乃嗣興，天乃錫禹洪範九疇，彝倫攸叙。』

堙，塞。汩，亂。鯀不順水之性導之就下，但爲堤防障塞之，水失其道，泛濫逆流。故陰勝，火木不能敷榮，金不得孕育，土不可墾闢，五行皆汩亂陳列矣。帝，即天也，以主宰言。曰帝震怒，謂鯀逆天理，得罪於天也。畀，與也。疇，如田之界域。斁，敗也。殛，死，謂放之羽山而死。嗣興，謂繼鯀而登用。錫，賜也。禹錫洪範九疇，謂洛出書也。《洛書》不出於鯀治水之時，而出於禹治水之時，是天不以畀鯀，而以錫禹也。《洛書》不出，洪範不作，人不得見此常道之次序，所謂斁也。《洛書》出，《洪範》作，人皆得見此常道之次序，所謂叙也。然洛之出書，不過龜背有一二三四五六七八九之文而已。五行至六極，皆禹所分配，則《洪範》之書，禹所自作也。今曰『天錫禹』，何也？蓋禹心得此道，前此未嘗爲書。因龜文有九，感觸其心，遂作洪範九疇。雖禹之自爲，然實因龜文發之，若天啓其衷云爾。故以爲天所錫也。

此第一章，《洪範》之總序也。

初一。

數之初爲一。一，《洛書》文之在後者。

曰五行。

曰五行，禹所分配也。下八疇倣此。五行，五氣之運行也。不言用者，無所待於人而自然也。造化萬類無不本於五行，故以五行配數之一。

次二。

一之次爲二。二，《洛書》文之在右前者。

曰敬用五事。

敬者，此心常存，而爲一身之主。凡言用者，有所待於人而後然也。蓋主於君人者而言。人禀五行之氣，而成形，故以五事配數之二。

次三。

二之次爲三。三，《洛書》文之在左者。

曰農用八政。

農，厚也，所以厚於人也。先身而後及於人，故以八政配數之三。

次四。

三之次爲四。四，《洛書》文之在左前者。

曰協用五紀。

協，謂與天合。紀，如絲之紀。先人而後及於天，故以五紀配數之四。

次五。

四之次爲五。五，《洛書》文之在中者。

曰建用皇極。

建，立也。皇，君也。極，屋棟之名高上之至無能過之也。尊爲天子，德爲聖人。人倫之至，四方瞻仰，而取則焉。是之謂皇極五行，順五事，敬八政，厚五紀，協斯可以建極矣。皇極居天下之中，《洛書》之五亦居中，故以皇極配數之五。

次六。

五之次爲六。六，《洛書》文之在右後者。

曰乂用三德。

乂，治也。德，道之得於己者。惟皇作極，民所視效，日遷善而不知無所事乎治也。或有未然，則治之各有所宜，故以三德配數之六。

次七。

六之次爲七。七，《洛書》文之在右者。

　　曰明用稽疑。

明，謂決其疑也。稽，古作卜，考也。謂考之卜筮也。德雖應變無方，然有疑事，非人謀所能決者，必須謀之鬼神，故以稽疑配數之七。

　　次八。

七之次爲八。八，《洛書》文之在左後者。

　　曰念用庶徵。

念，謂反身思省也。庶，衆。徵，驗也。雖聽命於鬼神，猶不敢自是也。必驗吾之得失於天，故以庶徵配數之八。

次九。

八之次爲九。九，《洛書》文在前者。

曰嚮用五福，威用六極。

威、畏，古字通用。嚮者，慕之，而欲其有威者；畏之，而欲其無極者；禍之，至極者也。五福，人心所同嚮慕也。君之所嚮在此，而常願民之獲此福，則凡可以致福者，靡不勉矣。六極，人心所同畏避也。君之所畏在此，而常恐民之至此極，則凡可以致極者，靡不戒矣。自五行至庶徵，皆得其道，則協氣成象，人蒙休祥，而五福應之。或失其道，則乖氣成象，人罹殃咎，而六極應之。故以五福六極配數之九，而爲九疇之終。

此第二章，《洪範》之綱也。其下九章，《洪範》之目也。

一。

《洛書》文。

五行：一曰水，二曰火，三曰木，四曰金，五曰土。

天一生水，地二生火，天三生木，地四生金，天五生土。朱子曰：『五行質，具於地而氣行於天。以質而語其生之序，則曰水、火、木、金、土，以氣而語其行之序，則曰木、火、土、金、水。』

水曰潤下，火曰炎上，木曰曲直，金曰從革，土爰稼穡。

此五行之材。水，能潤，能下。火，能炎，能上。木，可曲，可直。金，可從，可革。土，宜稼，宜穡。稼謂耕治，穡謂收穫。蘇氏曰：『曰者，所以名之也。土不曰「曰」而言「爰」。爰，於也。土無成名，無專氣，無定位，言於此稼穡，而非所以名之也。』新安王氏曰：『土非止於稼穡，以民生粒食之用言之也。潤下，用之於灌溉。炎上，用之於烹飪。曲直之斫削，從革之鎔範，用之於宮室器用也。』

潤下作鹹，炎上作苦，曲直作酸，從革作辛，稼穡作甘。

作，猶爲也。水之鹵，味鹹；火之焦，味苦；木之實，味酸；金之綉，味辛；土之稼穡，味甘。五行各有聲色氣味，此獨言所作之味，以見其餘。

此第三章。

二。

《洛書》文。

五事：一曰貌，二曰言，三曰視，四曰聽，五曰思。

貌者，身所動之容。言者，口所發之辭。視者，目所見於外。聽者，耳所聞於内。思者，心所處運於中。

貌曰恭，言曰從，視曰明，聽曰聰，思曰睿。

恭，容莊而謹也。從，辭順而達也。明，所見昭撤。聽，所聞審詳。睿，通於幽微。陳氏曰：『天生烝民，有物有則。貌、言、視、聽、思，物也；恭、從、明、聰、睿，則也。』

恭作肅，從作乂，明作哲，聰作謀，睿作聖。

貌莊謹，則其心齊一而不二，故作肅；言順達，則其心理治而不辭，故作乂；視昭撤，則其心知識了悟而不眩，故作哲。聽審詳，則其心計慮精當而不苟，故作謀。思通於幽微，則其心可馴至於無所不通，故作聖。

此第四章。

三。

《洛書》文。

八政：一曰食，二曰貨，三曰祀，四曰司空，五曰司徒，六曰司寇，七曰賓，八曰師。

民生所最急者，務農重穀以足其食。有食，則種樹阜通以殖其貨。既有以養生，必有以事死，故祀以報本追遠。養生事死在乎安居，故司空掌土以定其居。居既得安，不可無教，故司徒掌教以導其善。教之不從，則齊之以刑，故司寇掌禁以懲其惡。内治舉而後及外，故賓以親。邦國往來交際，有其禮。師以平邦國，立武足兵有其備，用師非得已，故最後。八政或言其事，或言其官。此一疇該周官六官之事。食貨，天官所總；祀，春官所掌。司空，冬官也。司徒，地官也。司寇，秋官也。賓，亦秋官所掌。師，夏官所掌。

此第五章。

四。

《洛書》文

五紀：一曰歲，二曰月，三曰日，四曰星辰，五曰曆數。

歲，自冬至至來歲冬至，凡三百六十五日四分日之一，日行天一周也。以分、至、啓、閉定歲之四時，是爲一歲之紀。月自合朔至來月合朔，凡二十九日六辰有奇，月與日一會也。以晦、朔、弦、望定月之大小，是爲一月之紀。日，自日出至來日日出，歷十一辰，日繞地一匝也。以晨昏出没定晝夜長短，是爲一日之紀。星謂二十八宿。衆經星辰謂天之壤，因日月所會分經星之度爲十二次，觀象測候以驗天之體也，是爲星辰之紀。曆，謂日月五緯所歷之度數，謂一、二、三、四、五、六、七、八、九、十、百、千、萬。七政行度，各有盈縮疾遲，立數推算以步天之用也，是爲曆數之紀。

曰王省惟歲，卿士惟月，師尹惟日。歲月日時無易，百穀用成，乂用明，俊民用章，家用平康。日月歲時既易，百穀用不成，乂用昏不明，俊民用微，家用不寧。

五紀雖有專官掌之，然王與群臣亦自加省察，恐其測候推算之或差，所以欽天也。卿士師尹不言省者，省文。師尹、衆尹，謂大夫士也。尊者所省者大，而簡卑者所省者小。而繫王省一歲之四時，卿士省每月之大小，師尹省每日之長短。《易》謂『與天不相合而差殊』。所省一歲一月一日之時皆與天協，則物産收熟，政治光顯。賢人之未用者用；群臣之有家者安。其或一日一月一歲之時皆與天殊，則其應反是。此申言歲月日之紀。

庶民惟星，星有好風，星有好雨。

庶民之所省者，惟觀星而已。星有好風者、有好雨者，觀星則知將有風雨而避就之，以耕種穫斂也。此申言星辰之紀。

日月之行，則有冬有夏。月之從星，則以風雨。

日之行冬至，道極南，度極盈。冬至後漸北、漸縮。夏至，道極北，度極縮。夏至後漸南、漸盈。月之行，春從青道，夏從朱道，秋從白道，冬從黑道。青朱出陽道，白黑出陰道。月從箕度則風，從畢度則雨。凡此皆用曆數推算而和之，此申言曆數之紀。

此第六章。

五。

《洛書》文

皇極：皇建其有極！

釋『皇極』二字。言皇極者，謂人君建立其有極也。

凡厥庶民，無有淫朋，人無有比德，惟皇作極。

庶民，在下之民。淫，謂沈浸爲惡。朋，類也。人，在官之人。比，謂阿黨殉私。民無惡類、人無私心，皆君之德，有以爲之標准也。

凡厥庶民，有猶有爲有守，汝則念之；不協于極，不罹于咎，皇則受之。惟時厥庶民，于汝極，錫汝保極。

有猶，謂工於謀事。有爲，謂敢於作事。有守，謂操持不變。時，是也。庶民之中，其有有謀爲操守者，固當念之而勿忘。其有雖未合於善道，而亦未陷於罪戾者，亦且容之而勿責。則是庶民皆有得於汝之極，而使汝長保此極矣。

人之有能有爲，使羞其行，而邦其昌。無虐煢獨，而畏高明。時人，斯其惟皇之極。

人之有才能有作爲者，使進其行務令，才德兼全而國可賴之以昌。煢獨孤立無援者，高明勢位崇顯者，不以其無援而困沮之，不以其有勢而尊敬之，但論其才行之何如耳。是則人亦有得於君之極也。

曰皇極之敷言，是彝是訓，于帝其訓。凡厥庶民，極之敷言。是訓是行，以近天子之光。曰天子，作民父母，以爲天下王。

敷，廣布也。人君立極者，所敷之言，即此常道而教訓之，皆以天理而教訓也。庶民於立極者所敷之言，即此教訓而踐行之。斯能親近天子道德之光矣。又言天子能使庶民近其光，斯可作民之父母，而爲天下之王矣。此一節申言庶民無有淫朋友意。

無偏無陂，遵王之義；無有作好，遵王之道；無有作惡，遵王之路。無偏無黨，王道蕩蕩；無黨無偏，王道平平；無反無側，王道正直。會其有極，歸其有極。

偏，謂不正。陂，謂不平。遵，循也。義，天理之宜也。好惡有當然之理，不容以私意作爲。《考工記》：『千夫有道，萬夫有路。』此言道路，互辭取韵叶耳。道路，即義之可通行者也。黨，謂阿比。偏者，私於己。黨者，私於人也。蕩蕩，廣大貌。平平，夷易貌。反側，皆謂不正。正，謂不偏。直，謂不枉其正。會，如『會同』之會。歸，如『歸家』之歸。遵義、遵道、遵路，會其極也。蕩蕩、平平、正直，歸於極也。此一節申言人無有比德之意。

此第七章。

六。

《洛書》文

三德：一曰正直，二曰剛克，三曰柔克。

正直，不偏於剛，不偏於柔，剛柔適中，徑直行之而無所枉也。克，勝也。剛克，剛勝於柔也。柔克，柔勝於剛也。

平康正直，彊弗友剛克，燮友柔克。

平，謂平均，不彊不弱也。康，安而無事也。彊弗友，謂剛彊不相順助也。燮友，謂柔和相順助也。平康者，治之以正直，如《周官》所謂『刑平國，用中典』也。彊弗友者，治之以剛克，如《周官》所謂『刑亂國，用重典』也。燮友者，治之以柔克，如《周官》所謂『刑新國，用輕典』也。或寬或猛，或寬猛適中，各隨其時俗而施之，有不同焉。

沈潛剛克，高明柔克。

沈，謂沈抑下而不上。潛，謂潛藏内而不外。高，謂高亢上而不下。明，謂明顯外而不內。沈潛者易至於卑悔，故以剛克治之、進之於高明也。高明者易至於浮露，故以柔克治之、退之於沈潛也。各因其資質而待之，有不同焉。

此第八章。

七。

稽疑：擇建立卜筮人，乃命卜筮。曰雨，曰霽，曰蒙，曰驛，曰克。曰貞，曰悔。凡七：卜五，占用二。

《洛書》文

鑽龜曰卜。揲蓍曰筮。選擇知卜筮之人而建立之，以爲卜筮之官，及有疑事之時，乃命之使卜，命之使筮。卜兆有五：雨，水兆；霽，火兆；蒙，土兆；驛，木兆；克，金兆。筮卦有二：貞內卦，悔外卦。卜、筮皆有占。此『占』字，專言筮。

衍忒。立時人，作卜筮。三人占，則從二人之言。

『三人』，句絶。『衍忒』，未詳。朱子曰：『衍是多剩。忒是差錯。或曰：「卜筮若止一人，則或有差錯無從正救，故多剩其人數，俾之參互推究。其或有差錯者，立是人爲卜筮之官各三人，人各一法，三卜三筮。所占或皆吉，或皆不吉。若一不吉、二吉，則作吉；用一吉、二不吉，則作不吉。用故曰占，則從二人之言。」』

汝則有大疑，謀及乃心，謀及卿士，謀及庶人，謀及卜筮。

新安王氏曰：『大疑，謂國有非常之事未能决者。《周官》「有大事，衆庶得至外朝，與群臣以序進，而天子親問焉。」』朱子曰：『卜筮處末者，占法先斷人志，後命著龜。』

汝則從，龜從，筮從，卿士從，庶民從，是之謂大同。身其康彊，子孫其逢，吉。

康彊，無疾而壽。逢，大也。朱子曰：『此條無問尊卑，其謀皆配於龜筮，故爲大同之吉。人心之虛靈，知覺無异於鬼神，雖龜筮之靈，不至逾於人也。故自此以下，必以人謀爲首。然鬼神無心而人有欲，人之慮未必盡能無適莫之私，故自此以下皆以龜筮爲主。人雖不盡從，不害其爲吉。若龜筮兩逆，則凶咎必矣。』

汝則從，龜從，筮從，卿士逆，庶民逆。吉。

朱子曰：『此條惟君謀配於龜筮，亦吉。』

卿士從，龜從，筮從，汝則逆，庶民逆。吉。

朱子曰：『此條惟卿士謀配於龜筮，亦吉。』

庶民從，龜從，筮從，汝則逆，卿士逆。吉。

朱子曰：『此條惟民謀配於龜筮，亦吉。』

汝則從，龜從，筮逆，卿士逆，庶民逆。作内吉，作外凶。

内，謂祭祀冠婚。外，謂出師征伐。朱子曰：『此條龜筮一從一違，本不可以舉事，但筮短龜長，又尊者之謀配合，故内事猶可，外事則凶。』

龜筮，共違于人。用静吉，用作凶。

静，謂外事内事俱不作也。朱子曰：『此條龜、筮皆逆於人，人謀縱有從者，動則凶矣。』

此第九章。陳氏曰：『卜筮者，天之所示也。人事盡而後可以求之天，故必皇極建三德。又至於有疑，然後謀及人，而斷之以卜筮。苟人事不協，而惟卜筮之從，雖得吉兆，而無益也。故稽疑必在於皇極三德之後。』

八。

《洛書》文

庶徵：曰雨，曰陽，曰燠，曰寒，曰風。

陰陽之氣，交則蒸而爲雨氣，散則開而爲陽；陰退陽進則爲燠，陽退陰進則爲寒；陰陽旋繞扇播則爲風。燠、熱、凉、寒，四時之氣也。雨陽風佐，四時之氣而化育。不言熱、凉，止言燠寒者，燠爲熱之微，寒爲凉之極。長物舉其始，成物舉其終也。雨與陽對，燠與寒對。風行於四時之間

曰時五者來備，各以其叙，庶草蕃廡。

備，猶有也。是五者之來，其有各應期而不亂，所謂時雨、時陽、時燠、時寒、時風也。庶草，物之尤微者。此茂盛，則萬物咸遂可知所謂休也。

一極備，凶；一極無，凶。

極備，謂過於有。極無，謂過於無。一者過於有，謂恒雨、恒陽、恒燠、恒寒、恒風也。一者過於無，謂恒雨則無陽，恒陽則無雨，恒燠則無寒，恒寒則無燠，或彌旬彌月無風也。凶謂饑饉疫癘由此起，所謂咎也。

曰休徵：曰肅，時雨若；曰乂，時陽若；曰哲，時燠若；曰謀，時寒若；曰聖，時風若；

禎祥曰休。皆因五事之敬，而有此徵。肅有滋潤意，時雨似之；乂有開豁意，時陽似之；哲昭融，有和暖意，時燠似之；謀審密，有凝結意，時寒似之；聖無所不通，時風似之。

曰咎徵：曰狂，恒雨若；曰僭，恒陽若；曰預，恒燠若；曰急，恒寒若；曰蒙，恒風若。

灾沴曰咎。皆因五事之不敬而有此徵。狂者，貌之放蕩，淫雨似之；僭者，言之差忒，亢陽似之；預則昏惰散緩而不收，恒燠似之；急則躁率縮栗而不舒，恒寒似之；蒙則心冥迷而無主，猶風之終日飄揚而無定也。凡此休咎之徵，因其事而各以類應。

此第十章。

九。

《洛書》文

五福：一曰壽，二曰富，三曰康寧，四曰攸好德，五曰考終命。

五福，以人所尤好者爲先。生而爲人，孰不好生而惡死？壽者，其生之長也，故先之以壽。有生必有以養，故繼之以富。雖有以養，又必安身而心寧，故繼之以康寧。身康心寧，又必知爲善之樂，故繼之以攸好德。考，成也。成全以終其命，謂盡其天年，而不死於戰鬥刑戮也。有雖壽，而不得善終者，故卒之以考終命。

六極：一曰凶短折，二曰疾，三曰憂，四曰貧，五曰惡，六曰弱。

六極，以人所尤惡者爲先。不得其死曰凶。凶者，考之反也。疾、憂者，康、寧之反也。貧者，富之反也。陷於不善者，惡也。雖欲爲善，而不能自彊者，弱也。惡、弱者，好、德之反也。

斂時五福，用敷錫厥民。

言人君當斂聚此五福，以廣布與庶民。

凡厥正人，既富方穀，而康而色，曰『予攸好德』，汝則錫之福。汝弗能使有好于而家，時人斯其辜。于其無好德，汝雖錫之福，其作汝用咎。

色，當作『寧』字之誤也。正人，謂爲正長之官者。穀，禄也。《詩》曰：『仳仳方有穀。』好，如『鄉黨自好』者之『好』，謂自愛重也。言正長之官，使之既富足有禄，而又身得以康、心得以寧，其人必能爲善而曰，予所好者德。則是汝實與之以此福也。汝若不能先使之富且康寧，則彼在家無所顧藉，不自愛重，將陷於罪而無好德之心。汝雖欲與之以福，而彼之所作爲，無非得罪於汝之事矣。上爲庶民言斂五福，此爲在官之人言，而不及壽與考終命者。蓋以人臣，委質致命，不敢有全身保生之心。然苟真能好德，則天自報之以壽考也。

惟辟作福，惟辟作威，惟辟玉食。

辟，君也。威，謂六極之可畏。玉食，謂珍美之食也。此言能爲民福禍者，惟君一人。此其所以獨享天下珍美之奉也。

臣無有作福作威玉食，臣之有作福作威玉食，其害于而家，凶于而國。人用側頗僻，民用僭忒。

臣，謂大臣。人，謂小臣。頗，不平。僻，不中也。臣佐君治民，然無有能自爲福禍者，故亦不敢享至尊之奉。若爲臣而有君之權、享君之奉，則是僭亂之臣。君臣必俱傷敗，凶於臣之家，害於君之國。有位之人，效之而側僻天下之民，效之而僭越差忒矣！

此第十一章。

洪範後説

邵子曰：『圓者，星也。歷紀之數，其肇於此乎？曆法合二始以定剛柔；二中以定律曆；二終以紀閏。餘是所謂曆紀也。方者土也。畫州井地之法，其放於此乎？州有九井九百畝，是所謂畫州井地也。蓋圓者，河圖之數；方者，《洛書》之文。故羲文因之而造易，禹箕叙之而作範也。』以下論《洛書》。

朱子曰：『二始者，一二也。一奇故爲剛，二偶故爲柔。二中者，五六也。五者十干，六者十二辰也。二終者九與十也。閏餘之法以一十九歲爲一章，姑借其説以明十數之爲《河圖》耳。孟子言周家井地之制，井九百畝，其中爲公田，八家各私，百畝同養。公田是皆法《洛書》之九數也。』

『以《河圖》、《洛書》爲不足信，自歐陽公以來已有此説。然終無奈《顧命》、《繫辭》、《論語》皆有是言，而諸儒所傳二圖之數，雖有交互而無乖戾，順數逆推縱横曲直皆有明法，不可得而破除也。至如《河圖》與《易》之天一至地十者，合而載天地五十有五之數，則固《易》之所自出也。《洛書》與《洪範》之初一至次九者，合而具九疇之數，則固《範》之所自出也。』

董銖問：『《河圖》之數，不過一奇一偶相錯而已。故太陽之位即太陰之數，太陰之位即太陽之數，見其迭陰迭陽，陰陽相錯，所以爲生成也。天五地十居中，地十亦天五之成數。蓋一二三四已含六七八九者，以五乘之故也。蓋數不過五也。《洛書》之用一二三四，以對九八七六，其數亦不過十。蓋太陽占第一位，已含太陽之數；少陰占第二位，已含少陰之數；少陽占第三位，已含少陽之數；太陰占第四位，已含太陰之數。雖其陰陽各自爲數，然五數居中，太陽居一得五而成六，少陰居二得五而成七，少陽居三得五而成八，太陰居四得五而成九。則與河圖一陰一陽相錯而爲生成之數者，亦無以异也。不知可如此看否？』曰：『所論甚當，《河圖》相錯之説尤佳。』

西山蔡氏曰：『古今傳記，自孔安國、劉向父子、班固皆以爲《河圖》授羲，《洛書》錫禹。關子明、邵康節皆以十爲《河圖》、九爲《洛書》。蓋《大傳》既陳天地五十有五之數，《洪範》又明言天乃錫禹洪範九疇，而九宫之數「戴九履一，左三右七，二四爲肩，六八爲足」，正龜背之象也。惟劉牧意見，以九爲《河圖》，十爲《洛書》，托言出於希夷。既與諸儒舊説不合，又引《大傳》，以爲二者皆出於伏羲之世。其易置圖書并無明驗，但謂伏羲兼取圖書，則

《易》、《範》之數誠相表裏，爲可疑耳。其實，天地之理一而已矣。雖時有古今先後之不同，而其理則不容於有二也。故伏羲但據《河圖》以作《易》，則不必預見《洛書》，而已逆與之合矣。大禹但據《洛書》以作《範》，則亦不必追考《河圖》，而已暗與之符矣。其所以然者何哉？誠以此理之外，無復它理故也。然不特此耳。律呂有五聲十二律，而其相乘之數，究於六十日；名有十干十二支，而其相乘之數亦究於六十二者，皆出於《易》之後。其起數又各不同，然與《易》之陰陽策數多少自相配合，皆爲六十者，無不若合符契也。下至運氣參同太一之屬，雖不足道，然亦無不相通。蓋自然之理也。假令今世復有圖書者出，其數亦必相符。可謂伏羲有取於今日而作《易》乎？《大傳》所謂「河出圖，洛出書，聖人則之」者，亦泛言聖人作《易》、作《範》，其原皆出於天之意。如言「以卜筮者，尚其占」與「莫大乎蓍龜」之類，《易》之書豈有龜與卜之法乎？亦言其理無二而已爾。』

天下之萬聲，出於一闔一闢；天下之萬理，出於一動一静；天下之萬數，出於一奇一偶；天下之萬象，出於一方一圓。

節齋蔡氏曰：『《河圖》數偶。偶者静，静以動爲用。故河圖之行合皆奇。一合六，二合七，三合八，四合九，五合十。是故《易》之吉凶生乎動。蓋静者必動而後生也。《洛書》數奇。奇者動，動以静爲用。故《洛書》之位合皆偶。一合九，二合八，三合七，四合六。是故《範》之吉凶見乎静。蓋動者必静而後成也。』

九峰蔡氏曰：『《河圖》體圓而用方，聖人以之而畫卦；《洛書》體方而用圓，聖人以之而叙疇。卦者，陰陽之象也；疇者，五行之數也。象非偶不立；數非奇不行。奇偶之分，象數之始也。陰陽五行，固非二體；八卦九疇，亦非二致。理一分殊，非深於造化者，安能識之？』

《河圖》非無奇也，而用則存乎偶；《洛書》非無偶也，而用則存乎奇。偶者，陰陽之對待乎？奇者，五行之迭運乎？對待者，不能孤；迭運者，不可窮。天地之形，四時之行，人物之生，萬化之凝，其妙矣乎！

思齋翁氏曰：『《河圖》運行之序，自北而東，左旋相生。固也。然對待之位，則北方一六水克南方二七火，西方四九金克東方三八木。而相克者，已寓於相生之中。《洛書》運行之序，自北而西，右轉相克。固也。然對待之位，則東南方四九金生西北方一六水，東北方三八木生西南方二七火。其相生者，已寓於相克之中。蓋造化之運，生而不克，則生者無從而裁制；克而不生，則克者亦有時而間斷。此圖書生成之妙，未嘗不各自全備也。』

敬齋吴氏曰：『《洛書》上三數象天，中三數象人，下三數象地。人能參天地，贊化育，建中和，故歸重於五皇極焉。』

眉山蘇氏曰：『天錫禹九疇，不能如是諄諄也，粗有象數而已。禹與箕子推而廣之，至皇極尤詳。曰帝以象數告，而我敷廣其言爲彝訓，與帝言無異。故曰「于帝其訓」。』以下論《洪範》。

至而無餘謂之極。

南豐曾氏曰：『人君之於五行，始之以五事，修其性於己；次之以八政，推其用於人；次之以五紀，協其時於事；次之以皇極，謹其常以應天下之故而率天下之民；次之以三德，治其中、不中以適天下之變；次之以稽疑，以審其吉凶於人神；次之以庶徵，以考其得失於天；終之以福極，以考其得失於民。其始終先後，與夫粗精小大之際，可謂盡矣！自五事至於六極皆言用，而五行不言用者，自五事至於六極皆以順五行，則五行之用可知也。《虞書》於六府言修，則箕子於五行，言其所化之因於人者是也；《虞書》於六府次之以三事，則箕子於五行次之以五事而下是也；《虞書》於九功言戒之用休、董之用威，則箕子於九疇言庶徵之與福極是也。則知二帝三王之治天下，其道未嘗不同者，萬世之所不能易。此九疇之所以爲大法也。』

九疇者，皆人君之道也。福極者，人君所以考己之得失於民。福之在於民，則人君之所當嚮；極之在於民，則人君之所當畏。福言攸好德，則致民於善可知也；極言惡弱，則致民於不善可知也。視此以嚮畏者，人君之事也。未有攸好德而非可貴者也；未有惡弱而非可賤者也。故攸好德則錫之福，謂貴之所以勸天下之人，使協于中，固已見之皇極矣。於皇極言之者，固以勉人；於福極不言之者，攸好德與惡弱之在乎民，則考吾之得失者盡矣，貴賤，非考吾之得失者也。

朱子曰：『《洪範》只自恁地熟讀少間，字字都自會着實。今人只管要説治道，這是治道最緊切處。這個若理會不通，又去理會甚麼零零碎碎。』

《洛書》本文只有四十五點。班固云六十五字皆《洛書》。古字畫少，恐或有模樣，但今無所考。漢儒説此未是。恐只是以義起之，不是數如此。蓋皆以天道人事參互言之。五行最急，故第一。五事又參之於身，故第二。一身既修，可推之於政，故八政次之。政既成，又驗之於天道，故五紀次之。又繼之以皇極，居五，蓋能推五行、敬五事、厚八政、修五紀，乃所以建極也。六、三德，乃是權衡此皇極者也。德既修矣，稽疑庶徵繼之者，著其驗也。又繼之以福極，則善惡之效至是不可加矣。皇極非大中，皇乃天子，極乃極至，言皇建此極也。東、西、南、北到此恰好，乃中之極，非中也。但漢儒雖説作中字，亦與今不同，如云五事之中是也。今人説中，只是含糊依違。善不必盡賞，惡不必盡罰，如此豈得謂之中？

凡數自一至五，五居中；自九至五，五亦居中，戴九履一、左三右七，五亦居中。若有前四者，則方可以建極。後四者却自皇極中出。三德是皇極之權，人君所嚮用五福，所威用六極。此曾南豐所説。惟此説好。

《洛書》本無文字，但有奇耦之數。自一至九，《洛書》之本數。初、次者，禹次第之文。五行以下，即禹法則之事。蓋因《洛書》自然之數，而垂訓於天下後世也。若其效法次第之義，大抵因《洛書》之位與數而爲之。《洛書》一位在子，其數則水之生數，氣之始也，故爲五行。五行則陽變陰合，交運而化生萬物，則爲人事之始矣。二位在坤，其數則火之生數，氣之著也，故爲五事。五事則五氣運行，人之稟形賦色，妙合而凝，修身踐形之道立矣。三位在卯，其數則木之生數，氣至此而益著也，故爲八政。八政則修身不止，於貌、言、視、聽、思之事，而立經陳紀，創法立度，舉而措之天下矣。四位在巽，其數則金之生數，氣至此而著益久也，故爲五紀。五紀則治不止於食貨、政教之事，而察數觀象，治曆明時，仰以觀於天文矣。五居中央，爲八數之中，縱横以成十五之變。蓋土之冲氣，所以管攝四時，故爲皇極。極則人君居至尊之位，立至理之准，使四方之面内環觀者皆於是而取則，所以總攝萬類也。六位在乾，其數則水之成數，氣合而成形也，故爲三德。三德則不徒立至極之准，而臨機制變，隨事制宜，且盡其變於人矣。七位在西火之成數，氣合而形已著矣，故爲稽疑。

稽疑則不徒順時措之宜，而嫌疑猶預且決之人謀、鬼謀而盡其變於幽明矣。八位在艮，木之成數，氣合而形益著矣，故爲庶徵。庶徵則往來相蕩，屈伸相感，而得失休咎之應定矣。九位在午，其數則金之成數，氣合而著已久矣，故爲福極。福極則休咎得失不徒見於一身，而通行於天下矣。其事廣大悉備，故居終焉。大抵九疇之序，順而言之，則五行爲始，故五行不言用。不言用者，乃衆用之所自出。錯而言之，則皇極爲統，故皇極不言數。不言數者，乃衆數之所由該。以五行爲始，則自一至九，愈推愈廣，大衍相乘之法也。以皇極爲統，則生數主常，成數主變，太極動静之分也。九疇本於《洛書》者如此。後學不悟此章具《洛書》之文例，以空談而説之，則陋矣！

《洪範》一篇，首尾都是歸從『皇極』上去。蓋人君以一身爲至極之標准，最是不易。又須斂是五福，所以斂聚五福以爲建極之本。又須是敬五事、順五行、厚八政、協五紀，以結裹個皇極。又須乂三德，使事物之接剛柔之辨。須區處教合宜。稽疑便是考之於神，庶徵是驗之於天，五福是體之於人。這下許多是維持這皇極。

問：水火木金土，竊謂氣之初温而已。温則蒸溽，蒸溽則滌達，滌達則堅凝，堅凝則有形質。五者雖一，然推其先後之序，理或如此。曰：向見吴斗南説五事，庶徵皆當依此爲序。其言亦有理。

五行質具于地，而氣行於天。以質而語其生之序，則曰水火木金土；以氣而語其行之序，則曰木火土金水。

自『水曰潤下』至『稼穡作甘』皆是二意。水能潤能下，火能炎能上。金曰從曰革，從而又能革也。

箕子爲武王陳洪範，首言五行，次便及五事。蓋在天則是五行，在人則是五事。

自外而言之，則貌外於言；自内而言之，則聽内於視；自貌、言、視、聽言之，則思所以爲主於内。故曰貌、曰言、曰視、曰聽、曰思，彌遠者彌外，彌近者彌内。此其所以爲次序也。

洪範五事，以思爲主。蓋不可見，而行乎四者之間也。然操存之漸，必自其可見而爲之，物則切近明白而易以持守。故五事之次，思最在後。

問：視、聽、言、動，比《洪範》五事，動是貌否，如動容貌之謂？曰：思也在裏了，動容貌是外面底。心之動便是思。又問：五行比五事。曰：曾見吴仁杰説得順它。云貌是水，言是火，視是木，聽是金，思是土。將八庶徵來説便都順。問：貌如何是水？曰：它云貌是濕潤底，便是水。故其徵便是『肅，時雨若』。《洪範》乃是五行之書，看得它都是以類配得到五福六極也。是配得，但略有不齊。

問：禮如何屬火？曰：以其光明。問：義之屬金，亦以其嚴否？曰：然。

『恭作肅』至『睿作聖』，此學問之極功，盡性踐形之事。

伯謨云：『老蘇著《洪範論》，不取《五行傳》。而東坡以爲漢儒《五行傳》不可廢。此亦自是既廢，則後世有忽天之心。曰漢儒也穿鑿，如五事，一事錯則皆錯。如何却云聽之不聰則某事應，貌之不恭則某事應？』

問皇極。曰：此是人君爲治之心法，如周公一書，只是個八政而已。

東坡《書傳》中說得『極』字亦好。

皇極一章，乃九疇之本。

自『皇建其有極』以下是總說，人君正心、修身、立大中至正之標准，以觀天下而天下化之之義。『無偏無陂』以下乃是反覆贊嘆，正說皇極體段。『曰皇極之敷言』以下是推本結殺一章之大意。

今人將皇極作大中解，都不是皇建其有極，不成是大建其有中？時人斯其惟皇之極，不成是時人斯其惟大之中？皇須是君，極須是人君建一個表儀於上。且如北極是在天中，喚作北中不可；屋極是在屋中，喚在屋中不可。人君建一個表儀於上，便有肅乂哲謀聖之應，五福備具。推以與民，民皆從其表儀。下文『凡厥庶民』以下，言人君建此表儀。又須知天下有許多名色人，須逐一做道理區處著，始得於是有念之、受之、錫之、福之類，隨其人而區處之。大抵皇極是建立一個表儀後，又有廣大含容區處周備底意思。『無偏無陂』以下只是反覆歌咏，若細碎解都不成道理。

極有凑會之義。所謂『三十輻共一轂』，斂福錫民，聖人亦豈别有福以錫之？只取則於此，各正其身，順理而行，則爲福也。《孟子》謂『君仁莫不仁』，亦此意。

漢儒説『中』字只是五事之中，猶未爲害。最是近世説。『中』字不是只是含糊苟且，不分是非，不辨黑白。遇當做底事，只略略做些，不要做盡。此豈聖人之意？

《皇極辨》曰：『《洛書》九數而五居中，洪範九疇而皇極居五。故自《孔氏傳》訓皇極爲大中，而諸儒皆祖其説。』余獨嘗以經之文義語脉求之，而有以知其必不然也。

蓋皇者，君之稱也。極者，至極之義、標准之名，常在物之中央而四外望之以取正焉者也。故以極爲在中之准的，則可以便訓極爲中，則不可若北辰之爲天極、脊棟之爲屋極。其義皆然，而《禮》所謂『民極』、《詩》所謂『四方之極』者，於皇極之義爲尤近。顧今之説者既誤於此，而并失於彼，是以其説輾轉迷謬而終不能以自明也。

即如舊説，姑亦無問其它，但即經文而讀皇爲大、讀極爲中，則夫所謂『惟大作中、大則受之』爲何等語乎？今以余説推之，則人君履至尊之位，四方輻輳面内而環觀之，自東而望者不過此而西也，自南而望者不過此而北也，此天下之至中也。既居天下之至中，則必有天下之純德而後可以立至極之標准，故必順五行、敬五事以修其身，厚八政、協五紀以齊其政，然後至極之標准，卓然有以立乎天下之至中，使夫面内而環觀者莫不於是而取則焉。語其仁，則極天下之仁，而天下之爲仁者莫能加也。語其孝，則極天下之孝，而天下之爲孝者莫能尚也。是則所謂皇極者也。由是而權之，以三德審之，以卜筮驗其休咎於天，考其禍福於人，如挈裘領，豈有一毫之不順哉？此《洛書》之數，所以雖始於一終於九，而必以五居其中；《洪範》之疇所以雖本於五行、究於福極，而必以皇極爲之主也。

若箕子之言有曰『皇建其有極』云者，則以言夫人君以其一身而立至極之標准於天下也。其曰『斂時五福，用敷錫厥庶民』云者，則以言夫人君能建其極，則爲五福之所聚，而又有以使民觀感而化焉，則是又能布此福而與其民也。其曰『惟時厥庶民，于汝極，錫汝保極』云者，則以言夫民視君以爲至極之標准而從其化，則是復以此福還錫其君而使之長爲至極之標准也。其曰『凡厥庶民，無有淫朋。人無有比德，惟皇作極』云者，則以言夫民之所以能有是德者，皆君之有以爲其至極之標准也。其曰『凡厥庶民，有猷有爲有守，汝則念之。不協于極，不罹于咎，皇則受之』云者，則以言夫君既立極於上而下之從化，或有淺深遲速之不同。其有謀者、有才者、有德者，人君固當念之而不忘；其或未能盡合而未抵乎大戾者，亦當受之而不拒也。其甲『而康而色，曰予攸好德，汝則錫之福，時人斯其惟皇之極』云者〔一〕，則以言夫人之有能革面從君而以好德自名，則雖未必出於中心之實，人君亦當因其自名而與之以善。則是人者亦得以君爲極而勉其實也。其曰『無虐煢獨而畏高明，人之有能有爲，使羞其行，而邦其昌』云者，則以言夫君之於民，一視同仁，凡有才能，皆使進善，則人才衆多而國賴以興也。其曰『凡厥正人，既富方穀，汝弗能使有好于而家，時人斯其辜。于其無好德，汝雖錫之福，其作汝用咎』云者，則以言夫凡欲正人者，必先有以富之，然後可以納之於善。若不能使之有所賴於其家，則此人必將陷於不義，至其無復更有好德之心，而後始欲教之以修身，勸之以求福，則已無及於事，而其起以報汝，唯有惡而無善矣。蓋人之氣稟，或清或濁或純或駁，有不可以一律齊者。是以聖人所以立極乎上者，至嚴至密；而所以接引乎下者，至寬至廣。雖彼之所以化於此者，淺深遲速，其效或有不同，而吾之所以應於彼者，長養涵育其心，未嘗不一也。其曰『無偏無陂，遵王之義；無有作好，遵王之道；無有作惡，遵王之路。無偏無黨，王道蕩蕩；無黨無偏，王道平平；無反無側，王道正直。會其有極，歸其有極』云者，則以言夫天下之人，皆不敢殉其己之私以從

〔一〕今按：『其甲』，當爲『其曰』之誤。

乎上之化，而會歸乎至極之標准也。蓋偏陂好惡者，己私之生於心者也。偏黨反側者，己私之見於事者也。王之義、王之道、王之路、王之化也，所謂皇極者也。遵義、遵道、遵路，方會其極也。蕩蕩、平平、正直，則已歸於極矣。其曰『皇極之敷言，是彝是訓，于帝其訓』云者，則以言夫人君，以身立極而布命於下，則其所以爲常、爲教者，皆天之理而不异乎上帝之降衷也。其曰『凡厥庶民，極之敷言，是訓是行，以近天子之光』云者，則以言夫天下之人，於君所命皆能受其教而謹行之，則是能不自絶遠而有以親被其道德之光華也。其曰『曰天子，作民父母，以爲天下王』云者，則以言夫人君能立至極之標准，所以能作億兆之父母而爲天下之王也。不然，則有其位無其德，不足以首出庶物、統御人群而履天下之極尊矣。

心者，人之神明。其虚靈知覺，無异於鬼神，故自此以下必以人謀爲首。然鬼神無心而人有欲，人之謀慮未必盡能無適莫之私，故自此以下皆以龜筮爲主。人雖不盡從，不害其爲吉。若龜筮而逆，則凶咎必矣。此條無問尊卑，其謀皆配於龜筮，故爲大同之吉。

問五行所屬。曰：舊本謂雨屬木，陽屬金，燠屬火，寒屬水，與五行相配，皆錯亂了。吴斗南説雨屬水，陽屬火，燠屬木，寒屬金，風屬土。看來雨只屬水自分曉，如何屬木？

問：寒如何屬金？曰：它討得證據甚好——僩二年《左傳》曰『金寒玦離』。又，貌、言、視、聽、思，皆是以次第相屬。

問：『八庶徵曰時』，林氏取蔡氏説，謂是歲、月、日之時。自『五者來備』而下，所以申言雨、陽、燠、寒、風之義。自『王省惟歲』而下，所以申言日、時之義。某竊謂此『時』字，當如孔氏『五者各以其時』之説爲長。林氏徒見『時』字與『雨、陽、燠、寒、風』五者并列而爲六則，遂以此『時』字爲贅。不知古人之言如此類者多矣。且仁、義、禮、智是爲四端，加一『信』字則爲五常，非仁義禮智之外別有所謂信也。故某以爲時之在庶徵，猶信之在五常，不知是否？曰：林氏之説只與古説無异。但謂有以歲而論其時與不時者，有以月而論其時與不時者，有以日而論其時與不時者，可更推之。

五者備叙，則庶草滋蕃豐蕪，即下文之休徵也。有無相反，常雨則無陽，常燠則無寒，則草木不茂，百穀不成，即下文之咎徵也。

自五行以下，得其道則有衆休之徵；失其道則有衆咎之徵。得失在於身，休咎應於天。匹夫尚然，况人主乎？

今人讀書粗心大膽，如何看得古人意思。如説八庶徵，這若不細心體識，如何會見得『肅，時雨若』，肅是恭肅，便是有滋潤底意思，所以便説時雨順應之。『乂，時陽若』，乂是整治，便自有開明底意思，所以便説時陽順應之。『哲，時燠若』，哲是昭融，便自有和暖底意思，所以便説時燠順應之。『謀，時寒若』，謀是藏密，便自有寒結底意思，所以便説時寒順應之。『聖，時風若』，聖是通明，便自有爽快底意思，所以便説時風順應之。

符舜功云：『謀，自有顯然著見之謀。聖，是不可知之妙，不知於寒、於風，果相關否？』曰：『凡看文字，且就地頭看，不可將大底便來壓了。箕子所指「謀」字，只是且説密謀意思。「聖」只是説通明意思。如何將大底來壓了？便休如説吃棗，固是有大如瓜者，且就眼下説，只是常常底棗，如煎藥合用棗子幾個。自家須要説棗如瓜大，如何用得許多？人若心下不細，如何讀古人書？《洪範》「庶徵」固不是定如漢儒之説，必以爲有是事必有是應，多雨之徵必推説道是某時做某事不肅所以致此爲，此必然之説，所以教人難盡信。但古人意思精密，只於五事上體察，是有此理。如王荆公又却要一齊都不消感應，只把「若」字做如似字義説。做譬喻説了也不得，荆公固是也。説道此事不足驗，然而人主自當謹戒。如漢儒之説固不可，荆公全不相關之説亦不可。古人意思精密，恐後世見未到耳。人主之行事與天地相爲流通，故行有善惡，則氣各以類而應。然感應之理，非謂行此一事即有此一應。統而言之，一德修則凡德必修，一氣和則凡氣必和，固不必曰肅自致雨無與於陽，乂自致陽無與於雨，但德修而氣必和矣。分而言之，則德各有方，氣各有象。肅者雨之類，乂者陽之類。求其所以然之故，固各有所當也。咎徵亦然。』

問：休徵、咎徵，諸家多以義推説舉。竊以爲此猶《易》中取象相似，但可以仿佛看，而不可以十分親切求也。庶徵雖有五者，大抵不出陰、陽二端，雨、寒，陰也。陽、燠、風，陽也。肅、謀，深而屬静，陰類也，故時雨、時寒應之。乂、哲、聖，發見而屬動，陽類也，故時陽、時燠、時風應之。狂反於肅，急失於謀，故恒雨恒寒應之。僭則不乂，預則不哲，蒙則不聖，故恒陽、恒燠、恒風應之。未知如此看得否？曰：大概如此。

歲統月，月統日。職尊者，所理大而要；職小者，所理小而詳。君秉君道，臣行臣職。君君臣臣，猶歲、月、日、時之不易，則休徵可致；反是，則爲咎徵。

問：皇極五福，即是此五福否？曰：便即是這五福。如斂時五福，用敷錫厥庶民，斂底即是盡得這五事。以此錫庶民，便是使民也。盡得這五事，盡得五事便有五福。

福極，通天下人民而言。蓋主不以一身爲福極，而以天下爲福極。民皆仁壽，堯舜之福也。民皆鄙夭，桀紂之極也。五福以人所尤好者爲先。

六極，以人所尤惡者爲先。

問：五福六極。曰：民之五福，人君當嚮之；民之六極，人君當畏之。

五福六極，曾子固説得極好。《洪範》大概，曾子固説得勝如諸人。

王氏樵曰：『人心惟危四語，聖學傳心之妙，而未及政事之詳。水火金木土穀，惟修數語，善政養民之要，而未及心源事目之備。《洪範》一篇，性命政事大綱，細目兼該全備，信乎唐虞以來授受之微言也。以丹書四言武王齋戒而問之，則其受此於箕子也可知。嗚呼！後之人其可以易而讀之哉？』

程氏若庸曰：『在天爲五行，言其所自然；在人爲五事，言其所當然。厚乎人而爲八政，言其利不言其弊；占乎天而爲五紀，言其常不言其變；序其目於皇極之後者，皆皇極之驗也。本之前四疇以立其體，至嚴至密，而無一毫之或失；驗之後四疇以達其用，至寬至廣，而無一物之或遺。信乎！天子作民父母，以爲天下王，可以參天地、贊化育矣！此大禹則龜文以叙九疇，箕子本禹疇以陳洪範，必以皇極爲天地人之宗主歟？』

造化之初，一濕一燥。濕之流爲水，燥之爍爲火。濕之融爲木，燥之凝爲金。其融結爲土。自輕清而重濁，先天之五行，其體也。四時主相生，六府主相剋，後天之五行，其用也。其體對立，其用循環。

曆象日、月、星辰與庶徵相通而不同彼，以證王與卿士、師尹、庶民之得失，此特主於授時。

魯齋許氏曰：『無偏陂、好惡、偏黨、反側，戒辭也。遵王之義、道、路，勸辭也。王道蕩蕩、平平、正直，贊辭也。會其極，遵其義、道、路，歸其極，皆至於蕩蕩、平平、正直也。』

五福六極，本天之所與，而君民共之者。君建皇極於上，則能備受五福，而六極不足以及之矣。君則順天以理民，集五福於身而導之，使之避極而趨福，所謂斂福以錫之也。其予奪，蓋可與天同功，不可有一毫私意於其間。有一毫私，則有不當錫之福，不當加之極矣。此蓋係於皇極之建不建也。

白雲許氏曰：『傳記中人材杰然可觀。以道理觀之，只是偏材。聖人則圓融渾全，百理皆具。古今人材，多是血氣用事，故多偏。聖人純是德性用事，便自能圓成不偏。』

申氏時行曰：『人君以此欽若昊天，而敬授人時，則所謂術不違天，政不失時者也。』天之理妙於無言，而君之言純乎天理。則是上天，神道以設教，人君代天以有言，其所以鼓舞萬民者，即陰騭之化工，其所以教治百官者，即相協之深意也，豈不爲天之訓乎？

極備而傷於太多，則陰陽之氣偏勝，而萬物無以育其生，必致於凶災，如雨多則澇，陽多則旱是也。或極無而傷太少，則陰陽之氣有虧，而物無以遂其性，亦至於凶災，如無燠則慘，無寒則泄是也。

百穀成，天時有生，則地利有養也。治道明，五辰既撫，則庶績其凝也。天地交而賢人出，因之明揚。陰陽和而家道昌，因之平康。是五氣之順布，有以感之；而實五事之交修，有以本之也。王與卿士、師尹可不隨分而省驗哉！

王氏充耘曰：『天陰騭下民，是無形聲可驗，故武王不知彛倫之所叙者何由。』斂五福以錫庶民，豈直有斂散之迹哉？大概有道之君立乎其上，則自能措一世於治平，民皆飽食暖衣，入孝出弟，有壽康而無鄙夭者，是果誰之力哉？謂非其君有以致之，不可也。董子所謂『人君正心以正四方，而諸福之物可致之祥，莫不畢至者，此即建極斂福錫民之謂』。

邵氏寶曰：『三德之用五，所以施之者三，世也，人也，地也。世云者，《周禮》「平國、亂國、新國」之謂也。人云者，《論語》「求也退，由也兼人」之謂也。地云者，《中庸》「南方之强，北方之强」之謂也。』

王氏肯堂曰：『太極動静而陰陽分，陰陽變合而五行具。卜兆有五象，五行也。卜卦有二象，陰陽也。皆所以紹天明而前民用者也。』

休徵先大後小者，見休徵之效，必關於一歲，善必積而後成。咎徵先小後大者，見咎徵之害，初起於日月，惡雖小而可惧。

震川歸氏曰：『五紀雖五，總之實曆數之一紀。此亦王者之政，不序於八政之中，所以尊天也。』

福，極天之所命，而人主制其權，故養之而可以使之壽，厚之而可以使之富，節其力而可以使之康寧，教之而可以使之攸好，德不傷之而可以使考終命。然有養之、厚之、節之、教之、不傷之所不能及者，故必有潛移默奪於冥冥之中者。此所以爲位育之極功，而居九疇之終也。

《尚書》學文獻集成·朝鮮卷　第三十四册

洪範演

俞莘焕　著
吴曉峰　整理

提要

《洪範演》，作者俞莘焕（一八〇一—一八五九），字景衡，號鳳栖，杞溪人。縣監星柱之子，爲金邁淳、洪奭周、吴熙常的門生。是朝鮮末期主張理氣神話論的性理學大家。有著作《鳳栖集》八卷四册傳世。該集卷四之《雜著》部分集中收録了《洪範演》及《大學圖説》、《大學好惡義利説》、《中庸鬼神對》、《理氣神化説》、《未發説》等文章，集中反映了他的經學思想。

《洪範演》一篇頗具寫作特色。是作者將《書經》的《洪範》篇經過演繹、解説而成的文章。開頭先列《九疇之序》，然後又依次排列了《九序之數》、《九數之象》、《九象之德》，并分别添加了圖像與解説。如其釋九序之『初一曰五行』云：『曰「一」者，不貳之謂也。不貳者，誠也。誠者，天之道也。故「初一曰五行」。五行者，天道之自然也。』其他類此。認爲應該以誠釋一，以陰陽釋二，而三是以一而統二之象，是君可以御衆之象。四是數之合，五是數之中。這些觀點集中體現了作者對《尚書·洪範》有關序與數等問題的理解與看法。

九疇之序

《洪範》，其天人之道乎？初一五行，天道之自然也；次二五事，人道之當然也；次三八政，以人而代天也；次四五紀，代天以合天也；次五皇極，合天以立人極也；次六三德，人極之兩儀四象也；次七稽疑，以人事而質之於天也；次八庶徵，灾祥之在天者也。灾祥惡乎生？生於人事之得失也；次九五福、六極，吉凶之在人者也。吉凶惡乎生？生於天心之威愛也。此乃自一至九之序也。

九序之數

初一曰五行。何謂也？曰『一』者，不貳之謂也。不貳者，誠也。誠者，天之道也。故『初一曰五行』。五行者，天道之自然也。

次二曰五事。何謂也？曰『二』者，一之分也。其陰陽乎？游氣紛擾，善惡分矣。故『次二曰敬用五事』。敬者，主一之謂也，主一則誠矣。

三也者，以一而統二者也。其君象乎？故曰『農用八政』。政者，所以御衆也。

一與一合以生二，二與二合以生四。四者，數之合也。故曰『協用五紀』。協者，合也。

五者，數之中也。一四三二之湊也。九六七八之所因而生也。是故《洛書》之文，無適非五。兩立則二五也凡四，參連則三五也凡八。五其無偏無陂之象乎？故曰『建用皇極』。

六者，奇耦之交也。參其二也，兩其三也。數之平康者也。故曰『乂用三德』。剛克者，參之之象也；柔克者，兩之之象也。『沈潛剛克』者，參其二之象也。『高明柔克』者，兩其三之象也。

七之爲數，上下無與，與五同功而异位者也。九與六以三爲朋，八與四以二爲朋，而七在其間特立獨行。七，其奇之奇乎？故疑之。疑之者，不知其所之也。

八者，四之兩立者也。四者，二之兩立者也。八，其耦之耦乎？以一生二，以二生四，以四生八，寒暑分矣，四時行矣，八風至矣。一休一咎，可得而徵之也。徵之也者，不疑其所行者也。

九者，數之究也。究則變矣，故九之爲數，能陰能陽，能柔能剛。乾之『見群龍無首』，此之謂也。是故，九之爲象也，以四則實，内陽而外陰者也；以三則虚，内陰而外陽者也。故曰『嚮用五福，威用六極』。『嚮用五福』，陽之舒也，仁也。『威用六極』，陰之慘也，義也。仁之爲用也柔，義之爲用也剛。

『一五行』，太極生兩儀，兩儀生四象也。『五皇極』，五行一陰陽，陰陽一太極也。三者，陽也。陽者，在上者也。故思所以御下者。四者，陰也。陰者，在下者也。故思所以格上者。三之『八政』，四之『五紀』，天地之交也，水火之既濟也。

『七稽疑』，徵之未定者也。『八庶徵』，疑之已决者也。蓍之與卦，疑之與徵，其義一也。蓍以七七四十九。而圓，故七之『稽疑』也，其象亦圓。卦以八八六十四而方，故八之爲

『庶徵』也，其象亦方。

自一至四，一疇而一用。自六至九，一疇而兩用。其故何也？六生於一，八生於三，异於二四之純乎陰矣。七生於二，九生於四，异於一三之純乎陽矣。故六之剛柔，七之卜筮，八之休咎，九之嚮威，皆通乎陰陽而言之，所以原始而要終也。

水火木金，在天之四象也。剛柔善惡，在人之四象也。此一六相連之象也。事之肅乂，稽疑則從；事之狂僭，稽疑則逆。此二七相連之象也。爲政以肅，則時雨若；爲政以乂，則時陽若。此三八相連之象也。五紀協而行令順，則民多壽而康；五紀舛而行令逆，則民多夭而瘥。此四九相連之象也。故曰『河出圖，洛出書，聖人則之』。

五行在天而周流，五福在人而局定。此一九相對之象也。五事，庶徵之感也；庶徵，五事之應也。此二八相對之象也。政事，人謀也。卜筮，鬼謀也。此三七相對之象也。五紀，人之所以合天也。三德，天之所以與人也。此四六相對之象也。故曰『河出圖，洛出書，聖人則之』。

九數之象

○，一之象。

圓生於規，以一而生三者也。其象天，其德彝。

，二之象。

圓之容方，三之二，故三分虚一，以生方。《周子》所謂『水陰根陽』是也。其象月，其德化。

，三之象。

方之容圓，四之三，故四分虚一，以生圓。《周子》所謂『火陽根陰』是也。其象日，其德繼。

□，四之象。

方生於矩，以二而生四者也。其象地，其德成。

右四者，五之根也。天道左旋，地道右行。故圓者自一之二，方者自四而之三。

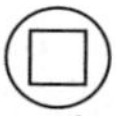，五之象。

外圓者，三也。內方者，二也。以象，則天圓而地方也；以數，則參天而兩地也。其象，無而有，曰神。其德通。

五者，數之中也。承上二圓二方，起下二圓二方。

，六之象。

物以六圓。圓而中虛者，六之象也。一因於五以生六。一者，太陽也。六其太陽之子乎？其象火，其德中。

，七之象。

圓而中實者，七之象也。二因於五以生七。二者，少陰也。七其少陰之子乎？其象金，其德裁。

，八之象。

物以八方。方以中虛者，八之象也。三因於五以生八。三者，少陽也。八其少陽之子乎？其象木，其德推。

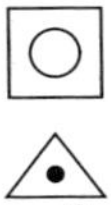，九之象。

方而中實者，九之象也。四因於五以生九。四者，太陰也。九其太陰之子乎？其象水，其德正。

三面而中虛，九之變也。變其方而三其面者，陽復之象也。虛則有待，待而具十則一也。九其終萬物而始萬物乎？其象陰火，其德固。

右四者，五之枝也。火虛、水實、木柔、金剛，象之所以然也。其序則《八卦》横圖之序也，此與《易》之四象本同一二三四而末异六七八九，《河》、《洛》之位不同而然也。

九象之德

○，一，天彝。

彝，有倫，以倫則萬變，以彝則一定。

倫之彝：父子曰仁，君臣曰義，夫婦曰別，長幼曰序，朋友曰信。仁曰推，義曰裁，別曰正，序曰中，信曰通。

彝之象：天道有常。君子觀其象，存誠不息。

⧈，二，月化。

化，兩立，自然而然，殆當然而然，無咎。存諸靜動，則省聖功也。

化之象：月生魄。君子觀其象，兢兢乎幾。

◘，三，日繼。

繼，兩立而動，其機不停，一闔一闢，往而復。

繼之象：月往日來，以生晝夜。君子觀其象，思有以周知，日有孳孳。

，四，地成。

成，通而復，物與，無妄。

成之象：天道成乎地。君子觀其象，安土，立不易方。

，五，神通。

通，以彝化，以化繼，以繼成，推一行二，會二歸一。

一者，彝也。以一往來者，通也。彝，無而有；通，亦無而有。以彝則無爲，以通則有爲。

故彝曰『無極』，通曰『有極』。

通之象：神，無方。君子觀其象，思之精睿，而至於聖。

，六，火中。

中，乂而後中。乂其過，乂其不及。有條有理曰中。

中之象：內暗而外明。君子觀其象，卑其禮，以著其仁。

◎，七，金裁。

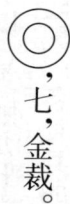

裁，謀以裁之。進則三揖，退則一辭。富與貴有所不處，貧與賤有所不去。行藏取予，各得其所。

裁之象：剛而從革。君子觀其象，强以有執。

，八，木推。

推，哲以推之。明無不照，厥施斯普。

推之象：柔而曲直。君子觀其象，寬以有容。

，九，水正，陰火固。

正，肅肅整整，沈而明，四通八達。

正之象：內明而外暗。君子觀其象，崇其知以藏其義。

固，温故而知新，既浹乃灼，虛以受人，無曰不我若。然灼則受，否則守。守斯實，反乎一。

固之象：火生於水。君子觀其象，知而不去，以致用。

叙象十則

彝，道也；化，陰陽也；繼，元亨也；成，利貞也；通，神化之，一而兩也。

右第一則，叙自一至五。

彝，性也；化，情也；繼，意也；成，志也；通，心也。右第二則，再叙自一至五。

化者，兩而静者也。《周子》所謂『分陰分陽』是也。繼者，兩而動者也。《周子》所謂『一動一静』是也。

右第三則，叙二三。

繼者，智之圓也，知善而知惡者也。成者，行之方也，爲善而去惡者也。

右第四則，叙三四。

圓，起於一立於三；方，起於二立於四。一之爲天也，因乎起也。四之爲地也，因乎立也。何也？天道資始，地道代有終也。道之自然者也。是故，君子之道，知崇效天，禮卑法地。知至至之可與幾，因乎起之義也。知終終之可與存義，因乎立之義也。

右第五則，叙一四。

以《易》則九七爲陽，而八六爲陰。以《範》則九七爲陰，而八六爲陽。何也？《河圖》之位，陰與陽各從其朋。故一與九連，二與八連，三與七連，四與六連。水流濕、火就燥之象也。《洛書》之位，陰與陽各求其配。故一與六連，二與七連，三與八連，四與九連。男取妻、女從夫之象也。此《河》、《洛》四象之所以异也。

右第六則，叙六七八九。

少陰居二，而其位則陽也。少陽居三，而其位則陰也。七之爲金，八之爲木，所以原其始也。老陽用九，而其悔則陰也；老陰用六，而其悔則陽也。六之爲火，九之爲水，所以要其終也。故曰：仁者見之謂之仁，知者見之謂之知。

右第七則，再叙六七八九。

中陽也，而有時乎爲陰；正陰也，而有時乎爲陽。斯義也，孔子言之矣。曰：知崇、禮卑。推陽也，而有時乎爲陰；裁陰也，而有時乎爲陽。斯義也，朱子言之矣。曰：仁之用柔，義之用剛。

右第八則，三叙六七八九。

本然之謂彝，能然之謂通。從其本然，匪聖則賢；從其能然，匪空則玄。是故，推也者，推其本然者也；裁也者，裁其能然者也。

右第九則，叙七八。

推而不裁，其蔽也兼愛；裁而不推，其蔽也爲我。推而能裁者，其張子乎？故曰：《西銘》一而分殊。

右第十則，再叙七八。

《尚書》學文獻集成・朝鮮卷　第三十四册

期三百注解

金岱鎮　著
吳曉峰　整理

提要

《期三百注解》，作者金岱鎮（一八〇〇—一八七一），其他生平事迹不詳。有文集《訂窩集》二十四卷十二册傳世。《期三百注解》收録於《訂窩集·雜著》卷之八中。該篇完成於己亥年（一八三九），是對《書經·堯典》中『期三百有六旬有六日……』進行的注解并小説，其中反映了作者對於天體運行等問題的看法。他認爲『期三百』本傳於天，其揭示的是關於日月運行的規律。即所謂『天體本無分界，日晷本無分限，特自人推測而立限，節以求合耳』。并采取李葛翁的運算方法，對『期三百』之日月運行軌迹進行了仔細分析。其目的是爲了方便後學，以便於了解古人對於日月運行時序的分析和判斷。

期三百注解 并小説〇己亥

『期三百』本傳於天。日之行，則以九百四十分爲度；於月行，則以十九分爲度。依法行算，初無難解。但九百四十分之度，只可以析天與日行之分，而不能盡月不及日之分。十九分之度，只可以析月，不及日之分，而不能盡天與日行之分。二者交有剩欠，而莫能相一。今依李葛翁説，以九百四十分，每分分作十九分，則三辰之行可以通融分析，而恰恰無餘欠。此算家通分納子之妙也。因布算條析，以示蒙學云。

本法，周天三十四萬三千三百三十五分。以九百四十分乘三百六十五度，得三十四萬三千一百分，又添四分度之一，二百三十五。

〇一日九百四十分。

日之一分，天行三百六十六分二氂五毫。置周天分數，又添所過一度九百四十分，以一日九百四十分歸除之。

日行三百六十五分二釐五毫。置周天分數，以一日九百四十分歸除之。

月行算不盡。所謂十九分度之七者，試置一度九百四十分，以十九定身除之，得四十九餘九，算雖析至秒，忽不可盡。日行一日，不及天九百四十分，積三百六十五日九百四十分日之二百三十五，而與天會。以九百四十分乘三百六十五日，得三十四萬三千一百，又添四分日之一，二百三十五，恰盡周天之度。

○以上析天與日行之分。

周天六千九百三十九分七釐五毫。以十九分乘三百六十五度，得六千九百三十五分，又添四分度之一，四分七釐五毫。○四分度法，置十九分用四歸之。

○一日九百四十分。

日之一分，天行算不盡。置周天分數，又添一度十九分。以九百四十歸除之，得七分四釐，有奇，而不可盡。日行算不盡。置周天分數，以九百四十分歸除之，得七分三釐八毫有奇，而不可盡。月行算不盡。置周天分數，減二百三十五分，以九百四十分歸除之，得七分一釐三毫有奇，而不可盡。月不及日二釐五毫。十二度十九分度之七，通分納子，得二百三十五分，以九百四十分歸除之。月行一日，不及日二百三十五分，積二十九日九百四十分日之四百九十九，而與日會。以二十九乘二百三十五，得六千八百一十五分，在周天分數，不盡一百二十四分七釐五毫，却置一百二十四分七釐五毫，以日之一分，月不及日之數，二釐五毫，歸除之，得四百九十九，乃知月之不及日，積二十九日四百九十九分，而恰盡周天之度。

○以上析月行之分。

變法：周天六百五十二萬三千三百六十五分。以九百四十分每分分作十九分，則一度凡一萬七千八百六十分。以乘三百六十五度，得六百五十一萬八千九百分，又添四分度之一，四千四百六十五分。○置本法，周天分數，三十四萬三千三百三十五，以十九加之，亦合。

○一日九百四十分。日之一分，天行六千九百五十八分七釐五毫。置周天分數，又添所過一度，一萬七千八百六十分，以九百四十分歸除之。日行六千九百三十九分七釐五毫。置周天分數，以九百四十分歸除之。○不及天十九分。

月行六千七百單四分七釐五毫，置周天分數，減十二度，二十一萬四千三百二十分，又減十九分度之七，六千五百八十分，餘六百三十空萬二千四百六十五分，以九百四十分歸除之。不及日二百三十五分。置一日，月不及日之分，二十二萬空九百，以九百四十分歸除之，亦合。

日行一日，不及天一萬七千八百六十分，積三百六十五日，九百四十分日之二百三十五，而與天會。以一萬七千八百六十分，乘三百六十五日，得六百五十一萬八千九百分。又以十九分乘二百三十五分，得四千四百六十五分。合上數，恰盡周天之分。

○以上析天與日行之分。

月行一日，不及日二十二萬空九百分，積二十九日，九百四十分日之四百九十九，而與日會。以二十九乘二十二萬空九百，得六百四十空萬六千一百分。在周天分數，不盡一十一萬七千二百六十五分，却置一十一萬七千二百六十五分，以日之一分，月不及日之數二百三十五分歸除之，得四百九十九。乃知月之不及日，積二十九日四百九十九分，而恰盡周天之分。

〇以上析月行之分。

附天與月會之度並小説

月之與天會，於歲月之法無所關。然考驗天道者，亦不可以不之究也。但用九百四十分之日法，則推算之際，復有析不盡者。兹依陳懼齋説，更分一日爲一千空一十六分，亦變通之一妙也。

周天分數依上。

〇一日一千空一十六分。日之一分，月行算不盡，置周天分數，減月不及日分數，用一千空一十六分，定身除之，得六千二百空三分二釐一毫有奇，而不可盡。不及天二百三十五分。置一日，月不及天之數二十三萬八千七百六十分，以一千空一十六分，定身除之。月行一日，不及天二十三萬八千七百六十分，積二十七日，一千空一十六分日之三百二十七，而與天會。以二十七乘二十三萬八千七百六十，得六百四十四萬六千五百二十，在周天分數。不盡七萬六千八百四十五分，却置七萬六千八百四十五分，以日之一分，月不及天之數二百三十五分歸除之，得三百二十七。周天之度，用十九分之法亦同。所謂十三度十九分度之七者，即二百五十四分也。置二百五十四，以一千空一十六定身除之，得二釐五毫。是日之一分，月行不及天者，二釐五毫也。積一日，不及天二百五十四分；積二十七日，不及天六千八百五十八分。在周天分數，不盡八十一分七氂五毫，却置八十一分七氂五毫，以日之一分，月不及天之數二氂五毫歸除之，得三百二十七，乃知月之不及天，積二十七日，一千空一十六分日之三百二十七，而恰盡周天之度，六千九百三十九分七氂五毫。

以九百四十分竪看三辰疾徐之差，以一萬七千八百六十分横看三辰進退之差，其盈縮分數畢現無餘。而獨天與月之會，必待更定日分，然後方得恰合者，蓋天體本無分界，日晷本無分限，特自人推測而立限，節以求合耳。以上法推之，凡日之一分，月之不及天者，爲二百四十五分。積至二十七日，則其不及之度，餘七萬六千八百四十五分矣。以所謂二百五十四分約之，定三百單二分，則不及於度；定三百單三分，則已過於度。於此不得不變其法以齊之。此懼齋之説所以不可廢也。

《尚書》學文獻集成·朝鮮卷　第三十四册

期三百解

裴相説　著
張其昀　整理

提要

《期三百解》，裴相説著。裴相説（一七五九——一七八九），仕履無考。

置閏是曆法中非常重要的内容。《堯典》即曰：『期三百有六旬有六日，以閏月定四時成歲。』該文題目中的『期三百』即出於此。該文主要内容即在於論述閏制。其論述堪稱精密，有關資料與現代天文科學研究的成果相當接近。該文又以附載圖表而甚方便於省覽。作《書》解者多重視《堯典》關於曆法的記述，元吴澄《書纂言》、元陳師凱《書蔡氏傳旁通》、明章湟《圖書編》等尤其於閏制皆有所論述。裴氏此文適可與之相互發明。

文中基於日、地、月相對位置關係所作的月之圓闕的論述完全正確；對於日、月之本質，也有了初級的認識。

《期三百解》祖本出自《槐潭遺稿》，未見其他傳本。

期三百解

天體至圓，周圍三百六十五度四分度之一；繞地左旋，常一日一周而過一度。日麗天而少遲，故日行一日亦繞地一周。而在天爲不及一度，積三百六十五日九百四十分日之二百三十五而與天會，是一歲日行之數也。月麗天而尤遲，一日常不及天十三度十九分度之七，積二十九日九百四十分日之四百九十九而與日會。十二會得全日三百四十八。餘分之積五千九百八十八，如日法九百四十而一得六不盡。三百四十八是一歲月行之數也。歲有十二月，月有三十日。三百六十者，一歲之常數也。故日與天會而多五日九百四十分日之二百三十五者，爲氣盈；月與日會而少五日九百四十分日之五百九十二者，爲朔虛。氣盈朔虛而閏生焉。故一歲閏率則十日九百四十分日之八百二十七，三歲一閏則三十二日九百四十分日之六百單一。五歲再閏則五十四日九百四十分日之三百七十五。十有九歲七閏，則氣朔分齊。是爲一章也。出《書傳》○十三度十九分，止。與日會，不及日數十二度通納，二十九日亦通納，相乘爲實。分母十九與四百九十九相乘爲法。實如法而一，後又置度下二五以日法九百四十乘之，得周天全度。得全日三百四十八，以十二乘二十九日。餘分之積五千九百八十八，以十二乘四百九十九。九百四十而一，以九百四十除五千九百八十八。少五日五百九十二。置三百六十，以三百五十四減之，又取一日作九百四十分，以三百四十八分減之。一歲閏率，氣盈中加朔虚。三歲一閏，以三歲乘一歲閏率。五歲再閏，以五歲乘一歲閏率。十九歲七閏，以十九歲乘一歲閏率，得全日一百九十零分一萬五千七百一十三分。以日法除之，得一十六日零六百七十三分。氣朔分齊，置右乘得二百六日六百七十三分，以朔策二十九日四百九十九分除之，恰盡。○右總釋。

天體周

上面

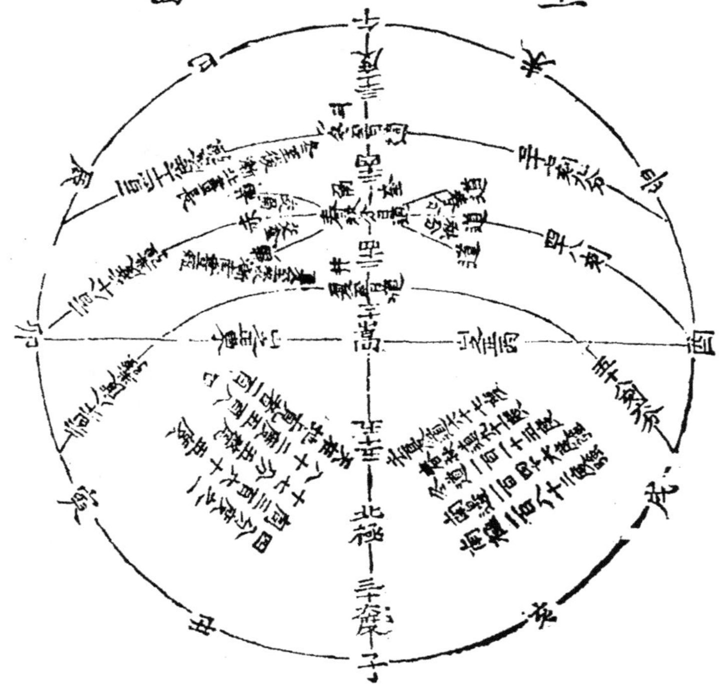

圜之圖

下面

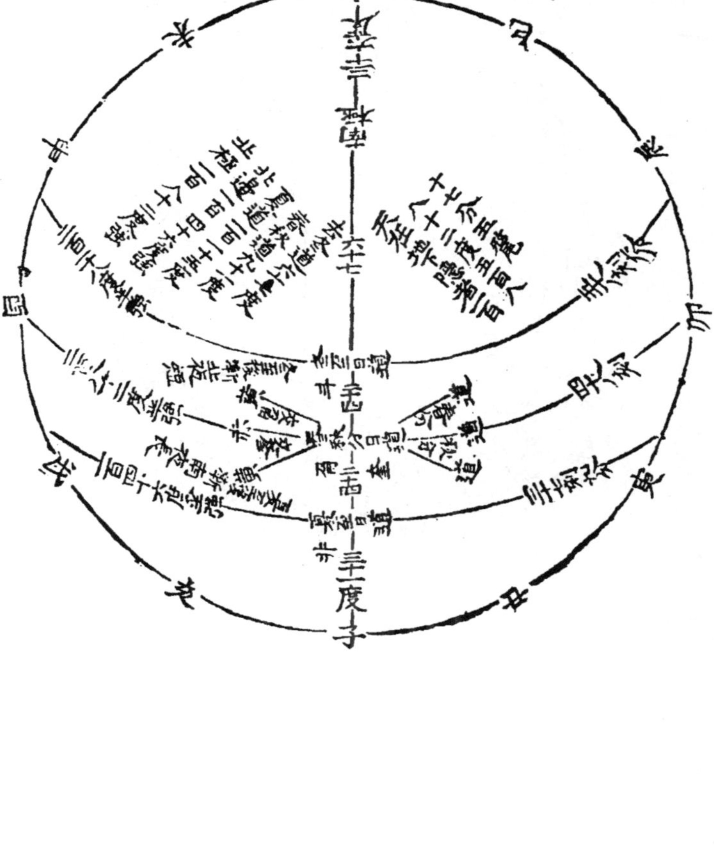

周天三百六十五度四分度之一圖

天體至圓，狀如彈丸，圍包地外，周旋無端。以二十八宿分周天之度，共爲三百六十五度四分度之一。其地上見者一百八十二度半强，地下隱者亦然。朱先生所謂『天無體，只二十八宿』是也。以周天三百六十五度四分度之一分十二次，次得三十度十六之七。

天日周過度圖

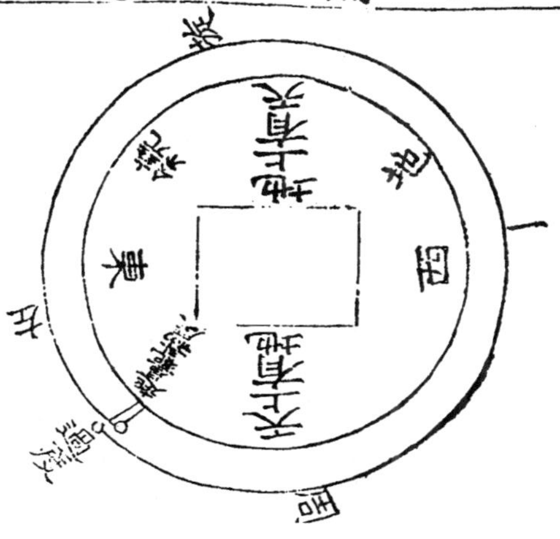

天秉陽而在上，故其行比日月爲最健。初起從星紀斗初，而一日一夜周得三百六十五度四分度之一而又過得一度也。朱子嘗與學者論此，以爲『天與日月皆從角起』云云，而今云『從斗而起』者何也？蓋以角者二十八宿之首，故朱子姑借此爲説使學者易知耳，非其定論也○日爲陽之精，故其行比天爲次健，亦從星紀斗初而起，一日一夜只運一周。

日一周不及天一度之圖

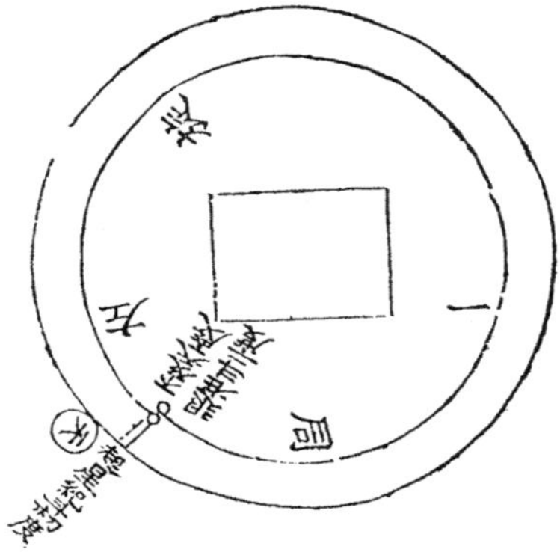

月爲陰之精，故其行比天日爲最遲，亦從星紀斗初而起，一日一夜只運得三百五十二度强。所謂三百六十五零二百三十五分者，在天爲度，在歲爲日。自今年冬至至明年冬至前一日爲一歲。一歲之内有二十四氣，氣策一十五日二百□五分六釐二毫五忽，則其總積必三百六十五日二百三十五分。蓋天進一度則日却成退了一度，積至三百六十五日二百

月退十三度十九分度之七圖

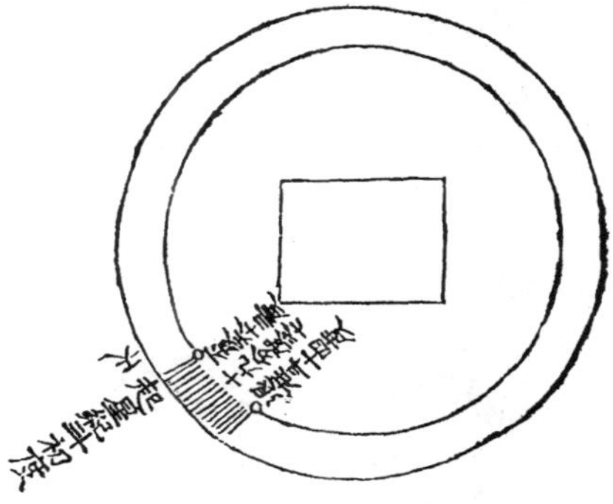

三十五分，則其天所進過與日所不及恰盡得本數，而遂與會成一歲。○月行一日不及日十二度三百四十六分三釐一毫五忽七絲八秒强，則積至二十九日四百九十九分，而其日所進過與月所不及皆恰盡得本數，而遂與會成一月。

積三百六十五日九百四十分日之二百三十五分日與天會之圖

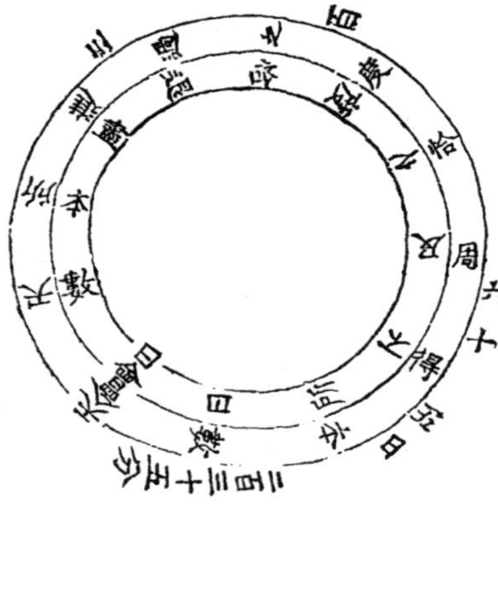

積二十九日九百四十分日之四百九十九而月與日會之圖

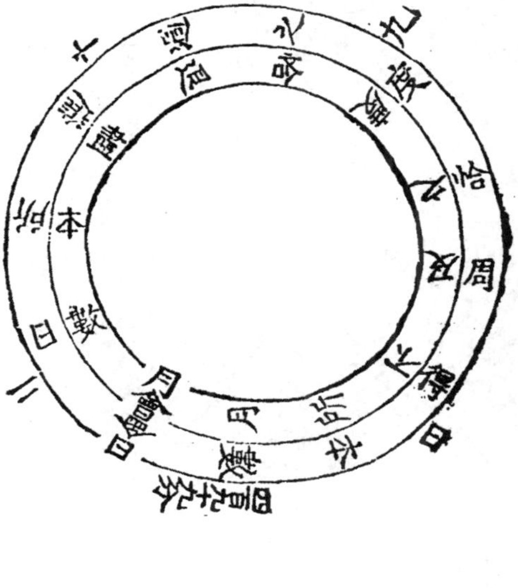

日月十二會之圖

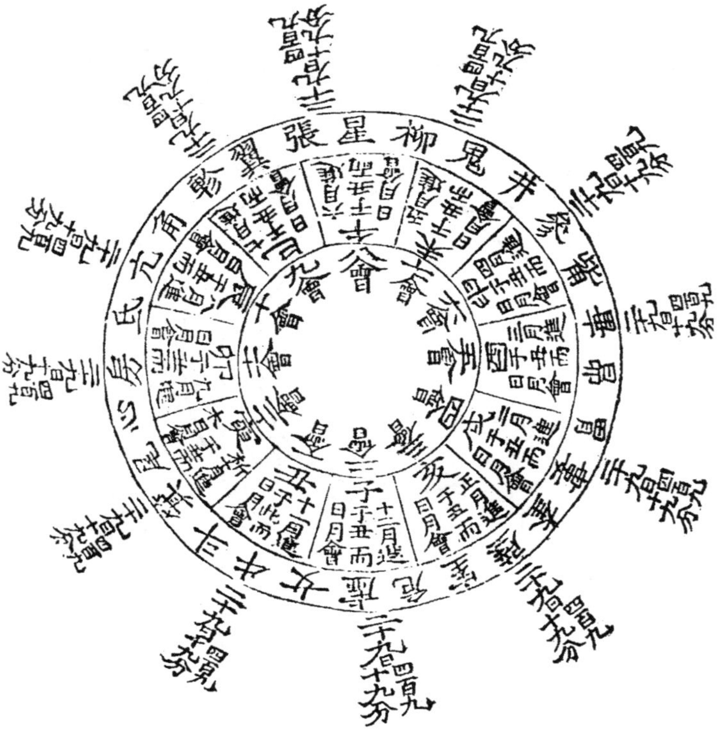

蓋一歲之積，該十二個二十九日四百九十九分。則凡一歲之日月會者亦必十二次，而其會處皆於斗柄所指之宫。合宫上會，如正月斗柄建寅，寅與亥合，日月則會于亥之類。按，《啓蒙玉齋注》及《傳疑》等書已盡此説，兹不贅。

丑之星紀爲子半，冬至後天與日月初起之次歷過二十九日四百九十九分，則天行漸差而進者亦二十九度四百九十九分。星紀之在丑者進於寅，玄枵之在子者進於丑，而日月會于此者乃建丑之十二月也。又歷二十九日四百九十九分，則天行亦進二十九度四百九十九分。星紀之丑進于卯，玄枵之子進于寅，娵訾之亥進于丑，而日月會于此者，乃建寅之正月也。又歷二十九日四百九十九分，則天行亦進二十九日四百九十九分。星紀進辰，玄枵進卯，娵訾進寅，降婁進丑，而日月會于此者乃建卯之二月也。餘皆放此。

或曰：鄒氏《書傳音釋纂圖》：『日月，正月會寅析木，二月會卯大火。』以次而進，是與月建合矣。今此圖以爲正月會亥娵訾，二月會戌降婁，以次而右何也？曰：此本唐孔氏之説也。其每宫各書某月者，非直指是名爲本定也。是特就月合上隨其宫名，仍係以所會之月也。若直指是名爲定，則經曷云『季秋月朔，辰不集于房即卯大火。』耶？且如《纂圖》之説，則二月將會房矣，其可乎！又况如是則天度右旋，正月會寅析木，二月卯之大火退於寅矣。若曰日月隨天而進，正月會寅，二月會卯，則日行與天無遲速進退之异，而日又將生於西矣。其不然尤審矣！按《陽村集》甚發明，最爲可據○昔者聖人之授時也，以四仲初昏加午之宿，命爲中星，即仲春，春分之星鳥；南方七宿，自井至軫，是爲鶉鳥。以形而言，則有朱鳥之象焉。仲夏，夏至之星火；東方七宿，自角至箕，是爲蒼龍。以次舍而言，則房心爲大火中。仲秋，秋分之星虚；北方七宿之中星。仲冬，冬至之星昴，西方七宿之中星。是也。蓋天本無體，只二十八宿便是體，則星之行乃天之行也。以其星漸次而西，歷至三百六十五日四分日之一，然後此星又加於午，故以爲天有三百六十五度四分度之一，而遂因之爲一期也。其以一日一度爲有九百四十分者何也？蓋一歲餘分四分日之一，一朔餘分九百四十分日之四百九十九。若以四分爲一日，則於月朔奇贏有所不能齊整。必以九百四十分爲一日，然後乃能齊整無奇贏也。置九百四十以四分而一得二百三十五分，乃九百四十中之四分之一也，故不曰四分日之一而曰九百四十分日之二百三十五，所以見其必以九百四十爲一日及一度也。故不以四分爲一日一度而必以九百四十也。

合朔餘分積圖

十一月	四百九十九分	
十二月	九百九十八分	五十八日
正月	一千四百九十七分	
二月	一千九百九十六分	一百十六日
三月	二千四百九十五分	
四月	二千九百九十四分	一百七十四日
五月	三千四百九十三分	
六月	三千九百九十二分	二百三十二日
七月	四千四百九十一分	
八月	四千九百九十分	二百九十日
九月	五千四百八十九分	
十月	五千九百八十八分	三百四十八日

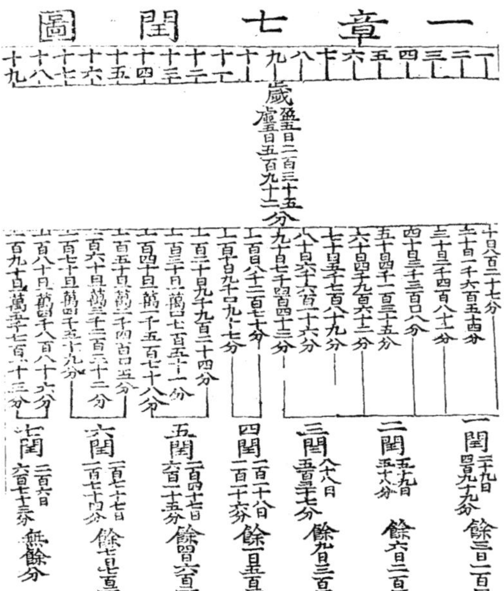

凡一章之盈虛，通二百六日六百七十三分也。今爲七閏月，每月二十九日通二百單三日。每月餘分四百九十九分，以七乘之，得三千四百九十三。以日法九百四十而一除之，得三日猶餘六百七十三分，并二百單三日通二百單六日又六百七十三分也。所謂氣朔分齊者，十九年合氣盈朔虛得二百單六日不盡六百七十三分；七閏月亦二百六日不盡六百七十三分。氣之分與朔之分至十九年皆齊，此所謂分齊而爲一章也。

月受日光生明生魄之圖

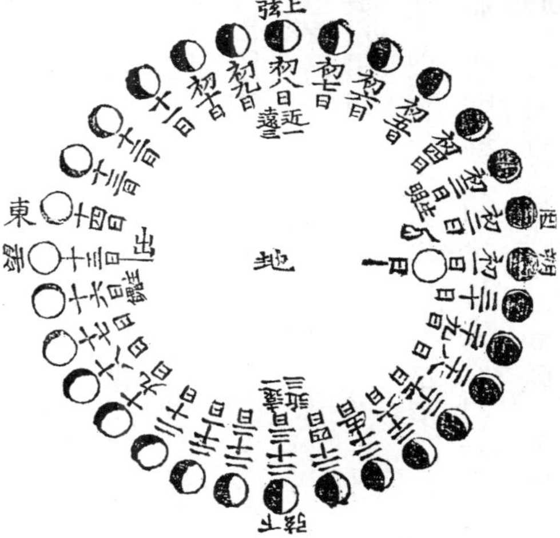

按《性理書》『月受日光生明』之説，惟沈括得之，晦庵夫子亦嘗取之矣。其言云：『月本無光，猶一銀丸，日耀之乃光耳。光之初生，日在其傍，故光側而所見才如鈎；日遠則斜照而光滿。大抵如銀丸，以粉塗其半，側視之則粉處如鈎，對視之則正圓也。』以此觀之，則知月光常滿，但人立處有偏正故也，非既死而復生也。愚嘗推衍其説，圖之如右，而又解之曰：蓋陽之陽爲太陽，於五行，火屬焉；陰之陰爲太陰，於五行，水屬焉。日即太陽之精，故其光亦如火。火有外光而無内明，故日亦如之；月中有山河海水之影而日則無之，是其無内明之驗也。月即太陰之精，故其潔亦如水。水有内明而無外光，故月亦如之，是其類然也。然月亦有時而光何也？蓋水本無光，而但日照之則水面光倒射壁上，乃月光也。此一句即晦庵説。其理亦猶是也。明曰陽，其光處即日光，故曰『明陽』。魄曰陰。其無光處即本體，故曰『魄陰』。其明也有圓缺之不同者，即因其陽之有消有長也。蓋日月每三十日日月每會於二十九日四百九十九分上，而今云『三十日』者，舉成數也。圖本所謂『三十日』者，亦放此。一會，既會而朔，則謂之朔者，蘇而復生也。日月始離。陽方生而甚微，至初三日然後陽浸長而明始生。每一日長一分，至初八日而其明正半，謂之『上弦』。其形如弓之張，故謂之『上弦』。十五日而其明已極正滿，日月相對而望，謂之『望』。既望則陰又生，亦每一日長一分，月近於日而其明漸減。至二十三日而僅存半明以就於缺，謂之『下弦』。三十日而陰生已極，日月復會，月光都盡。朔後，日在於西則月光生於西；望後，日在於東則月光存於東。以其受日而光生，故其光也向日之所在而隨所生也。就將此圖而觀之，則可昭昭明知矣。

或曰：『月本有光，而但望前、望後以其近於日，故其光微晦；望日則以其遠於日，故其光正滿而自若。』非也。若如此，則焉有朔後月生於西、望後生於東之理乎！此圖有二輪，蓋一輪三十個圈子之周於外者，象月行之度；一輪一個圈子之附於内西日入處者，象日行之度。蓋天本無二日，月同一道循流。而今圖如此者，只使觀者辨别易知也，非有所异意也。一月内積日凡三十，今日圈只有一而欠二十九者，以月圈生明生魄之圖准視，則惟一月三十日，日行都至於此一處，而後可言其離合也。主是月圖排列，故如是云爾。蓋日行至此而當初一，則月朔於西，即外輪初一圈是也；當十五則月望於東，即外輪十五圈是也；當初八、廿三則月弦於南北，即外輪初八、廿三圈是也。餘皆放此。

月不及日出落異更之圖

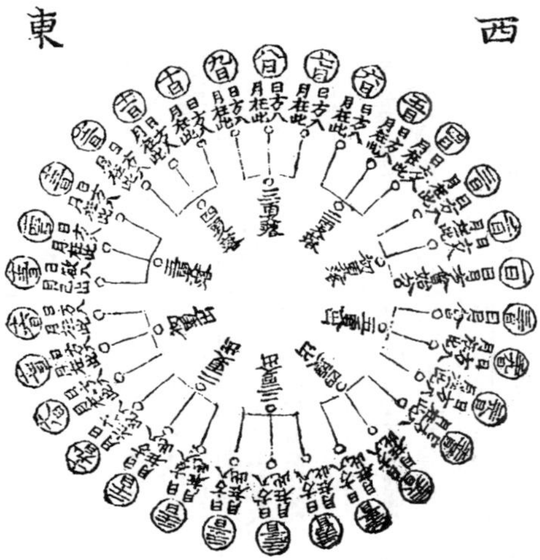

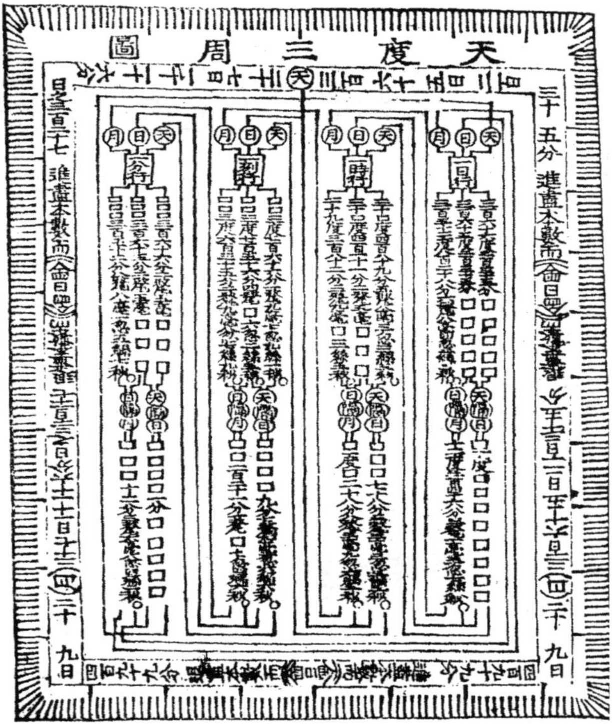

此圖即十五歲時圖上于松下金公翼東者。附於此。

《尚書》學文獻集成・朝鮮卷　第三十四册

洪範月行九道・期三百注吐・璇璣玉衡注吐

李德弘　著
朱宏勝
陸振慧　整理

提要

三篇皆爲李德弘（一五四一——一五九六）撰。德弘祖籍永川，字宏仲，號艮齋，生於慶尚道禮安（今安東郡禮安縣），少年即拜於同鄉退溪李滉門下受業，鑽研天人性理之學。曾遵乃師退溪指示而製作璇璣玉衡，以精密聞世，并收藏於陶山書院。德弘先以蔭官任參奉及世子副率，後任縣監等職。有《溪山記善録》和詩文集《艮齋先生集》、《艮齋先生續集》等傳世。

《洪範月行九道》等三篇文章收録於《艮齋先生續集》卷二，其中《洪範月行九道》討論古代曆法，并對《洪範》篇特别是《五皇極》章給予研討。《期三百注吐》和《璇璣玉衡注吐》則爲蔡沈《書集傳》相關注釋的句讀。韓國句讀術語及斷句皆與我國不同，相互參閲，可見其差异。以《期三百注吐》爲例，大致來説，『吐』相當於句讀法。『是羅、是五、五、爲飛尼、爲也』等是句尾的標志，相當於『。』；『爲旀、爲古、爲尼、隱、爲面』等是句中停頓的標志，相當於『，』；『是、奴、於、於是、乎代、怱、厓、亦是』等是連接前後兩個字的標志，相當於『從……到……』。

洪範月行九道

○日有中道，月有九行。中道者，黄道也。北至夏至。東井去極近，南至冬至。牽牛去極遠，春東至角秋西至婁去極中是也。九行者，黑道冬。二出黄道北，朱道夏。二出黄道南，白道秋。二出黄道西，青道春。二出黄道東，并黄道爲九行。

○沈存中曰：曆法，天有黄赤二道，日月有九道，此皆强名而已，非實有也，亦猶天之有三百六十五度。天何嘗有度？以日行三百六十五日而一期，强謂之度，以步日月五星行次而已。日之所由，謂之黄道。南北極之中度最均處，謂之赤道。月行黄道之南，謂之朱道；行黄道之北，謂之黑道；行黄道之東，謂之青道；行黄道之西，謂之白道。黄道内外各四，并黄道爲九。日月之行，有遲有速。難可以一術御也，故因其合散分爲數段。每段以一色名之，欲以别算位而已。如算法用青算、黑算以别正負之數。曆家不知其意，遂以爲實有九道，甚可嗤也。

先生曰：按，此九道之説，正合鄙意。當初雖學九衍之法，而實不知其妙，觀此後乃釋所疑耳。且夫日行不及天行每日一度，故與天同始，行於冬至之日，則半歲之；夏至北至近極，此後漸漸還短，返于冬至，爲一歲也。月行則每一日退十三度十九之七，故十五日日月相望，晦日復初，故爲一月也。

三十分爲一時。此以下，見原集《運世説》。

○董氏鼎曰：『一、二、三、四，皆經常之疇，法天以治乎人者也。六、七、八、九，皆權變之疇，即人以驗諸天者也。五皇極一疇，則守常制變之主，與天爲徒，爲民之則者也。』

○五皇極，錫汝保極，汝을錫ᄒᆞ야極을保케ᄒᆞ니라。言民又以福還錫其君也。○考終命。

考，成也。成其正命也。

心德：無偏無陂，無有作好，無有作惡。

事理：遵王之義，遵王之道，遵王之路。

此言治内而發外也。蔡氏曰：『偏陂、好惡，己私之生於心也；理義、道路，皇極之所由行也。』此即『會其極』也。蓋絶己心之私，而行天理於日用，遵五皇之極，而會萬理於身也。又曰『忘傾斜狹小之念，而達乎公平廣大之理也。』

事理：無偏無黨，無黨無偏，無反無側。

心德：王道蕩蕩，王道平平，王道正直。

此言由用而立本者也。蔡氏曰：『偏黨、反側，己私之見於事也；蕩蕩、平平、正直，皇極正大之體也。』此即『歸其極』也。蓋無人欲之私，而立正大本然之體也。又曰：『人欲消息，而天理流行也。』

『會其有極』，此結前六句。

『歸其有極』，此結後六句。

此節詩體，故皆韵語。兩兩相協，懲創其邪思，感發其善性。凡三章十四句。

問：《洪範》『五事』以『言』爲先，《論語》『四非』以『視』居首，何歟？

先生曰：『五事』對『五行』言。貌，澤水；言，揚火；視，散木；聽，收金；思，通土。即似《河圖》生之序言『一水、二火、三木、四金、五土』之序也。《論語》『四非』，以理論之，仁、義、禮、智之次也，仁木、義金、禮火、智水。以氣言之，《洛書》五行相克之序，土思、水貌、火言、金聽、木視。木克土、土克水、水克火、火克金、金克木，孔子倒言之者，此理流行如環，無端末，嘗不相值也。若能虛心遜志，以求通曉，玩之久熟，則天地變化之神，陰陽消長之妙，瞭然於心目之間，而有以識其奥矣。眼主肝而屬木，仁也；金聲清亮，故屬聽，義也；言發於氣揚於聲，屬火；火有光明，故禮也。動之在外者，莫先於容貌而有潤澤，屬水。木爲冬也，故智也。又以陰陽對待言，視陽聽陰，言陽智陰也。

期三百注吐

天體至圓爲尼。圍是。一是羅。旋乎代。度爲飛尼。日是。故奴。行是。日於是。天於是。度羅。日奴西。天矣奴。會爲尼。也羅。月是。遲爲也。日於。天忽。七是羅。日奴西。會爲飛尼。會亦是。日是。八是五。積是。八是尼。十乙奴西。一奴。六爲面。盡是。八是羅。日是。八是尼。也羅。月爲古。日爲尼。者隱。也羅。故奴。者是。盈是五。者是。虛尼。故奴。閏是。七是五。歲亦是。一是五。歲亦是。五五。歲亦是。齊尼。也羅。故奴。月是。矣旀。月是。矣羅。久厓。矣五。閏爲面。丑爲也。矣羅。實是。戾爲旀。暑是。易爲古。務是。故奴。日奴。後於。功是。成爲飛尼。此奴。功是。也羅。

璇璣玉衡注吐

渾天儀者飛隱。志亦是。云乎代。者是。家尼。髀五。夜五。天是尼。夜隱。説是羅。何奴多。術隱。盆是羅。極矣奴。中爲尼。中是。邊是。下於等隱。月是。之爲尼。晝五。見是。夜羅爲尼。邕是。象厓。失是羅爲尼羅。説於。狀是。卵爲尼。中爲古。外爲也。黄爲古。故奴。天是羅爲尼。也羅。術隱。天是。上爲古。下爲尼。天是。者是。强是五。下是。然爲尼羅。極隱。度五。極隱。高是。中爲尼羅。南隱。度是。上爲古。度是。道五。度是。度五。度是。道尼。已面。是隱。日隱。度五。分隱。極是。度五。至隱。極是。度尼。也羅。極是。端於。等隱。宿是。法於隱旀隱。滅是於尼。時爲也。閦是。之爲古。人是。之爲古。時爲也。昌是。象爲古。樂是。儀爲尼。衡是。長是。尺是五。孔是。徑是。寸是五。璣是。徑是。尺是五。圓是。周是。强是羅。之爲也。在爲尼。也羅。來奴。法是。密爲也。重爲尼。者是。儀尼。環爲也。位爲也。方爲古。環爲也。數爲也。脊爲也。平爲也。仐爲也。經爲古。環爲也。數爲也。腹爲也。經爲也。上爲古。酉爲也。緯爲尼。

環是。動爲尼。極是。軸是羅。向爲也。環爲飛尼。方乙。故奴。合是羅。儀尼。環爲也。數爲也。軸爲古。道爲尼。環是羅。緯爲也。西爲古。環是羅。腹爲也。内爲也。軌爲古。外爲也。軌爲古。環爲也。交爲也。墊爲古。輪爲也。之爲也。天爲也。轉爲也。行爲尼。辰乙。故奴。辰是羅。儀尼。環乙。制爲也。軸爲古。中爲也。距爲也。面爲古。窾爲也。軸爲也。衡矣奴。環爲也。轉爲古。昂爲也。焉爲尼。北是。故奴。游尼。也羅。括是。法於是。面隱。度爲古。面隱。丁爲尼。晦面。也羅爲尼。璣是。此羅。省厓是。儀是。緻爲尼。之爲尼羅。説於是。星矣奴。璣爲古。星矣奴。衡爲尼。質爲尼。字乙。名是羅。然是羅。説爲也。間爲奴羅。〇斜而迴轉，下當有吐而缺。

《尚書》學文獻集成·朝鮮卷　第三十四册

箕子陳《洪範》於武王

金春澤　著
朱宏勝
陸振慧　整理

提要

《箕子陳〈洪範〉於武王》，金春澤（一六七〇—一七一七）撰。金春澤祖籍光山，字伯雨，號北軒。其文筆出衆，曾翻譯從祖父金萬重作品《謝氏南征記》，著有《北軒居士集》二十卷七册。

《箕子陳〈洪範〉於武王》收録於《北軒居士集》卷八。文章由舜是大禹殺父仇人而大禹仍助舜治水故事推論，箕子傳授武王《洪範》可信無疑，箕子傳《洪範》非爲武王，而是爲萬世授道。作者還進一步指出，箕子之事有不盡如禹者，箕子不受周封而自遁于朝鮮。如此等等，頗多的論。

箕子陳《洪範》於武王

箕子於殷亡之後，乃爲之陳《洪範》於武王之前，獨何心哉？曰：箕子學禹者也。不惟其所謂《洪範》者，即推演禹之水火金木土穀與正德利用，厚生之説而已，乃其身之所處略與禹同。蓋鯀殛而禹乃事舜，代鯀治水，良由鯀實有罪，禹不敢以一身違天下之公議也。箕子之於殷，實惟父子，而紂之罪浮於鯀，武王之誅之，即大舜罪四凶之心也。如其公，如其義，而爲箕子者，何以待武王哉？且夫《洪範》者，即帝王爲治之大法也。紂以不用此道，故爲獨夫。惟箕子以殷之遺老懷抱此大法，而武王隨而訪之，則安得不爲陳之也？故其言曰：『鯀陻洪水，帝不畀洪範九疇。禹乃嗣興，天錫禹洪範九疇。』蓋於此反復致意而後陳之。斯道也，禹以之事舜，箕子以之應武王之求，是其心非故薄於鯀與殷也。難者曰：殷宗因武王而絶，箕子得無介然？曰：殷之亡，紂之爲也，彼武王何與焉？使禹以汩陳五行歸怨於舜，寧有是理哉？曰：伯夷叔齊，以北海之匹夫爲殷而諫武王，遂餓於西山。若箕子，宗戚大臣也。不死之不已，乃爲之傳道於新君，玆不能無惑也。曰：嗟夫！是又非衆人所識也。且伯夷豈嘗爲殷，蓋爲萬世之無君也。惟其匹夫之故，不爲殷而爲萬世；惟其爲萬世之故，雖諫而死，亦無病於武王。而此非可以責之於殷之宗戚也。則箕子、伯夷何可比而同之？彼不忍因武王而忽天下君臣之大防，此不敢因宗國而違武王誅罪之公義。故曰箕子學禹者也。雖然，箕子之事有不盡如禹者。舜之於鯀，以君而誅臣，其事順；武王之於紂，以臣而放君，其勢逆。爲箕子者，雖不可怨武王，亦當异乎禹之委質於舜。故可使之訪而不可使之臣，可以道相傳而不可立於其朝。此又箕子之心也。史云『周封箕子於朝鮮』，殆非也。意者箕子既陳《洪範》，則遂不欲處於周之中土，乃自遁于朝鮮。朝鮮之人樂其仁也，奉以爲君，而箕子不屑去之也。若夫朝周之事，《麥秀》之歌，其亦出於齊東野人哉？

期三百語録

《尚書》學文獻集成·朝鮮卷 第三十四册

林象德 著
朱宏勝
陸振慧 整理

提要

《期三百語録》，林象德（一六八三—一七一九）撰。林象德祖籍羅州，字潤甫，又字彝好，號老村，肅宗時及第文科，先任弘文館修撰，賜暇讀書，至校理，不幸英年早逝，享年僅三十四歲。歷史造詣頗深，有《東史會綱》和文集《老村集》傳世。

《期三百語録》收録於《老村集》卷四。作者網羅舊説，詳加辨正，以期彌補蔡沈《書經·堯典》『期三百』章注解之不足。文章頗有條理，論説較爲全面，可與蔡《傳》參閲。

期三百語録

乙酉〇『期三百』於《傳》注詳矣。然蔡《傳》只舉大綱分注，諸儒之論或説頭或説尾，讀之每患汗漫。今删複撮要，名爲《期三百語録》，私自便其考覽，非叠床而架屋也。每一條終皆以『也』字韵，每欲使條理井井易看也。

周天三百六十五度四分度之一，天與日月皆東出西没。而天行一日一周而又一度，日行一日適一周，月行一日不能一周。其不能者，較日爲十二度十九分度之七。此天與日月常行之大略也。

天體無倪，本非有度，以與日離合故成。每一日，天些進而日些退爲一度。積三百六十五日四分日之一，其爲度亦三百六十五度四分度之一，而天與日一會。日之法九百四十分，日行有常，不必有分，以月之不及日，參差不齊，故設分於日以算之。以日之日行一周，分爲九百四十分，月之不及日一日爲三十一分五分分之四。積二十九日九百四十分日之四百九十九，而日與月一會。蓋天與日離近，而日與月離遠，故其會有疏數也。

日行積三百六十五日爲三百六十五周，天已三百六十五周又一周三百六十五度。是時，日在天前四分度之一，天以四分度之一，日力行盡四分度之一，未周處而恰與日值。於是，日恰退天三百六十五度四分度之一。月行積二十九日，通爲二萬六千三百三十七分五分分之四，日行已二萬七千二百六十分。是時，月在日前十七分五分分之四，日以一日之半强。日力行盡九百四十分之四百九十九分，月纔行四百八十一分五分分之一，而恰被日逐來。於是，月恰退日九百四十分。此天與日、日與月進退離合之綜錯也。

日之行，用於日日行東西一周，爲一日；月之行，用於月月與日一會，爲一月；天之行，用於歲，天與日一會，爲一歲。蓋天與日月之行，日行最得中，月遲而不及，而天過於速也。遲速參差、進退綜錯而造化生焉，不如此，則千歲之日至，五尺之童子，可屈指而臆也。

一歲統十二月，一月統三十日，三十乘十二爲三百六十，三百六十日乃一歲之常數。而月與日會在二十九日半强，二十九乘十二得全日三百四十八，又爲半日强者十二，湊其二每爲一，又成六日零，成全合而爲三百五十四日零，較常數少五日有奇，是謂朔虚。奇者零之餘闕，零者强之相積也。

天與日會，在三百六十五日四分日之一，較常數多五日有奇，是謂氣溢。少者五日，多者五日，又各有奇。合之一歲之餘日，爲十一日而欠，是謂閏日。積三歲，而一月之數始足也。

積閏日而置閏月，故三歲一入，或二歲一入，大率兩閏之間，三十二三四，月之隔也。以月之合朔而作月，以中氣之進退而置閏。有餘則留之以與後，不足則引之以先益也。每一置閏，餘數尚積，不能整齊，至十九年而七入閏，是謂一章。天數終於九，地數終於十，而氣朔分齊，於是舊數略盡，而來數始復也。然而零碎餘分猶未淨盡，積至四五千年之間，一遇恰盡整齊之時。是謂上元之歲。十一月甲子朔朝，夜半冬至入而舊章終，新章始，即曆家所云五星如連珠，日月如合璧者也。

《經》曰『期三百六旬有六日，以閏月定四時成歲閏』者，聖人之所以裁天道、授人時之妙用大法。無此，則天人不相應，未一章而年時節氣皆無所取則也。其進退奇零之數，自度至分。由分而下，又有釐毫忽絲秒，零不厭細而算不厭析也。其剩積之數、進加之法，可布算而策。今不能悉著也。此其大較。其增損之、匀停之，爲曆者以智爲斟酌也。

自堯以來，言曆者數十家，其法各不同，各不同而各皆合者，天有此數而已。横算之亦此數，縱算之亦此數，所以算者不同而所算者常此數。故其至常同，譬之二人同射一的，一人左操弓，一人右操弓，其操雖不同，而其射常此的也。

《尚書》學文獻集成・朝鮮卷　第三十四册

禹貢考異

朴慶家　著
陳國華　整理

提要

《禹貢考異》，不分卷。

朴慶家（一七七九—一八四一），號鶴陽。籍貫爲高靈。幼志於學，專心性理。三十八歲建鶴陽齋，終身致力於講學授業。著有《鶴陽先生文集》十卷。

本篇主要根據各家論述，詳細考證《尚書·禹貢》所及之地理名詞，以補《孔傳》及《蔡傳》的不足，具有較爲重要的價值。

本書收録於《鶴陽先生文集》卷十，現據高丽大学藏本整理。

禹貢考異

自有書籍以來，已有地志，九丘闕而亡傳，山經誕禹記放，非考信之文也。惟《禹貢》一篇，簡而奥，典而實，爲百代地志之宗。然江河之源略於荒遠，水道遷徙，古今不同，區域以時沿革，名號率多變易，或同實而异名，或同名而异實，讀《禹貢》者不可不知也。孔氏之《傳》，詳於西北，而略於東南；蔡氏之《傳》，詳於東南，而略於西北，時世然也。博考諸家，參證詳略，述《禹貢考異》。

河源

古今説河源者甚多，而説者各不同。漢張騫以爲河有兩源，一出葱嶺，一出于闐。于闐河北流，與葱嶺河合，東注蒲昌海。其水停居潛行地中，南出積石。晋郭璞以爲河出崑崙，潛行至葱嶺，出于闐國，東流注泑澤。泑澤即蒲昌海。又復潛行，南出爲積石河。唐薛元鼎出塞二千餘里得河源於莫賀延積尾，曰悶磨黎山，所謂崑崙也。東北流與積石河相連。元都實以爲河出火敦腦兒，華言星宿海也。明宗泐以爲親至其地，河出赤拔必烈山。蓋西域周秦時隔不相通，漢武帝時張騫僅至其境，唐太宗通吐蕃、回紇而羈縻而已，宋時失西夏，南宋又失河北，已與西域隔矣。是以説河源者多出於傳聞，或見而不得其詳，家各异見，人各异聞，要之皆未可爲的確也。清高宗乾隆末遣松筠等出兵西域并南北路十六國，斥地二萬里，開府於伊犁城，按兵巡撫。迄于仁宗之世，松筠之爲伊犁城將軍者三十餘年。道光初，命松筠撰定《新疆志》，圖畫十六國疆域山川。余嘗據此而考河源，則了了如在目中矣。蓋葱嶺者，西方大山也，爲南北諸國之鎮。北路五國即亡論，南路十一國皆河源所經也。有曰喀什噶爾國者，正當葱嶺之下，得爾必楚克河之水出焉，東會于伊爾烏瓦斯河。此爲河之第一源也。和闐之西，古于闐，曰哈拉哈什河，東曰五隴哈十河。此第二源也。葉爾羌之澤，普勒善河、聽雜木河。此第三源也。東流合于和闐河，又北流合于喀什噶爾之河，爲烏蘭烏蘇河。烏蘇者，華言紅也，水色紅故名云。東流合于諸國之水，英吉沙爾之庫山河、特爾格奇克河，阿克蘇之愛相爾河、阿爾巴特河、木雜喇特河，烏什之畢底爾河、托什罕河，庫車之謂于河、葉斯巴什河，喀喇沙爾之塔里木河、開都河之類，皆大水也。其餘小水俱不可盡記。注于喀喇沙爾之羅布淖爾。淖爾者，華言海也，即古蒲昌海云。涵停三四百里，潛流南行千五百里，至亦耳麻不莫喇其山，華言崑崙也。一云騰乞黑塔山，水從平地涌出百餘泓，方各七八十里，即所謂星宿海也。東北匯爲大澤。東流爲赤賓河，會地里出河、忽蘭河諸水，至脱加尼分爲九派，至大保站復合爲一水，始濁，爲黄河。崑崙之南支曰鐵豹嶺，八思今河之水出焉。北注于河，至古當州東爲岷山，紇里罵出河之水出焉。西流入河，至河州衛爲積石河。積石者，兩山如削，黄河中流。《禹貢》合注『大積石』、『小積石』者，是已。此河源之大概也。張騫頗得其大略，然但見兩源，而不見諸源至蒲昌之潛出，直記積石，而闕崑崙者，誤矣。郭説欲正張騫之誤，而以崑崙先於葱嶺，尤失於倒錯矣；又以潛行爲兩次，則謬妄甚矣。薛説未見夫所謂星宿海者，則只見其河源之尾，而其曰與積石河相連者，其所見必是岐河之别源，若真河源，則此乃積石河。何可謂相連耶？蔡氏之取薛説者，未知何所據也。

碣石九河

韋昭以爲碣石歷世既久，爲水漸淪，入海五百里。程大昌以爲九河亦淪海，以碣石爲證。酈氏、王氏皆以爲然。然海之爲水，滂嘆不加減，潮汐有准限。今濱海居民皆傍海岸，無淪陷之患。時或風打海溢，此爲間世一有之灾，亦未聞并與其地而漂去者也。況五百里之地，在五服爲一服，在封域爲五大國。天子失服者一，諸侯國絶者五，則當載之地志，著之史策，爲千古之昭迹，豈如是俙微荒唐，但爲數三家意想之疑案耶？自禹至漢數千年間，已淪五百里。而由漢至今數千年，獨未聞淪入者，何也？先輩求碣石九河之所在而不得，故爲此淪海之説。余嘗竊疑之，博考地志諸書。杜佑曰：『碣石有二：一在樂浪郡東，截遼水入高麗；一在平州三十餘里，此《禹貢》之碣石云』。今以地勢考之，高麗之碣石當爲左，平州之碣石當爲右。《禹貢》所謂『右碣石』者，所以别於高麗之碣石也。高麗碣石，今在鴨緑江西畔，義州人望見蒼然沿江。吾聞諸見者，其山不甚高峻，其陽臨江處往往石壁，其陰爲遼境者土山云。平州碣石，按《輿圖考》，在永平府古平州昌黎縣，蓋山海關之稍南近境也。今其左右碣石對峙而宛在，則謂之淪海者，吾未敢信之。先輩必欲求之於石，故特指其海中巨石之陡立者而謂之歟？河之爲患，自三代已然，遷徙無常，已不能的知《禹貢》水道。況九河者，沙水相間爲十有七道，跨亘數州。是九者，皆泛濫變遷，則一望沙礫茫然錯落。雖即目所常見者，已難辨其某洲某岸，況欲求得於千百載之下乎？《輿圖考》以河間府爲九河故道。河間之名漢時已有之，其地在於衆河分流之間，故謂之河間。以河間爲九河故道者，似無疑。若欲枚舉其名，而充其九數，則鑿矣。吾故曰：右碣石在今昌黎縣，古九河即今河間地也。

江源

《水利志》曰：蜀諸江咸出岷山，江源在羊膊嶺分爲二派，一西南流爲大渡河，一正南流爲南江。《四川總志》曰：岷山在汶山郡列鵝村，江水所出也。《廣輿記》曰：岷山俗謂鐵豹嶺，禹導江發迹於此。按，《輿圖考》岷山在今成都府茂州鐵豹嶺者，河源。圖以爲在西番之外，崑崙南支也。大江之源出岷山，大渡河之源出鐵豹，至敘州宣化之南合于大江。則大渡河者，亦江之源也。《水利志》所謂羊膊者，似是鐵豹之訛。以兩源合流之大渡河，而謂之一源分流者，亦誤也。《廣輿記》以鐵豹爲導江發迹者，雖得江源之本，而以岷山爲鐵豹者，亦非也。兩山之間經董小韓胡、天全六番、威州古維州等地，相去亦甚遼遠。鐵豹爲岷之祖則可，而謂之一山則非也。明時江陰人徐弘祖出關至崑崙山，歸作《溯江記源》，書其言曰：『《禹貢》岷山導江，特自泛濫中國之始。』按其發源，河自崑崙之北，江自崑崙之南，其龍脉與金沙江相并南下，環滇池以達五嶺，江之所以大於河也。吾意徐氏通於地理家龍脉之術，遍歷天下山水。嘗聞明有徐霞客者，亦以此有名，抑或霞客乃弘祖之號歟？

是以其曰江出崑崙，實千古獨得之説。而今考地勢，隱有應合。蓋鐵豹爲崑崙南嶺，而嶺之北八思今河之水出焉，北注河雖非星宿海之源，而可通爲河源。其南大渡河之水出焉，南東流合于江，雖非岷山之源，而并可謂江源。又有烏思藏河出其西南，爲金沙江之源。其所謂江與金沙江并流南下者，亦古人所未曾説，而與利泰西李刊江輩近世所撰地圖一一相符。苟非親涉鐵豹之顛而尋山水龍脉者，安能真諦之如是哉？但其登嶺時，泛認爲崑崙而不問其嶺名，其溯源書不録其鐵豹者，爲可惜也。

漢源

《山海經》曰：『崑崙墟之西北，洋水出焉。』注曰：『洋水即漾水。』《水經注》曰：『漾水出崑崙西北隅。』蓋《水經注》因《山海經》而爲之説者也。然漾水出嶓冢，距崑崙爲甚遠，且嶓冢以東水皆東流，以西水皆西流，水脉已不相通。崑崙之水何緣經嶓冢之西而東爲漢源乎？況崐崙西北即西域之地，而黄河之源經其東北，漾水安得自西域而來横截黄河東注嶓冢乎？今以《輿圖考》之寧羌之嶓冢爲東漢源，秦州之嶓冢古天水郡。爲西漢源，合而爲漾，蓋一山兩源也。郭璞以爲嶓冢，一在臨羌，一在天水，而獨以在寧羌者爲漢源河也。今西和之西漢水，成縣之六漢水，皆同名而异水也。《山海經》曰：『漢水出鮒魚之山。』今未考其所在，漾出崑崙之説，非漢源之漾，而别自有一漾耶？

九江　彭蠡　北江　中江

九江，按地志，九江府德化縣江分爲九道，自秦時置九江郡，説者以此爲《禹貢》『九江』。然以地圖考之，九江、彭蠡同境，而《禹貢》以彭蠡繫之楊州，則豈九江獨入於荆州耶？朱子廣引胡氏、曾氏、《水經》、《楚地記》諸説，遂以洞庭爲九江者，似無疑。至於彭蠡，則《禹貢》繫之於『導漢』條，而又曰『東，爲北江』者，爲千古疑案。蓋漢至于大别，南入于江，江漢合爲一水者，已經七百餘里而至彭蠡，其匯澤其爲北江處，何以别江漢而特記於導漢耶？是以莆田鄭氏以經文『東匯澤爲彭蠡，東爲北江，入于海』十三字爲衍文。朱子亦以爲禹或分遣官屬未必深入，以此致誤此二説。的知經文與今水道不相合而斷爲此説，以正諸家傅會牽合之失。然考其文勢，有經紀脉絡之實，無重複贅剩之意，恐不可謂衍文。聖人奠土載經之時，遣官誤記者，未嘗不竊疑之，遂妄以爲東匯以下十三字即下文『導江』條之錯簡也，當在『至于東陵』之下，『東迤北會』之上。蓋嶓冢導漾東流爲漢，又東爲滄浪之水，過三澨至于大别，南入于江，則已爲漢之結案矣。江之下流分而爲二大者，今揚子江其别爲三江。蓋岷山導江，東别爲沱，又東至于澧，過九江至于東陵，東匯澤爲彭蠡，東爲北江，入于海，是爲大江之結案也。東迤北會爲匯，東爲中江，入于海者，爲三江之結案也。按《輿圖》，大江至彭澤之湖口縣，會于彭蠡。彭蠡者，今鄱陽湖也。其南則預章，江入焉，即南江也。其北則大江會焉，此所以爲北江者也。東出于池州之東流縣雁汊，又北流而東折至銅陵之大通河口，經南京應天府之西南，又北折繞府北而東至鎮江口入海。此即經文『東匯彭蠡，北江入海』之序也。大江自應天府白鷺洲分爲二派，即李白《鳳凰臺》詩所謂『二水中分白鷺洲』者也。其别派自白鷺洲東流至蕪湖，北匯爲丹陽湖。湖周二百里，跨蕪湖、溧水、當塗、高淳數縣之地，亦大湖也。東出溧水縣爲中江，又東至溧陽北爲長蕩湖，東出常州府宜興縣，又東入于蘇州之太湖，即震澤也。自太湖分流爲婁江、松江、吴松江，即三江也。婁江至太倉州入海，松江、吴松江至吴江口入海。李刊江氏以中江爲三江者是已。此即經文『東迤北匯中江入海』之序也。蓋經文兩言『東爲』，兩言『入海』者，雖若繁而不殺，然江分二派，海有兩路，其繁而不殺處可見地形水勢錯落如畫，而文勢語脉連如貫珠，自以爲恍然無疑，而獨恨生晚，無由一質於朱蔡之門也，姑記之以俟後世。

弱水　黑水

《留青日札》曰："天下有三弱水：一在東海中，不勝鴻毛；一在今西寧衛西三百里甘州界；一在條支去長安四萬里。"蓋東海弱水不知在何處，西寧弱水源出吐谷渾界窮石山，西流合于合黎河。昔乞伏熾磐破吐谷渾于弱水者，即《禹貢》所記也。條支弱水，《西國記》"溜山"是也。溜山四面濱海，世傳三萬八千溜，舟行遇風入溜即溺。土人曰"此地弱水三千"云。蔡《傳》以西寧弱水爲正，今不復辨。黑水，《禹貢匯疏》曰"雍州黑水有六"，而入《禹貢》者，寧夏之黑水。《地志》曰："出犍爲汾關山。"《水經》曰："出張掖鷄山。"《輿圖》以爲出於鎮夷之合黎山，西流番外。此爲黑水者四，而其二未詳。然出於合黎者，其流最大，可爲梁雍二州之界。《禹貢》所記者，似此水也。樊綽以麗水爲黑水，蔡氏以爲麗水狹小，不足爲界。西洱河與葉榆澤相貫，廣可二十里，其水黑者，榆葉積漬所成，遂以葉榆澤爲黑水。然葉榆者，即雲南省澄川浪穹等州境也，其水本不廣，至此得葉榆澤涵停成湖，一名西洱海，海中有三島四洲九曲之勝。雲南，古梁州裔境，則不應以此之廣，而可以表雍界也。其黑者以其地榆葉而成，而初非其源，則似不必取此而名黑水。今麗江府蘭州有瀾滄江，一名黑水，一名鹿滄，其源自鎮夷之界經西蕃之外，南至蘭州，又經永昌、蒙化、寧順、大候等州，及鉏兀鐵索木城門、諸甸，繞交趾、安南入于南海。夫其經絡之遠，綱紀之大，爲江河之亞，而足以界西極而别夷夏也。《禹貢》一書北抵黄河，東薄海南，紀大江西，窮黑水表，爲四方之疆者，皆舉其大者耳。墨水若是尋常一水，則奚取其徼外荒遠而以爲雍梁二西之界哉？劉會孟即以瀾滄江爲墨水者，是也。

崑崙

《水經注》曰：『崑崙在西北去嵩高五萬里地之中也。河水出東北陬，東南流入渤海。』《河圖括地象》曰：『崑崙廣萬里，泉南流入中國曰河，八十城繞之，中國居一分。』余嘗以《禹貢》『崑崙』准之，在今肅州臨江之西馬岌。《十六國春秋》所謂『酒泉南山，即崑崙之體』者是也。酒泉，今肅州。然則去中國不滿萬里，何以爲五萬里？山之緯亘不過吐蕃，肅州之境五六百里，何可爲萬里耶？嘗以爲夸誕不足信，然《水經》之注、《河圖》之緯皆前古該博之文，則何如是河漢之徑庭也？近嘗考《新疆志》而得其説焉。蓋西方葱嶺者，天地間第一大山也，中包西域之南北路十六國，外控回回、宛夏之界，跨亘者爲萬餘里，去中國亦當爲四五萬里。《水經》、《河圖》所記者，蓋以葱嶺爲崑崙。而《禹貢》之『崑崙』者，乃是葱嶺山脉東入中國之過峽處也。是以崑崙星宿海者在平地，酒泉南山爲崑崙體者，亦不甚高。《爾雅》及《淮南子》諸書皆稱崑崙之虛，則其不自爲山而爲過峽者，明矣。余嘗因是以論之，葱嶺據赤道中綫，爲天地之中，正如磨子之射糖盤，即機軸之所繫而神氣之所萃也。是其真靈之所鍾，亦多神聖之人，而但未脱其險僻峭峻幽深粗惡之氣，不離乎僧佛之詭怪、羌胡之桀鷔而止耳，其精神氣勢迤邐，東出爲崑崙。過峽，一支爲積石，至岍岐、荆逾河、壺口、雷首，至太岳、底柱、析城，至王屋、太行、恒山，至碣石，此則循河源者也。二支，西傾、朱圉、鳥鼠，至太華、熊耳、外方、桐柏，至陪尾，此則循渭源者也。次支，嶓冢至荆山、内方，至大别，此則循漢源者也。三支，岷山之陽，至衡山，過九江，至敷淺源，此則循江源者也。西域山勢過崑崙，然後巃險之氣盡除，荒僻之勢已破，綉錯棋布，廓然昭朗，扶輿磅礴，清明靈淑，聖賢輩出，文物大備，爲天地之神州赤縣；冀爲堯舜禹之都；一支。雍、豫爲周漢唐之畿；二支。荆、楊爲三國五代英雄之戰場，明初爲龍興之地，三支。此其大概也。然則崑崙者，中國山水之綰轂，而《禹貢》所載以地不以山，則吾所謂崑崙爲葱嶺過峽者，自以爲無疑也，安得與注《水經》、緯《河圖》者問其程道里數而質其然否耶？

鳥鼠同穴

鳥鼠同穴山，漢孔氏以爲鳥鼠共爲雌雄，同穴而處，其言蓋出於《山海經》。蔡氏以爲其説怪誕不經，遂以鳥鼠爲一山，同穴爲一山。然《地志》諸書并無所謂同穴山者，此爲可疑。且古今説鳥鼠者甚多，郭璞曰：『在隴西首陽縣西南，鳥名曰鵌，似燕而黄色；鼠名曰鼵，如家鼠而短尾，穿地入數尺，鳥在外、鼠在内而共處。』《伽藍記》曰：『赤嶺不生草木，鳥雄鼠雌共爲一穴。』《段國沙州記》曰：『寒嶺去太陽川三十里，有雀鼠同穴。雀如家雀，色少白；鼠如家鼠，色黄，無尾。』《甘肅志》曰：『《凉州志》有兀兒鼠，形似鼠，尾若贅疣；有鳥曰本周兒，形似雀，色灰白，兩物同穴而處。』《禹貢合注》曰：『鼠名䑕鼵。』沈約《宋書》曰：『沙州甘谷嶺北有雀鼠同穴，雀色白，鼠色黄。地生黄紫華草者，便有雀鼠穴。』杜彦達曰：『同穴止宿，養子互相哺養，長大乃止。』袁少修《書經考》曰：『鳥似雀而稍大，頂出毛角，飛即㕦穴。穴口有鼠，狀如常鼠，但唇缺似兔，蓬尾似鼬，與鳥狎昵，類雌雄。』楊慎曰『余見陝西人實有之』云。近世岳修撰正戍邊時，親見之。宋廉憲琬亦曰『目擊』。《輿圖考》亦以爲：『山在臨洮府渭源縣北二里，鳥鼠共穴，故名。』其山蓋鳥鼠者，果若誕妄，則其形色誰見而記之？其名亦何從而傳之也？又何以其未嘗見者指爲親見而目擊也？漢時隴西猶爲近畿之地，則孔氏之説當有所據。南宋時黄河以北盡爲胡地，則隴西尤爲异域矣，蔡氏所以據常而疑其怪也。然天下之理常變不齊，有萬之物詭正相雜。孔雀聞雷而孕，狐兔望月而胎，有情感於無情也；雉蛇相交，馬牛相風，异類而互感也，固不可以一律齊之。則彼其地氣之所生，風土之所化，産此奇詭非常之物者，亦何足怪哉！

諸山同异

羽山，一在沂州郯城縣七十里；一在鍾離泳城，其水恒清，牛羊不飲；一在淮安贛榆縣；一在登州府東南，即殛鯀處云。《禹貢》舊注以爲郯城之羽山，而蔡《傳》以海州朐山縣之羽山爲是。然海州是楊州之域，沂州是徐州之域，則舊注之説恐然。

荆山，一在今陝西耀州富平縣，一在今湖廣襄陽府南漳縣，一在河南開封府禹州。陝西之荆山即《禹貢》『荆岐既旅』之『荆』也，湖廣之荆山即《禹貢》『荆及衡陽』之『荆』也。

『内方』，《尚書日記》以爲章山，一在江西建昌府，一在臨江府，一在湖廣德安府。蓋以德安之章山指爲『内方』。然今承天府荆門州漢水之上有内方山，此即《禹貢》『内方』也。

蒙山，一在青州府蒙陰縣，一在雅州榮經縣，一在承天府荆門州。在青州者，《禹貢》『蔡蒙旅平』之『蒙』。『蒙羽既藝』之『蒙』，蒙在青天徐之界，而禹時則爲徐境。在雅州者，《禹貢》

大别山，一在漢陽府，一在鳳陽府霍口縣。在漢陽者，《禹貢》之『大别』也，一名魯山。熊耳山，一在宜陽，漢光武破赤眉積甲處也；一在河南府陝州西南，兩峰相對如耳；一在荆州南修縣北；一在四川之眉州；一在衡州安仁縣；一在西安府商州。在陝州者，爲《禹貢》『導洛』之『熊耳』，而或云商州之熊耳。今洛源出於商州商洛縣，則或説亦恐然。

桐柏山，一在南陽府唐州桐柏縣界，上有玉女、翠微、卧龍、蓮花諸峰，淮水出其下，即《禹貢》之『桐柏』也。浙江台州府又有桐柏山，九峰秀麗云。

華山，一在西安府華陰縣，一在成都府彰明縣，一在龍安府江油縣，皆名爲大華。江西饒州府及徐州府豐縣俱有華山。在華陰者《禹貢》之『華山』也。

梁山，一在今西安府乾州，周古公所逾處；一在今太原府交城縣，禹所鑿處；一在湖廣常德府；一在東兖州府東平縣；一在汀州府武平縣。在太原者，《禹貢》『治梁及岐』之『梁』也。

崑崙，一在肅州；古酒泉郡。一在西海中。昔張騫渡西海至大秦，烏遲國復有西海，海濱有崑崙云。《外國記》：『高萬仞，海路甚險。舶人諺曰：「上怕七洲，下怕崑崙。針迷舵失，人船莫存。」』一在九江府德安縣；一在登州府寧海縣；一在泉州府永春縣。入《禹貢》者，肅州之崑崙，然不以山言，以夷落言也。

三危，一在肅州鎮夷所；漢燉煌，唐沙州。一在雲南麗江府邏些城北。在鎮夷者，即《禹貢》之『三危』，而《河圖括地象》以爲在鳥鼠西南，與汝山相對，今未詳。

龍門，一在平陽府河津縣，禹所鑿處；一在南昌府豐城縣；一在延平府尤溪縣；一在浙江嚴州府；一在重慶府銅梁縣；一在漢中府沔縣；一在寧國府太平縣；一在北直隸萬全衛；一在泗川嘉定州；一在大同府應州。在平陽者，《禹貢》之『龍門山』，而《名勝志》以爲在平陽府吉州西七十里，此則孟門也。

岐山，一在鳳翔府岐山縣，《禹貢》『荆岐既旅』之『岐』。一在汾州介休縣，《禹貢》『治梁及岐』之『岐』。《一統志》曰『山有兩岐故名』者，是也。又在南直隸徽州府汾州之狐岐，一名薛頡山，一名洪山。

王屋，一在山西澤州府陽城縣，一在河南懷慶府濟源縣，二山實一山也，有天壇、日精、月華諸峰。蔡《傳》以爲在絳州垣曲縣，未詳其何所據也。

太行山，一名五行山，一名大形山。太行以北不知山所根極，綿亘數千里，各因地立名。

壺口，一名平山，今名姑射山。平水出其下，或曰姑射山之支也。

雷首，一名中條，一名歷山，亦曰首陽山，亦曰蒲山，亦名襄山，一名甘棗山，又曰猪山。今《輿圖》蒲州有中條、歷山、首陽諸山，而無所謂雷首者，此三山即皆古雷首也。

陪尾，一名横尾，一名負尾，俗名横山。

岷山，一名汶皁山，一名瀆山，一名汶山，亦名鴻濛山，或曰沃焦山。岷，古文作𡸣。

衡山，一名芝岡，俗謂岣嶁山。

岳陽，即霍山，今中鎮。

西傾，一名嵹臺山。

積石，一名唐述山，香語謂神曰『唐述』。

三危，俗稱升雨山，古文作三名。

鳥鼠，俗名青雀山。

諸水同异

漳水，一出平定州樂平縣少山，清漳之源也；一出潞安府長子縣發鳩山，濁漳之源也，上有神女廟，手擎白鳩，俗言：『漳水漲，白鳩先見。』至武安縣，清漳入濁漳，此即《禹貢》『衡障』也。

濟水，一出趙州贊皇縣贊皇山；一出王屋山，始出爲沇水，見《禹貢》，《山海經》作『聯水』，《水經》作『衍水』。至濟源縣合流，又至汶上縣會于汶而爲大清河。

漯水，一出濟南府章丘縣，流入小清河；一出東昌府高唐州，溢涸無常，至千乘縣入海。

汶水，一出泰安府萊蕪縣原山，其源有四，至汶上縣界，經戴村壩入濟。一出青州府臨朐縣沂山東麓，至安丘入于濰。一㟲嵎之水，二源雙流，經蒙陰縣入沂。入濟之汶，見《禹貢》；入濰之汶，見《漢書》；入沂之汶，見《水經》。又有嬴汶、柴汶、牟汶。牟汶者，出牟縣故城西南阜下，俗謂胡蘆堆。右合北汶，即入濟之汶也。西南經汶陽縣，至桃鄉四分，左二水至平陸故城合爲茂都淀，次一汶至壽張東爲澤，右一汶經壽張西南注長直溝。蓋諸汶皆源別流同，而總之爲《禹貢》之『汶』。河南汝寧府有汶水，德安府應山縣又有汶水，河北則非也。

雷夏澤，一在兗州府曹州。《奚囊橘柚》曰：『軒轅游陰浦，見龍身人頭鼓腹，而瀰問于常伯。常伯曰：「此雷神也，有道則見。」』一在山西平陽府蒲州。在曹州者，《禹貢》之『雷澤』。

淮水，一出南陽府桐柏縣桐柏山，一出漢中府淮山。今南京有秦淮水，桐柏出者，即《禹貢》之『淮』。

沂水，一出曲阜之尼山，徑魯之雩門，曾點浴處；一出沂州艾山，至下邳縣分爲二水，一徑城南入泗，一徑城東亦注泗，謂之小沂水，水上有橋，張子房遇黄石公處；一出莒州沂水縣雕匡山，流入沂州之沂水。蔡《傳》以出沂州者爲《禹貢》之『沂』，《輿圖》以出曲阜者爲是，然要之，二沂皆《禹貢》所記也。

九江，以洞庭湖爲九江，一以江西之古九江郡江分爲九者爲是，然疑即洞庭也。

洞庭湖在今湖廣岳州府。南直隸蘇州府太湖中亦有洞庭山，山有四穴，一通洞庭湖西岸，一通蜀青衣江北岸，一通羅浮山大溪，一通枯桑東岸。隨州應山縣亦有洞庭山，中有穴，深不可測。郭璞曰：『洞庭，地脉也。穴道潛行水底，無所不通。』然則洞庭湖與太湖相通耶？

沱潛，丞天府當陽縣有潛江、沱江，即《禹貢》荆州之『沱潛』也。成都府新蘩縣有沱江，廣安州渠縣有潛水。鞏昌府成縣西漢水，亦古潛水也，即《禹貢》梁州之『沱潛』也。

沔水，一在陝西漢中府，一在湖廣漢陽府。在漢中者，《禹貢》之『沔』。

滄浪，在襄陽府均州，源出荆山，入漢，《禹貢》『滄浪之水』也。兖州府嶧縣又有滄浪淵，《孺子歌》『滄浪』者也。

三江，郭璞以岷山大江、崍山南江、岷山北江，爲三江，此江源也。《前漢志》以北江、中江、南江爲三江。此大江，溧水江、預章江也。庾氏以婁江、松江、吴松江爲三江，此即《禹貢》『三江』，而《輿圖記》所謂『中江爲三江』者是也。

伊水，一出河南府盧氏縣悶頓嶺；一出嵩縣陸渾山，至偃師縣入洛水；經云『故江城郡廣興縣太平山出伊水』，此又一伊水也。入《禹貢》者，入洛之伊也。

澗水，一出河南府新安縣白石山，一在古金城郡令居縣西北塞外。出新安者，《禹貢》之『澗』也。

洛水，出陝西商州之洛南縣冢嶺山，流入河南盧氏縣。又《周禮》『洛爲雍州之浸』，疏曰：『洛出懷德。』又成都府漢州之漳山出洛水，又延安府甘泉縣有洛河，又故泰山郡南武陽冠石山出洛水。惟洛南冢嶺出者，《禹貢》之『洛』。

波水，《山海經》曰：婁涿之山，波水出焉，俗稱『百答水』。《水經注》：『波水出霍陽西川大嶺東谷。』入《禹貢》者，婁涿之波。

孟諸，一名望諸，或曰孟豬。

漢水，一出漢中府嶓冢，一出嘉定州犍爲縣，一出黎州衛。出嶓冢者，《禹貢》之『漢』。

漆水四出二派：古雍州富平縣石川河，一也。邠州新平漆水，二也。鳳翔府寶潤漆水，三也。鄭白渠亦名沮漆，四也。石川河爲《禹貢》之『漆』也。段氏《地理考》：『漆有上流下流：《詩》漆沮入渭之上流，《書》漆沮入渭之下流。』

涇水，一出平凉府白巖，一在鎮江府丹陽，一在太平府蕪湖，一在古龍編縣高山。出平凉者，爲《禹貢》之『涇』。

渭水，出臨洮府渭源縣高城嶺，即《禹貢》之『渭』。萊州府濰縣又有渭水溪，吕尚避紂釣魚處。

《尚書》學文獻集成・朝鮮卷 第三十四册

《洪範》節氣解

金赫權 著
陳良中 整理

提要

金赫權著。作者生卒年不詳，大概活動在十八世紀後半期，有文集《涵齋集》七卷三册。

《洪範節氣解》是以物候來論陰陽節氣之變化，其本《大戴禮記·夏小正》、《小戴禮記·月令》等記載而來。由氣物之相感而論物占之則，所謂『氣之將至，物於是先感』，『占遇是物』則有『物之體，物之用，物之時，物之象』。如『遇東風解凍，則以動撓爲體，解凍爲用，以春爲時，以和爲象』；又如『遇鴻雁來賓，則以隨陽爲體，以來賓爲用，以季秋爲時，以翱翔爲象』；又如『遇菊有黄華，則以香節爲體，以凌霜爲用，以重陽爲時，以黄華爲象』。隨類推衍，以物象爲占卜之用，合占卜、物候爲一體，是假《洪範》之名以爲占卜之用，内容與《洪範》、節氣皆不相關，是承中國宋代『演洪範』一派而來。

《洪範》節氣解

虎，陰物也，感陽而交。鶡，夜鳴而求旦者也，將感一陽得其所求，故不鳴。蚯蚓，微陽而屈，盛陽而伸者也。雷者，陽中而發，陰中而收者也。虹，陰氣也，陽之方中則不敢干，而陽之過中則見，陽之無則不見。萍，陰物也，浮而承陽之升，故始浮於陽之盛壯之時。反舌，百舌鳥也，能爲百鳥之聲，而至一陽方生之際，於是無聲者。以其感陽則鳴，感陰則不鳴者也。腐草爲螢，离之明極於是月也。蟋蟀居壁，以其感陰而生者，故始居穴中，而將有出野之意。螳蜋、鵙蜩皆亦感陰而興者也。王瓜，盛陽之色也。苦菜，盛陽之味也。雀之爲蛤，雉之爲蜃，以飛物而爲潜物者也。其飛也則現，其潜也則晦，一顯一晦亦俟時而然者歟。群鳥養羞，所以收藏美食以備禦冬，其亦智者事乎。鴻雁來賓，所以先至者爲主，而後至者爲賓。黄華之黄，陰之色，蓋感陰者色美而可愛也。鳴鳩拂羽，布穀之時也。戴勝降桑，治蠶之時也。荔挺者，草之香者也。感陽者香，感陰者膻，則荔挺所以將感一陽而於是挺出也。祭魚也，祭鳥也，祭獸也，皆是自然之爲，而其爲也皆有報本之義，君子於此寓之有戒者，以其貴一誠字也。大雨時行者，時之然也。君火濕土之交承者乎。蓋物得氣之先，故氣之將至，物於是先感，此《月令》所以記之。是物以驗是氣也，占遇是物則物之體，物之用，物之時，物之象，如所謂卦之體，卦之用，卦之時，卦之象也。是故《八卦》、《九章》互爲表裏。如遇東風解凍，則以動撓爲體，解凍爲用，以春爲時，以和爲象。如遇鴻雁來賓，則以隨陽爲體，以來賓爲用，以季秋爲時，以翺翔爲象。如遇菊有黄華，則以香節爲體，以凌霜爲用，以重陽爲時，以黄華爲象。如遇水泉動，則以寒爲體，以動爲用，以冬至爲時，以潗爲象。如遇大雨時行，則以滂沱爲體，以時行爲用，以大暑爲時，以濁潦爲象。餘在隨類推之。

若以半夏生言之，則其爲體也藥也，其爲用也攻邪也，病占利。其爲時也不先不後而當其時中，則農占利，科占亦利。其爲性也亦能活人，亦能殺人，則兼恩威爲象者也，所占之事其恩威并行之事乎。若以天氣上升，地氣下降言之，則天氣上而地氣下者雖若上下不交，然而尊卑位矣，名分定矣，故名分其體也。水既冰矣，地既凍矣，則寒威爲用也。秋之收矣，冬之藏矣，其時則功成身退之時也。天氣肅矣，天色嚴矣，地以卑鄙自牧而退藏於密而已，則尊無二尊，而惟以嚴肅爲其象也。所占之事如此則利，但病占不利。若以草木萌動言之，則天地之大德曰生也，生生者其體也，開花而結實者將爲其用也，其時則春也，其象則欣欣然向陽者是也。占吉事則利，占凶事則反是矣。其故何也？物之體生生而事之體不生生，物之用開花結實而事之用非花非實，物之時春也而事之時非春也，物之象欣欣而事之象不欣欣，則此便是《未濟》反而爲《既濟》，《中孚》伏而爲《小過》也，遇《中孚》而論《小過》則未也，遇《未濟》而論《既濟》則否也。如所謂猶圓蓋而方底，豈容合哉！必反是而已矣。如此等物，如彼等事，其必每每相反，何必牽引傅會，期至於强合哉！又以雉雊言之，則雉之爲物，於八卦屬《离》，於五行屬火，則其爲體也文章也，其鳴也必於一之六，則一者奇也，六者遇也〔一〕，奇偶相感而雌雄相求者，是其用也。其時則小寒也，其象則華蟲也。婚占利，科占亦利，病占不利，何也？病人豈有文飾之儀乎？變然後有文飾之儀。

又以鷄乳言之，以陽爲體者鷄也，其乳也又必於一之七，則一與七皆奇也，奇者陽也，陽者以施生爲主也，則其爲用也其乳乎。産占利，科占不利，病占多苦多日，農占利害相半，蓋以有生無克故也。凡事陰克然後成矣。

麋以陰物感，微陽而角解。天一生水，故水泉動，天一者，一陽也。雁隨陽者也，故乘

〔一〕今按：據下文『奇偶相感』，則『遇』當爲『偶』之誤。

二陽而北向。鵲始巢，將乳之意也。雉始雊，以火物從陽而鳴，鷙鳥方猛故厲。疾腹堅者，陽升而陰閉也。東風，發散之風也。解解者〔一〕，有舍舊就新之義。泉動者，有將進之義。北向者，不失信也。始巢者，趁其時也。

鷹化鳩，蓋鷹，摯物也；鳩，布穀也。以其性言之，則鷹之化鳩，改過遷善也。鷹，所役之物也；鳩，所不役之物也。以其理言之，則所役者反而不爲所役也。鷹以秋爲得時者，故以時言之，則在春爲失時者也。鷹飛物也，鳩亦飛物也，以飛物化飛物，無所失得，然而其形异矣。占之者必於此异字上理會，則其庶幾矣。

玄鳥至，蓋玄鳥知時之物也，其至也必於陽之半，而其歸也必於陰之半，則至不適然，歸不適然，如所謂當行而行，當止而止者也，此則君子之幾之者也。玄鳥之性不群，而惟雌雄是群，則知所以親疏之有异者也。春而巢，巢而乳，則其巢者知所以當勞而勞也，其乳者知所以當乳而乳者也。占之者當爲而爲則可，不當爲而爲則不利，惟在觸類伸之之如何耳。

〔一〕今按：『解解』，據《禮記・月令》爲『始解』。又上下文皆用《月令》原文。

《尚書》學文獻集成·朝鮮卷　第三十四册

洪範九疇之圖

朴萬瓊　著
陳良中　整理

提要

朴萬瓊（一八一七—一八九八）著。萬瓊，密陽人，字道益，號壺隱。没有特别的師承關係，科場屢次失意後放棄科考，而埋首於群經研究，特别專心於《周易》研究，著有《心易》，有獨自的體系和學説。另有文集《壺隱遺稿》六卷二册。

《洪範九疇之圖》收録於《壺隱遺稿》卷一，由『洪範九疇之圖』、『初一五行圖』、『二五事敬用圖』、『三八政農用圖』、『四五紀協用圖』、『五皇建極圖』、『會極歸極圖』、『六三德乂用圖』、『七稽疑明用圖』、『卜五占二圖』、『八庶徵念用圖』、『休徵圖』、『咎徵圖』、『九五福嚮用圖』、『九疇對偶圖』、『九疇應合圖』等十五圖構成，以圖表并附加文字説明的方式對『洪範九疇』内容加以解釋，是一種值得關注的解經方式，較之『演範』一派借《河圖》、《洛書》以爲占驗的虚妄來説，其態度要篤實，不失爲解經之一體。

洪範九疇之圖

九疇之綱，洪範之數，天之生物惟五行，人之參行唯五事，天人合而五行居一，五事次二。人因乎天，帝出乎《震》，人道敏政，故八政居東。天示乎人，協天之用而日月莫先，五紀居《巽》。皇中天地而建極，故皇極中五而治。所應變而《乾》爲君德，故三德居《乾》，以人聽天，《兑》爲講謀，故稽疑居七，人感天應，終始萬物，故庶徵居八而受天之慶，王道之終，故以五福終於九，皆天理自然之序次，而非聖人私意之安排也。且如州郡、井田、鼎器、曆書、音律、官人、士品無不以此九，而其非箕聖之推衍，孰能與於此哉？

初一五行圖

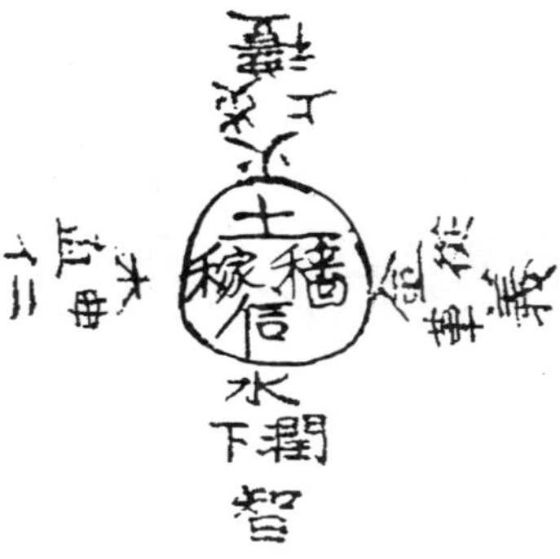

天三地兩爲五數而有五行之名，而爲萬化之本。天開於子，天一之數爲五行之用，又爲萬物之始。是以生萬物者五行之氣也，行四時者五行之運也。九州之始本於五行，五行之始本於一水，一水之功大矣。人生之初，命門先出，豈不美哉！如五聲、五色、五臭、五味皆推此盡矣。噫！天以五行稟生五常，天之五行即人之五常也，人之五常即天之五行也。鯀之汩陳，天之不畀，固然矣。禹則順性，天之乃錫，宜然。蓋九州統體一五行，分言則九疇子目各具五行，如千葩萬卉各千太極、萬太極也。五土居中兼統四行，土爰稼穡以養五體，信敬主內以養五官，精矣妙矣。無適非用，五行之不言用，良以此哉也。

二、五事敬用圖

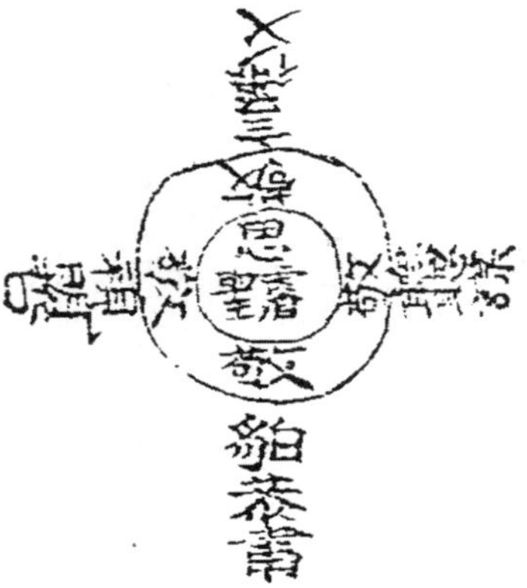

五事者，人之緊用也。克敬則進於恭從，明聰睿而馴致乎肅，乂哲謀聖。聖人合天之道，帝王立極之本，不外乎此，可不敬乎？蓋天稟命於人，而人有五常之性，蓋人賦於地而有五官之用，必修《坤》道之主敬，以體《乾》德之不息，然後可以下學而上達，是以千聖相傳之法，主一敬字工夫。故朱子咏詩曰：『恭惟千載心，秋月照寒水。』其非此意歟？顏子之四勿，曾子之三省，良以此也。心爲一身之主，而其官曰思，思則得之，不思則失之。克念作聖，罔念作狂，皆謂此也。嗚乎！一日克己天下歸仁，休徵應。斯須不敬，天理絶，咎徵作。是故程子曰：『視聽言動無非天，不敢非禮，所以事天也。』

三、八政農用圖

政在養民，聖王發政先厚生仁，故以食貨居首。而農用如堯命羲和曰『東作』、『西成』，舜命九官曰『食哉惟時』是也。古今言政之序若合符節，箕聖作《範》，豈欺我哉！且以皇居中布政而言，則春官秋官居東西，一食二貨居《坎》、《坤》賓位，東北司徒居《乾》，司空居《巽》，司馬居南矣。蓋人君爲天司牧，一事一業莫非體之仁，故曰天官，曰天工，是以官不必稱，惟其人。而如行一毫之私則天職廢，而天禄失矣，可不慎哉！可不懼哉！噫！司徒、司寇、司空、司馬皆在農政，堯以不得舜爲己憂，舜以不得禹、皋陶爲己憂者此也。所謂君子之農，而帝王之大業也。孟子之戒不失農時，豈偶爾哉！

四、五紀協用圖

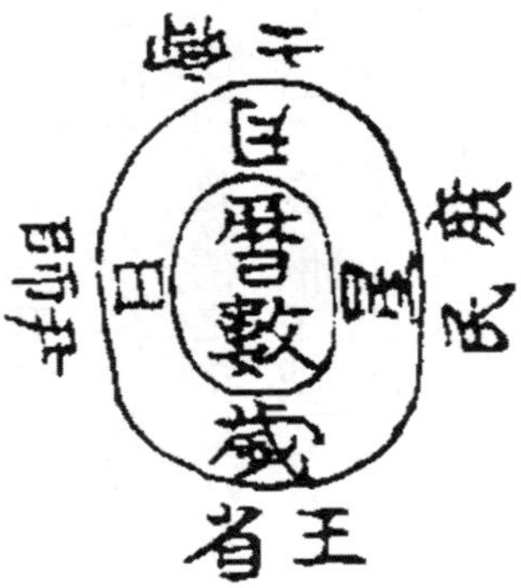

治曆明時，歲功終始，而王之治曆成於冬，故王省居北，《离》爲月窟，故卿月居南，朝日昏星，故師君在東，庶民西。王與臣僚職有大小，各任其責如此。且以五紀看，一宮則曆數居中統歲月日辰，若《虞書》之曆數者，天官分各職尤可敬協者天時也，如堯之置閏定朔，舜之協時定日是也。蓋《巽》以行權，故同律度量衡，稱時措之宜，精義致用，毫絲不差者，協也。如行夏時，乘殷輅，樂舜《韶》，皆在此中矣。『欽若昊天，敬受人時』，王省之協也。佐萬機，遂萬物，理陰陽，順四時，卿士之協也。前有召父，後有杜母，師尹之協也。耕田食，鑿井飲，樂其樂，利其利，庶民之協也。嗚乎！不幸不出三代前聖人氓也。

五、皇建極圖

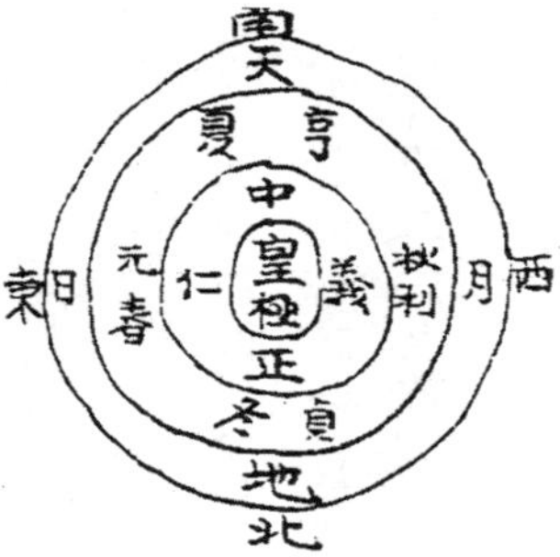

心官，人身之中。皇極，天地之中。王者居一以應萬機，如北辰居所而運衆星，中天地而立，正四方之人，非一心之敬而何也？《禮》所云：『爲天地立心，爲生立命。』此分四時官命九州，是欽是敬，奉若天則。各敬其職，天地自位，萬物自育，堯舜之精一執中，禹湯文武之建中建極，此也。其光四表，協萬邦，奉三無私之象，於是可見矣。天道天道即王道也〔一〕，其所謂合其德，合其明，合其序，合其吉凶之大人歟。且股肱惟人，良臣惟聖，任官惟賢，則極是建矣。箕聖眷眷好德之訓，至矣切矣。

〔一〕今按：此處疑衍一『天道』。

會極歸極圖

極者，人道之至，止至善，致中和，極其仁，極其義，標准乎四方者，一事不中非極，一物無備非極，一息有間非極，一毫有私非極也。是以聖王德已至，道已極矣，猶戰戰，復兢兢，如臨深而履薄者此也。極吾中以盡天下之中，極吾正以盡天下之正，蕩蕩平平，保其極，錫其極，而取中於天地，立正於四方也。噫！偏陂好惡，偏黨反側，皆私也。王者奉三無私以建極，故會其歸。其者一無私而已〔一〕。君以天地心爲心，臣以君父心爲心，真所謂無私。堯舜之人以堯舜之心爲心是也。

六、三德乂用圖

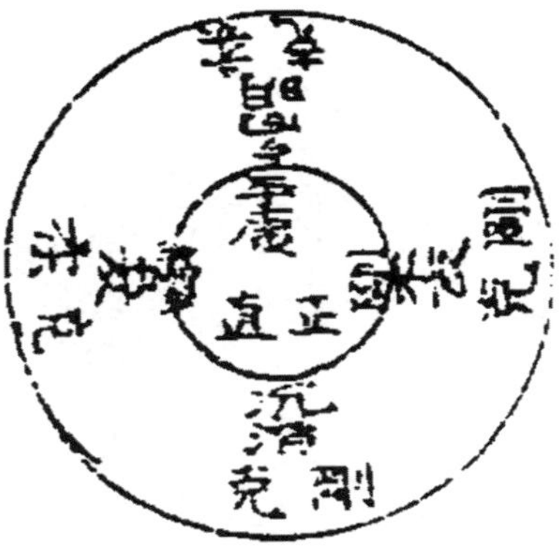

〔一〕今按：『其』當爲『極』之誤。

導以仁義，春夏之柔克也。齊以刑義，秋冬之剛克也。而盛夏雷震，柔中剛也。嚴冬愛日，剛中柔也。聖人治世，四時和氣，致中有此也。六數太陰而君德居六，何也？天非地道無以生成，君非剛柔無以生成，君非剛柔無以威福，是以用六永貞，柔而剛也。用九無首吉，健而順也。噫！彼郭公之柔惡，盜跖之剛惡，皆不講於此意者耶！

七、稽疑明用圖

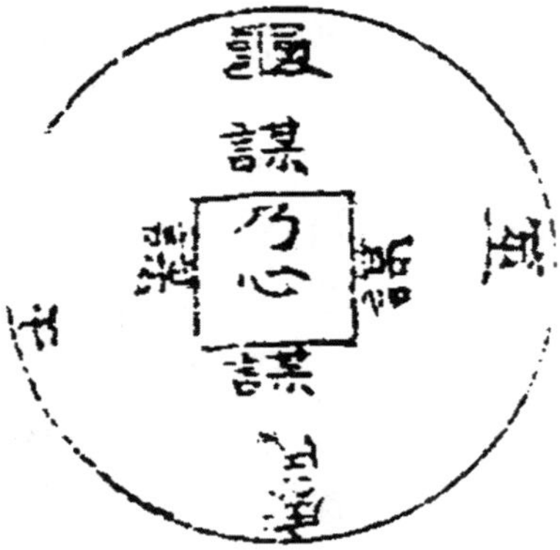

皇王持威福之權，然天下大事非一人獨斷，故必咨度於群僚，博謀於庶民，是太陽亭午收熸火於丹衡，滄海浮天拱淵潛於翠渚。君必以天下之耳目爲己之耳目，以天下之憂樂爲己之憂樂。堯舜之聰明，清問于下民，旁詢于蒭蕘是也，猶以爲不足，而又質之於天地神祇，謀及於卜人筮人，則公安得不如天地，明安得不如日月乎！嗚呼！後世諂諛小人暗欲獨執其柄，獨擅其政，誤君亡國者多，其不知《洪範》之謀者也耶！

卜五占二圖

《易》雖陰陽，而亦爲五行卦，故曰卜五。必觀其貞悔動静，故曰占二。蓋至公者，天理也；至惡者，人私也。不以私害公，則天理不淪矣，故曰卜筮有私意則其占不應，可不戒哉！可不懼哉！其曰：《易》有聖人之道四焉，此乃君子用《易》之説也。《繫辭傳》無有師保，如臨父母，懼而終始，其要無咎，可不戒哉！

八、庶徵念用圖

天之運化，人之日用，無不出於五行，故雨、陽、燠、寒、風，天五行之五物也，敬、言、視、聽、思，人五行之五事也。天五物時若則庶草蕃蕪，人五事時中則百行純備。一理融貫，萬祥畢臻，天人之休咎臧否相應，故於五事曰敬用，其非盡在己之敬乎？於庶徵曰念用，其非惕畏天之念乎？《易》於八卦風爲木，而今居土，何也？雨、陽、燠、寒各居一事，而風於四行無不行，猶土於四行無不寄之理歟。

休徵圖

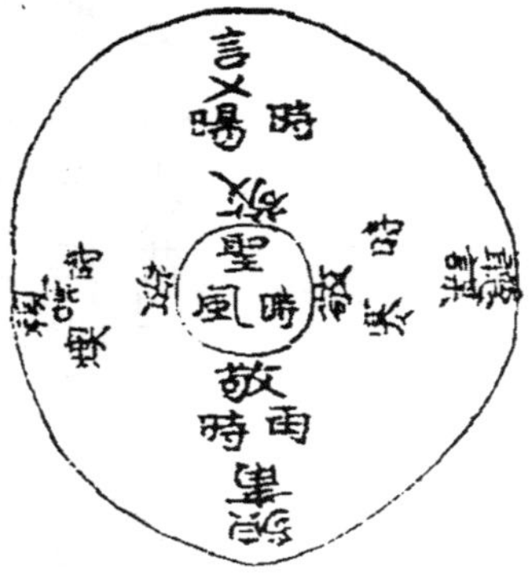

天地設位，道行其中，一主敬則萬善俱立，是以貌敬則恭而肅，言敬則從而乂，視敬則

明而哲，聽敬則聰而謀，思敬則睿而聖。人五事敬而時，則天五事時而若，七政以齊，百穀以成，俊乂明章，萬象熙皞。如舜殿之薰風卿雲，神農之五風十雨，周家之條不鳴、波不颼是也。天人感應捷於影響，君相交泰如逢太和，念茲在茲，對越在天，則聖人之時中即天之時若也，天之時若即聖人之時中也，其義大矣遠矣，而敬之念之而已。蓋九容、九思、九德之敬，符合於疇數之九，而其用則不出於五事之敬。經禮三百，曲禮三千，毋不敬之説，亦不外此五事之敬也。

咎徵圖

一心不敬則百度皆廢，貌不敬則不恭而狂，言不敬則不從而僭，視不敬則不明而預，聽不敬則不聰而急，思不敬則不睿而蒙。人謀不臧，天地變動，咎徵之作不其然乎？天以五行賦人五事，而人以不敬自絶其天，則天何容捨哉！此暴君污吏之不思也甚矣。未之思也，何遠之有？宣王反修，周禄漸長。高宗改遷，殷道復興。轉咎爲休，自有道理，蝕陽復輝，天日更睹矣。蓋上下不交爲旱，陰陽相和爲雨，是以恒雨固咎，恒陽爲灾。《易》曰：『既雨，德載。』曰：『方雨虧悔。』此皆陽倡陰和之謂也。嗚呼！卿士惟月，庶民惟星，好民之好，惡民之惡，望若大旱之甘霖，無如卿士守相仁厚忠恕之澤，皇極宫人反不重難耶？九峰從民异好，固不强解。

九、五福嚮用圖

疇終於九，而福以五終者，聖王立極，五福已備，又以福錫勸天下，天下之人得蒙其五福，《大學》所云：『明明德於天下。』《堯典》所云『協和而時雍』是也。躋一世於春臺玉燭，諸福之物祥莫不畢至，豈有六極乎？其不用訓者，威之徵之而已。或曰孔顏之窮厄，原憲之貧憂，奈何？曰當其時可，則禹稷之三過門不入可也；當其時不可，則一簞食、一瓢飲，無愧矣。

九疇對偶圖

以生成言，則一六二七三八四九相對；以合十言，則一九二八三七四六相偶，自相應合，歸統於五矣。蓋天地運化之機，無獨必有對，如目視耳聽手持足行，如車雙輪，如禽雙翼，成變化，行鬼神，真所謂不知足之蹈之，手之舞之者。此皇極之體，而《河圖》之面也。

九疇應合圖

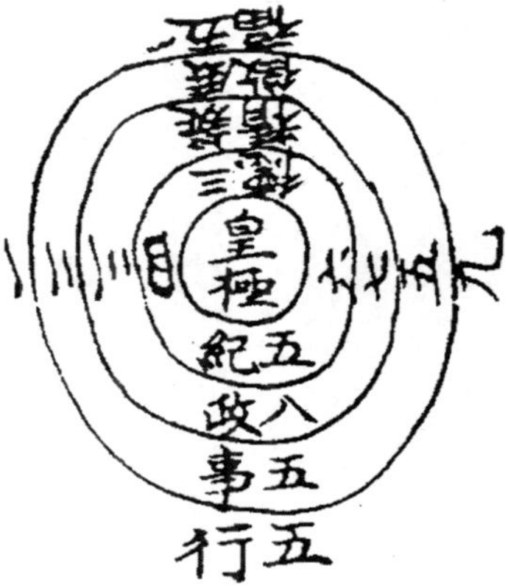

順五行而五福亨，一九之應合。敬五事而庶徵休，二八之應合。立八政而稽疑於神人，三七之應合。協五紀而制宜於剛柔，四六之應合。此《洛書》之體，而皇極之用也。然則汩陳五行，威用六極，不敬五事，咎以庶徵之理，推此可知。是知帝王之用法不出九疇，而九疇之用法不外乎一敬字上工夫。禹之治洪，天乃錫鑒，因以則用者此也。

《尚書》學文獻集成・朝鮮卷　第三十四册

璇璣制

金赫權　著
陳良中　整理

提要

《璇璣制》是分辨蔡沈《書經集傳》對《舜典》『璇璣玉衡』的闡釋。關於天體原有周髀、宣夜、渾天三種學説，但除了宣夜説之外，其餘兩種學説皆流傳至今。作者認爲周髀之法據伏羲方圓圖過於疏略，因此按照前人所排定加以删補。以《周易》六十四卦合以《月令》物候，以論天體運行之則。

璇璣制

《周髀》之法蓋原於庖犧方圓圖，而其術極爲疏略，近因前人排定者添删而爲之説。

邵子曰：『《乾》、《坤》定上下之位，《坎》、《离》列左右之門，天地之所闔闢，日月之所出入，春夏秋冬、晦朔弦望、晝夜長短、行度盈縮莫不由乎此。』謹按《乾》南《坤》北，是南北極之長短樞紐不動處，六十四卦分爲十二則是十二次日月所會處，《益》、《震》爲星紀，《明夷》、《賁》爲析木之類也。三百八十四爻是三百六十五度餘四之一，輻輳於南北二極者也。《乾》始於子，自下而升，從右而左。《坤》始於午，自上而降，從左而右。是天行之，子至巳，自下而升，從前歸後；午至亥，自上而降，從後趁前者也。《易》曰：『闔户之謂坤，闢户之謂乾，一闔一闢之謂變。』《復》一陽便是闢之機，《姤》一陰便是闔之機也。《記》曰：『大明生於東，月生於西。』《坎》、《离》乃日月之門，陰陽之分也。春夏秋冬之序，則以邵子冬至子半之説推之，《頤》、《屯》、《益》爲小寒丑初，《震》、《噬嗑》、《隨》爲大寒丑半之類是也。晦朔弦望之運，則《復》爲魄盡，朔月與日會，《屯》爲旁死魄，《震》爲朏哉！生明之類是也。《兑》爲上弦，近一遠二，《乾》爲望，《鼎》則生魄，《艮》則下弦，遠一近二，《坤》爲晦。晝夜長短，則陽爻晝數也，陰爻夜數也。春夏陽也，故晝數多而夜數少；秋冬陰也，故夜數多而晝數少，是以陽生於《復》，而其進也始緩終速。至《乾》而凡百一十二陽，八十陰，晝極長而夜極短。陰數亦然。陰生於《姤》而其進也亦始緩終速，至《坤》而凡百一十二陰，八十陽，夜極長而晝極短也。行度盈縮，則周天三百六十五度四分度之一，而天與日會爲冬至，一年十二月，月各有辟卦，而冬至一陽畫生爲《復》卦，天日之離合，卦畫之陰陽，殊塗同歸，不約而會。若論氣候之運，則《復》是水泉動，《頤》雁北鄉屯、鵲始巢之類是也。兼方圓而論之，則圓者動而爲天，方者静而爲地，天包地外，地居天中，天依乎地，地附乎天，天地自相依附。天依形，地附氣，其形也有涯，其氣也無涯之妙，皆著於此。此固《周髀》之法象也。

《尚書》學文獻集成·朝鮮卷　第三十四册

期三百注布算説

金赫權　著
陳良中　整理

提要

金赫權（生卒年未詳）著。作者没有傳記資料，宋稚圭（一七五九—一八三八）收録他的書信，而信中闡述自己對《人物性同异》的見解，可推測其大概活動在十八世紀後半。其有文集《涵齋集》七卷三册。

《期三百注布算説》收録於《涵齋集》卷五雜著中，作於作者十五歲時，是對蔡沈《書經集傳》中《堯典》『期三百』之注的簡單解釋，没有個人獨見。反映了作者對於天文學的興趣。

期三百注布算説

公十五歲能推算如此。

其法大氐日行一時行十三度有奇，一晝一夜周天三百六十五度二百三十五分。天一日進一度，則日爲退一度。天二日進二度，則日爲退二度。積至三百六十五日二百三十五分，則天所進過之度恰周得三百六十五度二百三十五分之數，日所退之度亦恰退盡三百六十五度二百三十五分之數。而日與天會，是一歲月行之數也。謹按如今法，則是三百六十五日一千五百分，而與天會。十日，積三歲則爲三十日八百分，積三歲則爲二千四百分二十七分，積三歲則爲八十一分，合爲二二四百八十一分。如日法，九百四十而二千八十爲九百四十分者，二餘存二百，二百合四百，單一則爲六百，單一合得二百，而其外餘存爲六百。單一五歲，再閏止七十五云。三十一百合二十一日爲五十三日。六百單一，合七百十四分爲一千三百十五。一千爲九百四十分者，一餘存六十六，十合三百十五分，爲三百七十五分，合得一日而其外餘存三百七十五分。十九歲七閏，止一章也。云者十九年則共一百九十日，又餘分計一萬五千七百十三分。謹按一百九十日是十九個十日之積，一萬五千七百十三分是十九個八百二十七分之積。以日法除之，共得二百六日六百七十三分。以日法九百四十分計則尚少，二百六十七分不得爲全日，謹按一萬五千七百十三分共得日十六日六百七十三分。以二百六日分作三個大月，合九十日。四個小月，合一百十六日。通計恰爲二百六日，是爲七閏，零分六百七十三分入於第七閏謹按當爲閏十月。之次，月初一日爲冬至。謹按當盡於十一月初一日某刻爲冬至。此即爲至朔同日，而所謂十九歲七閏則氣朔分齊者也。

期度

《尚書》學文獻集成·朝鮮卷　第三十四册

金赫權　著
陳良中　整理

提要

金赫权（生卒年未詳）著。作者没有傳記資料，大概活動在十八世紀後半。其有文集《涵齋集》七卷三册。

《期度》則是用圖表來表記『期三百』的度數。是作者學習天算的資料，反映了作者對天算的極大興趣。

期度

期策布算之法備載於先儒文集，細考可以通之，不必復贅，而只分十二支，作三百六十五度二百三十五分。又將月實餘作朔虛氣盈閏餘之數，以便考据。

寅天	三十度四百十一四分分之一。〇冬至日在寅天，箕二度。	十一月實	自前月晦，至今月晦，午時初刻，日已退天二十九度四百九十九分與日會。
丑天	合十二	十二月	合十二
子天	天共三	正月	月共三
亥天	百六十	二月	百五十
戌天	五度二	三月	四日三
酉天	百三十	四月	百四十
申天	五分是	五月	八分是

未天　天體天　六月　小歲日

午天　日會者　七月　月會者

巳天　八月

辰天　九月

卯天　十月

十一朔虛　寅天，三十度內。十一氣盈　子月，三十日外。

十二虛　丑天，除月實所。十二盈　丑月，所餘四百。

正虛　子天，餘四百四。正盈　寅月，十一分分。

二虛　亥天，十一分。二盈　卯月，之一〇中

三虛　戌天，小歲合十。三盈　辰月，歲合十二。

四虛　酉天，二朔虛五。四盈　巳月，氣盈五日。

五虛　申天，日五百九。五盈　午月，二百三十。

六虛　未天，十二分是。六盈　未月，五分是太。

七虛　午天，中歲三百。七盈　申月，歲三百六。

八虛　巳天，六十者。八盈　酉月，十五日二。

九虛　辰天。九盈　戌月，百三十五。

十虛　卯天。十盈　亥月，分者。

寅天閏　合十一月，盈虛共八百五十二。

丑天閏　分四分分之一，是寅天所餘地。

子天閏

亥天閏

戌天閏

酉天閏

申天閏

未天閏

午天閏

巳天閏

辰天閏

卯天閏　卯天所餘地因作來歲十一月。初一日退行十日八百二十七分爲冬至。

十一月四百四十一分　寅天餘八百五十二分四分分之一。

十二月八百八十二分　丑天餘一度七百六十四分四分分之二。

正月一度三百八十三　子天餘二度六百七十六分四分分之二。

二月一度八百二十四　亥天餘三度五百八十九分。

三月二度三百二十五　戌天餘四度五百單一分四分分之一。

四月二度七百六十六　酉天餘五度四百一十三分四分分之二。

五月三度二百六十七　申天餘六度三百二十五分四分分之三。

六月三度七百單八　未天餘七度二百三十八分。

七月四度二百單八　午天餘八度一百五十分四分分之一。

八月四度六百五十　巳天餘九度六十二分四分分之二。

九月五度一百五十一　辰天餘九度九百一十四分四分分之三。

十月五度五百九十二　卯天餘十度八百二十七分。

十一月四百十一分四分分之一

十二月八百二十二分四分分之二

正月一度二百九十三分四分分之三

二月一度七百單五分

三月二度一百七十七分四分分之一
四月二度五百八十七分四分分之二
五月三度五十七分四分分之三
六月三度四百七十
七月三度八百八十一四分分之一
八月四度三百五十二四分分之二
九月四度七百六十三分四分分之三
十月五度二百三十五分
子月三十日外四百十一分四分分之一
丑月三十日外四百十一分四分分之一

《尚書》學文獻集成・朝鮮卷 第三十四册

讀《堯典》期三百集傳

李淵性 著
陳良中 整理

提要

李淵性（一八一四—一八九三）著。淵性，字舜瑞，號湖上，延安人，著有《湖上遺稿》四卷二册。

《讀〈堯典〉期三百集傳》收録於《湖上遺稿》卷三，是解釋蔡沈《書經集傳》中《堯典》『期三百』注釋的文字，又闡釋了『歲法』、『歲餘法』、『日法』、『月法』等内容。

讀《堯典》期三百集傳

天體至圓，周圍三百六十五度四分度之一，四分度之一二百三十五也。繞地左旋常一日一周而過一度，一度九百四十分也。日麗天而少遲，故日行一日亦繞地一周，而在天爲不及一度，積三百六十五日九百四十分日之二百三十五，二百三十五與四分度之一同以一日十二時論之，則三時也。而與天會是一歲日行之數也。

日行一度，月行十三度十九分度之七。十九分度之七，每分四十九分四里七毫三絲六忽八微四塵有奇，共計三百四十六分三里一毫五絲七忽八微九塵有奇，此曆家説也。

月麗天而尤遲，一日不及天十三度十九分度之七，日不及天十三度十九分度之七。積二十九日，一月全日。九百四十分日之四百九十九而與日會，十二會得全日三百四十八，餘分之積又五千九百八十八，二十九日九百四十分日之四百九十九與日會者以一年，十二會乘二十九也，又以四百九十九乘十二則得餘分之積，如其數也。如日法九百四十而一得六不盡三百四十八，五千九百八十八以六日法除之，則餘三百四十八，加入六日與不盡數三百四十八。通計得日三百五十四九百四十分日之三百四十八。十二會全日與餘分積六日三百四十八不足於日法五百九十二。是一歲月行之數也。

歲有十二月，月有三十日，三百六十者，一歲之常數也。故日與天會而多五日九百四十分日之二百三十五者，以三百六十日爲限，而看一歲日行則多五日。爲氣盈，月與日會而少五日九百四十分日之五百九十二者，以三百六十爲限，而看一歲月行之數則小五日。爲朔虚，合氣盈朔虚而閏生焉，故一歲閏率則十日九百四十分日之八百二十七，合氣盈朔虚而言也。三歲一閏則三十二日九百四十分日之六百單一，五歲再閏則五十四日九百四十分日之三百七十五十，九歲七閏則氣朔分齊是爲一章也。

歲法三百五十四日三百四十八分。

歲餘法一萬二百二十七分。

日法九百四十分。

月法二萬七千七百五十九分半分，一萬三千八百七十九分五里。一歲餘一萬二百二十七分，即一歲閏率十日九百四十分日之八百二十七也。三歲餘三萬六千八十一分，即三歲一閏爲三十二日九百四十分日之六百單一也。五歲餘五萬一千一百三十五分，即五歲再閏五十四日九百四十分日之三百七十五也。

三歲餘三萬六百八十一分，以月法二萬七千七百十九分爲一閏，而復餘二千九百二十二分。

五歲餘五萬一千一百三十五分，以月法爲再閏而不足四千三百八十三分。

八歲餘八萬一千八百一十六分，以月法爲三閏而不足一千四百六十一分。

十一歲餘十一萬二千四百九十七分，以月法爲四閏而餘一千四百六十一分。

十四歲餘十四萬三千一百七十八分，以月法爲五閏而餘七千三百八十三分。

十九歲餘十九萬四千三百十三分，以月法爲七閏，而七閏之外無餘分。

《尚書》學文獻集成·朝鮮卷　第三十四册

《尚書·堯典》期三百注解

王性淳　著
陳良中　整理

提要

王性淳（一八六三—一九〇九）著。性淳，字原初，號尤雅堂、敬庵學人，開城人，嘗增删滄江金澤榮（一八五〇—一九二七）《麗韓九家文》，再加金澤榮的文章而編爲《麗韓十家文鈔》。又篩選李珥、徐敬德、宋時烈、金憲基等五人文集中有關經學的内容撰成《朝鮮五賢文鈔》。著有《尤雅堂稿》六卷二册。

《〈尚書・堯典〉期三百注解》收録于《尤雅堂稿》卷五，旨在闡釋蔡沈《書經集傳》中《堯典》『期三百』注。作者常遺憾鄉村學者因無法瞭解『期三百注』而常放棄研讀，遂以徐敬德（一四八九—一五四六）之例説明天下没有不能了解的文章，以勉勵學者發奮講究。因此，王氏匯集前賢所説、師友所聽逐句解説，并加自己的意見組織成文。

《尚書・堯典》期三百注解

《尚書堯典期三百注》，窮鄉初學，不曉文義，往往廢其業不講。夫天之度數去人甚遠，精微之蘊雖未可測，而其所載之文則未有不可解者也。昔徐文康公以童年而受《尚書》，至此《注》，塾師謝以不解而不授，先生慨然以爲天下豈有不可解之書也，遂發憤講究而得其辭義，蓋非獨近世然也。是以余竊病之，取前賢之發明訓詁與夫所聞師友之言而參以己意，逐句解之，不厭其煩，以便覽誦。

其曰期，猶周也者，言如日行之一日一周天也。蓋日與天會而爲期，期本三百六旬有五日四分日之一，而言六日者，舉全數也。其曰天體至圓，周圍三百六十五度四分度之一者，言天圓之周共三百六十五度而又四分一度之一也。天本無度，以一日天行得過日處，日行得不及天處爲一度，而得三百六十五度四分度之一而恰盡也。何以知其然也？由日行積三百六十五日四分日之一而與天會也。其曰繞地左旋常一日一周而過一度者，言天體之圓，包繞地球，自左而旋而一日之所旋常一周，所謂三百六十五度四分度之一者而又進過一度也。其曰日麗天而少遲，故日行一日亦繞地一周而在天爲不及一度者，言日一日之行亦常一周，所謂三百六十五度四分度之一者而惟不及天之進過一度也。其曰積三百六十五日九百四十分日之二百三十五而與天會，是一歲日行之數也者。言如天從角起，日亦從角起，而日行既不及天一度，則必積三百六十五日九百四十分日之二百三十五而始與天一會於角上。舊時處此爲一歲日行之數也。九百四十分者，日法也。二百三十五者，九百四十分四分之一即四分一日之一也。其曰月麗天而尤遲，故不及天十三度十九分度之七者，言月一日之行亦常一周，所謂三百六十五度四分度之一者，而反不及天十三度而又十九分一度之七也。夫一度或分爲四，或分爲十九者，出於天與日月之行過不及自然之數，而四與十九自乘得七十六，以爲一度之分者也。月之行既不及天十三度十九分度之七，則於不及日爲十二度十九分度之七矣，十二度十九分度之七者，以十九通之，又以四乘之，得九百四十分以爲一日之法也。蓋周天三百六十五度四分度之一者，以七十六分乘之得二萬七千七百五十九，而欲求日月相會之數必以日與月行過不及之差九百四十分爲法除之，然後始得積若干日若干分，而日與月會矣。此九百四十分所以爲日法者也。今夫甲一日行九十里，乙一日行七十里，乙正月一日發，甲二月一日發，甲發一百五日而與乙會，其法置乙一月之行，以乙不及甲行，二十里爲法，除之得一百五，蓋九百四十分之爲日法，亦類是也。其曰積二十九日九百四十分日之四百九十九而與日會者，言周天三百六十五度四分度之一者，既以七十六分乘之得二萬七千七百五十九，而以日法九百四十分除之，至二十九日九百四十分日之四百九十九而始與日一會於舊時處也。其曰十二會得全日三百四十八，餘分之積又五千九百八十八者，言其每一會積全日二十九與餘分四百九十九之數也。其曰如日法九百四十而一得六不盡三百四十八者，言如日法九百四十以爲一日，則得六日而不盡，餘分者三百四十八也。其曰通計得日三百五十四九百四十分日之三百四十八，是一歲月行之數也者。言其十二會全日之積三百四十八與餘分之積爲六日有奇者，通計之而然也。月行既不及日十二度十九分度之七，則必積三百五十四日有奇，而與日十二會於舊時處，此爲一歲月行之數也。其曰歲有十二月，月有三十日，三百六十者一歲之常數也者，言以日之行則一歲三百六十五日有奇，以月之行則一歲三百五十四日有奇。而今歲有十二月，月三十日而成三百六十者，折衷於日月之行而爲一歲之常數也。其曰故日與天會而多五日九百四十分日之二百三十五者爲氣盈，月與日會而少五日九百四十分日之五百九十二者爲朔虚。合氣盈朔虚而閏生焉者，言三百六十日既爲一歲之常數，而日與天會而多五日有奇者爲氣盈者，期三百六旬有五日四分日之一之謂也。月與日會而少五日有奇者爲朔虚者，一月三十日而二十九日九百四十分日之四百九十九其不足者，四百四十一之積也。二者餘分之積趲得中氣在月盡，則後月便當置閏也。其曰一歲閏率則十日九百四十分日之八百二十七者，言合氣盈朔虚之日數也。其曰三歲一閏則三十二日九百四十分日之六百單一，五歲再閏則五十四日九百四十分日之三百七十五，十有九歲七閏則氣朔分齊，是爲一章也者。言閏率積至三歲得三十二日有奇，則寘一閏。積至五歲得五十四日有奇，則寘再閏。積至十有九歲得二百六日九百四十分日之五百七十三，則寘七閏，而無氣盈朔虚不齊之數也。率，約數也。章，平也。十有九年爲一章，二十七章爲一會，三會爲一統，三統爲一元，而運於無窮也。其曰故三年不寘閏，則春之一月入于夏，而時漸不定矣。子之一月入于丑，而歲漸不成矣。積之之久，至於三失閏，則春皆入夏，而時全不定矣。十二失閏，子皆入丑而歲全不成矣者。言不置閏，積漸之弊至於如此也。蓋察天與日月之行而推其相會以定歲，而其盈虚伸縮之不齊者專在於寘閏而平之，若置閏之法一失，則天道變於上，而人事亂於下，其弊有不可勝言者，聖人參贊裁輔之功於是大矣。

《尚書》學文獻集成·朝鮮卷　第三十四册

《堯典》期三百問答·期三百上圖·期三百下圖

韓愉　著
陳良中　整理

提要

韓愉（一八六八—一九一一）著。韓愉，號愚山，清州人。專研性理學，常與當時著名的儒學家田愚、崔益鉉等通書往來，論辯性理之學，并指正了當時學者的一些偏見。他篩選了中國和韓國學者有關心學的學説二百餘條編輯成《心學通編》。他還將《栗穀全書》分門别類編輯成《栗穀全書考證》。著有文集《愚山集》三一卷十六册流傳於世。

《〈堯典〉期三百問答》和《期三百上圖》、《期三百下圖》收録在《愚山集》卷十四中。是以問答的方式對《書經集傳》中有關《堯典》『期三百』的注釋仔加以説明，并用圖表加以闡釋。

《堯典》期三百問答

問：『歲法爲三百五十四日三百四十八分者，何也？』

答：『先置二十九日，以十二乘之，得三百四十八日，又别置五千九百八十八，以九百四十除之，得六日，不盡三百四十八。合問。』

又答：『先置九百四十分，以三百五十四日乘之，得三十三萬二千七百六十分，加入月與日會，不盡三百四十八分，共得三十三萬三千一百單八分爲實，以九百四十分除之，得全日三百五十四不滿分三百四十八。合問。』

問：『月法爲二萬七千七百五十九分者，何也？』

答：『先置三百六十五度，以四分乘之得一千四百六十，而納子一分，又以十九分乘之。合問。』

又答：『先置二十九日，以九百四十分乘之得二萬七千二百六十分，加入月與日會，不盡四百九十九則合問。』

問：『日法爲九百四十分者，何也？』

答：『先置十二度，以十九分乘之得二百二十八分，而納子七分，共得二百三十五分，又以四分乘之。合問。』

問：『歲餘法爲一萬二百二十七分者，何也？』

答：『先置氣盈朔虛十日，以九百四十分乘之得九千四百，加入氣盈之不盡二百三十五，朔虛之不盡五百九十二則合問。若以九百四十分約之，則得全日十日，不滿八百二十七，是一歲閏率也。』

問：『日與天會，積三百六十五日二百三十五者，何也？』

答：『周天三百六十五度而日常不及天一度，故積三百六十五日而其曰二百三十五者，先置九百四十分，以四約之則合問，是四分度之一也。』

問：『月與日會，積二十九日四百九十九者，何也？』

答：『先置三百六十五度，以四分乘之得一千四百六十分，納子一分，又以十九乘之得二萬七千七百五十九分，以九百四十約之，得全日二十九，不滿分又四百九十九。合問。』

問：『一度四分之則幾何？』

答：『一度九百四十分，以四約之得二百三十五，所謂四分度之一。』

問：『一度十九分之則幾何？』

答：『置九百四十分以十九約之，得四十九分四釐七毫三絲六忽八抄而餘八不盡。』

問：『一度十九分之七幾何？』

答：『先置四十九分四釐七毫三絲六忽八抄以七分乘之，得三百四十六分三釐一毫五絲七忽六抄，所謂十九分度之七。』

問：『十二會得全日三百四十八，餘分又五千九百八十八者，何也？』

答：『先置二十九日，以十二乘之得全日三百四十八。又置四百九十九，以十二乘之得五千九百八十八分。合問。』

問：『如日法，九百四十而一得六，不盡三百四十八者，何也？』

答：『置五千九百八十八，以九百四十約之得全日六，不盡又如此。』

問：『日與天會多五日二百三十五而爲氣盈者，何謂也？』

答：『即上文所謂積三百六十五日二百三十五而與天會者也。謂之多者，多於三百六十也。』

問：『月與日會少五日五百九十二而爲朔虚者，何謂也？』

答：『日月之會必二十九日四百九十九，則於三十日全分欠了四百四十一，以四百四十一加四百九十九則爲九百四十而恰滿一日。今既欠了四百四十一，則以十二乘四百四十一所欠之分合爲五千二百九十二，以日法九百四十約之得全日五不盡五百九十二謂之少者，少於三百六十也。』

問：『三百六十者一歲之常數者，何也？』

答：『以十二月乘三十日則合問。然此舉成數也，其實古今無三百六十日之歲也。』

問：『一歲閏率幾何？』

答：『氣盈五日二百三十五，朔虛五日五百九十二，合爲十日八百二十七。合問。自二歲以下皆然。』

問：『十九歲七閏，則氣朔分齊者，何也？』

答：『歲餘法一萬二百二十七分，以十九乘之得一十九萬四千三百一十三分，是十九歲餘分也。以月法二萬七千七百五十九約之得七個月，恰盡無餘，所謂一章也。』

問：『有大小月者，何也？』

答：『日月相會在今月二十九日四百九十九分，則三十日之四百四十一分屬乎後月初一日。今月小而後月初一日只計四百四十一，則至後月三十日其分不過二萬七千七百單一，視月法二萬七千七百五十九少五十八，蓋必得二十九日四百九十九之分然後爲後月合朔，故爲大月每月皆然。四百九十九者月會之實數，四百四十一者朔空之餘分，乘月會之數，則至二十九日而月盡，故爲小月。除朔空之餘則至三十日而月盡，故爲大月。』

問：『月與天一年凡幾會也？』

答：『凡十三會，二十七日一千六分日之三百二十七而必一會，然非曆家所用，故古今少道。』

問：『曆家以日爲右旋而日行一度者，何也？』

答：『左旋而不及天一度，即右旋而行一度者也，雖非實然，但數法易而於理亦無害，故朱子於《詩傳》取之。』

問：『一日之分爲九百四十，則幾分爲一刻，幾刻爲一時，幾時爲一日也。』

答：『九分四釐爲一刻，則一日百刻，八刻十二分之四爲一時，則一日十二時也。』

問：『曆家以十五分爲一刻，八刻爲一時，九十六刻爲一日，何也？』

答：『百刻之内去《乾》、《坤》、《艮》、《巽》四維，見書日永日短之圖。則爲九十六刻，以十二時約之則各得八刻，而無分子之餘，此固易算矣。以十五分乘九十六刻則一日之分爲一千四百四十，而與九百四十分數异而用同，亦可見自然之妙矣。』

問：『天之全分幾何？』

答：『置三百六十五度，以九百四十乘之得三十四萬三千一百，加入四分之一二百三十五則合爲三十四萬三千三百三十五分。』

問:『一歲日行幾何?』

答:『三十四萬三千三百三十五分。』

問:『一歲月行幾何?』

答:『三十三萬三千一百八分,月所不及於日一萬二百二十七分,此爲閏也。』

問:『一辰之分幾何?』

答:『三十度四百十一分二釐五毫,而其全分則爲二萬八千六百一十一分二釐五毫,十二辰全分各如右數,則合爲三十四萬三千三百三十五分而爲周天之全分,以九百四十除之,則得全度三百六十五餘分二百三十五,所謂三百六十五度四分之一。』

問:『氣盈全分幾何?』

答:『四千九百三十五分。』

問:『朔虚全分幾何?』

答:『五千二百九十二分。』

問:『曆家所謂日行度變爲月行度者,何也?』

答:『日全分九百四十,月全分十九,以十九乘九百四十得一萬七千八百六十分,此乃細分也。又置三百六十五度，以日法九百四十乘之，而納零二百三十五分，共得三十四萬三千三百三十五分，此全日度分數也。置全日度分，更以十九乘之，共得六百五十二萬三千三百六十五分，此乃以日行變爲月行度，即三百六十五日九百四十分日之二百三十五之細分也。』

問：『月行度變爲日行度者，何也？』

答：『月不及日十二度七分，置十二度以細分一萬七千八百六十，乘之得二十一萬四千三百二十分；又置七分，以九百四十乘之得六千五百八十，納于十二度細分，通計之共得二十二萬九百分，此乃月行不及日十二度七分之小數也。置二十二萬九百分，以二十九日乘之，爲六百四十萬六千一百分；又置二十二萬九百分，以九百四十約之，得二千三百五分，以乘零日四百九十九，則爲十一萬七千二百六十五分，納于上六百四十萬六千一百，通計之亦爲六百五十二萬三千三百六十五分，此乃以月行變爲日行度者也。蓋日月之行，遲速雖若不同，所會分數則不差毫釐矣。日月之行既得六百五十二萬三千三百六十五分，而以一日元分所解，細分一萬七千八百六十，除之得三百六十五度二釐五毫二釐五毫，以日法乘之得二百三十五，若既得三百六十五度而餘分四千四百六十五，則以十九約之，亦得二百三十五。』

期三百上圖

子天三十度	四百十一分 二里五毫	寅月會析木	箕尾
丑天三十度	四百十一分 二里五毫	卯月會大火	心房氐
寅天三十度	四百十一分 二里五毫	辰月會壽星	亢角
卯天三十度	四百十一分 二里五毫	巳月會鶉尾	軫翼
辰天三十度	四百十一分 二里五毫	午月會鶉火	張星柳
巳天三十度	四百十一分 二里五毫	未月會鶉首	鬼井
午天三十度	四百十一分 二里五毫	申月會實沈	參觜
未天三十度	四百十一分 二里五毫	酉月會大梁	畢昴胃
申天三十度	四百十一分 二里五毫	戌月會降婁	婁奎
酉天三十度	四百十一分 二里五毫	亥月會娵訾	壁室

戌天三十度 四百十一分二里五毫 子月會玄枵 危 虛 女

亥天三十度 四百十一分二里五毫 丑月會星紀 牛 斗

二十四節日出入 每月月與日會 明魄朔望及度數

立春 出卯正三 入酉初初 雨水 出卯正二 入酉初二 一日 不及天十三度七分 會日爲朔魄盡

驚蟄 出卯正一 入酉初三 春分 出卯初三 入酉正初 二日 不及天二十六度十四分 房死魄

清明 出卯初二 入酉正一 穀雨 出卯初一 入酉正二 三日 不及天四十度二分 哉生明朏

立夏 出卯初初 入酉正三 小滿 出寅正四 入戌初初 八日 不及天百六度十八分 近一遠二上絃

芒種 出寅正二 入戌初初 夏至 出寅正三 入戌初二 十六日 不及天二百十三度十七分 哉生魄既望

小暑 出寅正三 入戌初初 大暑 出寅正四 入戌初初 十七日 不及天二百二十七度五分 旣生魄

立秋 出卯初初 入酉正三 處暑 出卯初一 入酉正二 二十三日 不及天三百七度九分 遠一近二下絃

白露出卯初二入酉正一　秋分出卯正初入酉正初　二十八日過周天復行九度六分

寒露出卯正一入酉初三　霜降出卯正二入酉初一　二十九日復行二十二度十三分

立冬出卯正三入酉初初　小雪出辰初初入申正四　三十日半復行二十九度二分四之一復與日會

大雪出辰初初入申正三　冬至出辰初一入申正三　三十日下半復行三十六度一分

小寒出辰初初入申正三　大寒出辰初初入申正四　一月三十日半與日會二十七日奇與天會

朞三百下圖

月與日會十二月共三百五十四日三百四十八分

合十一虛共五日五百九十二分

合十二盈共五日二百三十五分

寅月	二十九日四百九十九與日會	朔虛四百四十一分	氣盈四百十一分二里五毫
卯月	二十九日四百九十九與日會	朔虛四百四十一分	氣盈四百十一分二里五毫
辰月	二十九日四百九十九與日會	朔虛四百四十一分	氣盈四百十一分二里五毫
巳月	二十九日四百九十九與日會	朔虛四百四十一分	氣盈四百十一分二里五毫
午月	二十九日四百九十九與日會	朔虛四百四十一分	氣盈四百十一分二里五毫
未月	二十九日四百九十九與日會	朔虛四百四十一分	氣盈四百十一分二里五毫
申月	二十九日四百九十九與日會	朔虛四百四十一分	氣盈四百十一分二里五毫
酉月	二十九日四百九十九與日會	朔虛四百四十一分	氣盈四百十一分二里五毫
戌月	二十九日四百九十九與日會	朔虛四百四十一分	氣盈四百十一分二里五毫
亥月	二十九日四百九十九與日會	朔虛四百四十一分	氣盈四百十一分二里五毫
子月	二十九日四百九十九與日會	朔虛四百四十一分	氣盈四百十一分二里五毫
丑月	二十九日四百九十九與日會	朔虛四百四十一分	氣盈四百十一分二里五毫

合十二餘共十日八百二十七分閏率

合氣盈朔虛天之餘分亦十日八百二十七分

寅月	所餘八百五十二分二里五毫	子天	所餘八百五十二分二里五毫
卯月	所餘八百五十二分二里五毫	丑天	所餘一度七百六十四分五里
辰月	所餘八百五十二分二里五毫	寅天	所餘二度六百七十六分七里五毫
巳月	所餘八百五十二分二里五毫	卯天	所餘三度五百八十九分
午月	所餘八百五十二分二里五毫	辰天	所餘四度五百一分二里五毫
未月	所餘八百五十二分二里五毫	巳天	所餘五度四百一十三分五里
申月	所餘八百五十二分二里五毫	午天	所餘六度三百二十五分七里五毫
酉月	所餘八百五十二分二里五毫	未天	所餘七度二百三十八分
戌月	所餘八百五十二分二里五毫	申天	所餘八度一百五十分二里五毫
亥月	所餘八百五十二分二里五毫	酉天	所餘九度六十一分二里五毫
子月	所餘八百五十二分二里五毫	戌天	所餘九度九百十四分七里五毫
丑月	所餘八百五十二分二里五毫	亥天	所餘十度八百二十七分

《尚書》學文獻集成・朝鮮卷　第三十四册

洪範五行

金赫權　著
陳良中　整理

提要

《洪範五行》是承蔡沈《洪範皇極内外篇》内容而來，以『洪範數』而推衍天地四時節氣、悔吝吉凶等。附會劉歆《河圖》、《洛書》相爲表裏，八卦、九章相爲經緯之説，模仿《周易》，以九九演爲八十一疇，仿《易》卦八八變六十四之例也。取《月令》節氣分配八十一疇，陰用孟喜解《易》卦氣值日之術。又仿揚雄《法言》、司馬光《潛虚》，以九數爲占。此在術數之家爲疊床架屋，不足道。自蔡沈以後，開演範之一派，支離轇轕。朝鮮殆傳『演範一派』術數，與《洪範節氣解》相配合以爲物占之書。

洪範五行

吉在一宮，則休，八宮。祥，三宮。悔，六宮。
吉在二宮，則休，七宮。祥，六宮。悔，九宮。
吉在三宮，則休，四宮。祥，九宮。悔，八宮。
吉在四宮，則休，九宮。祥，二宮。悔，三宮。
吉在六宮，則休，一宮。祥，八宮。悔，七宮。
吉在五宮，則九宮皆平。

縱數圖

縱數圖

縱數者小數

一	一	一	一	一	一	一	一	一
二	二	二	二	二	二	二	二	二
三	三	三	三	三	三	三	三	三
四	四	四	四	四	四	四	四	四
五	五	五	五	五	五	五	五	五
六	六	六	六	六	六	六	六	六
七	七	七	七	七	七	七	七	七
八	八	八	八	八	八	八	八	八
九	九	九	九	九	九	九	九	九

橫數圖

橫數圖　　橫數用年月

原縱橫數　　縱數

一一

吉咎祥吝平悔災休凶　　一數吉疊

二二

吉咎祥吝平悔災休凶　　二數咎疊

三三

吉咎祥吝平悔災休凶　　三數祥疊

四四

吉咎祥吝平悔災休凶　　四數吝疊

五五

吉咎祥吝平悔災休凶

吉咎祥吝平悔災休凶　　六數悔疊

六六

吉咎祥吝平悔災休凶　　七數災疊

吉咎祥吝平悔災休凶　　八數休疊

七七

潛　吉咎祥吝平悔災休凶　　九數凶疊

八八

吝　吉　咎　災　平　祥　休　凶　悔

吝　疊吉　疊祥

九九

吝

吝

平　平　平　平　平　平　平　平　平

原縱橫數圖

吝悔　疊災　疊悔
吝災
吝休　疊休
吝凶　疊凶
守
災　吝吉　吉　休　平　咎　凶　悔　祥
○
災　咎　咎
○
災　祥　祥
○
災　咎
○
平　平　平　平　平　平　平　平　平

○
災　平悔　悔
○
災　災
○
災　休　休
○
災　凶　凶

冬至

一之一　蚯蚓結　原　上一字橫數

一之二　麋角鮮　潛　下一字縱數

一之三　水泉動　守　他倣此

小寒

一之四　鴈北向　信

一之五　鵲始巢　亶

一之六　雉始雊　蒙

大寒

一之七　鷄始乳　間

一之八　須

一之九　征鳥厲疾　厲

春分

立春

二之一　水澤腹堅　成

二之二　東風解凍　冲

滑

二之三　蟄虫始振　振

三之八　虹始見　欣

三之九　舒

穀

雨水

二之五　獺祭魚　常

二之六　候鴈北　柔

二之七　草木萌動　易

立夏

四之四　螻蟈鳴　公

四之五　蚯蚓出　益

四之六　王瓜生　章

小滿

四之七　苦菜秀　盈

四之八　靡草死　錫

芒種

五之一　麥秋至　庶

五之二　螳蜋生　决

五之三　鵙始鳴　豫

立秋

六之六　涼風至　用

六之七　白露降　郤

六之八　寒蟬鳴　翕

六之九　　　　　遠

處暑

七之一　鷹祭鳥　迅

七之二　天地始肅　惧

七之三　禾乃登　除

白露

七之四　鴻鴈來　弱

七之五　玄鳥歸　疾

七之六　羣鳥養羞　競

秋分

七之七　雷乃收聲　分

七之八　蟄虫坏户　訟

七之九　收

八之一　水始涸　實

寒露

八之二　鴻鴈來賓　賓

八之三　雀入水爲蛤　危

八之四　菊有黄華　堅

霜降

八之五　豺祭獸　報

八之六　草木黄落　革

八之七　蟄虫咸俯　止

立冬

八之八　水始冰　戒

八之九　結

九之一　地始凍　養

九之二　雉入水爲蜃　遇

大雪

九之六　鶡旦不鳴　固

九之七　虎始交　移

九之八　荔挺出　墮

九之九　終

原潛二圖

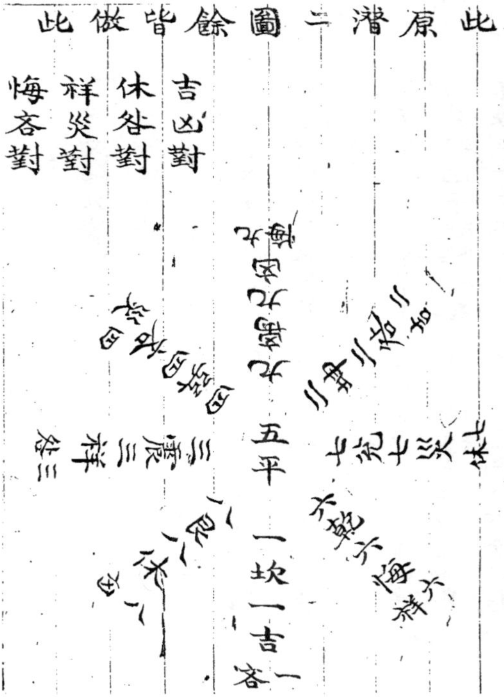

以吉字爲首，遇一則一吉，遇二則二吉，遇三則三吉，遇四則四吉。

天經九變圖

天經九變圖

一二三四五六七八九

吉休祥吝平悔災休凶　第一行交變爲二行而二數

吝吉咎災平祥休吝悔　第二行交變爲三行而四數

災吝吉休平咎凶悔祥　第三行交變爲四行而六數

咎祥悔吉平凶吝災休　第四行入變爲五行而八數

平平平平平平平平平　第五行交變爲六行而八數

咎吝凶平吉悔祥吝　第六行交變爲七行而六數

祥悔凶咎平休吉吝災　第七行交變爲八行而四數

悔凶休祥平災咎吉吝　第八行交變爲九行而二數

凶休災悔平吝祥咎吉　第九行交變爲一行而八數

《天經九變圖》者，天經八十一變中最初九變，而天緯未變前天經九變者也。以第一行就考八十一變中第一方圖之經緯，以第二行就考八十一變中第二方圖之經緯，如是推去，至於第十變則天緯始一變，而亦如天經第一變，天經八十一變而天緯九變。竪變者，天經。橫變者，天緯。

中消凶而吉。

自一至五爲陽變而出外，自五至九爲陰合而入内。

偶占得六二之戾數，而得八五之祥，平爻因作假令圖。

變爻八五之革數。